IR 国关十人谈（第一辑）

INTERNATIONAL
RELATIONS

王逸舟　张小明
赵　梅　庄俊举　主编

上海人民出版社

目 录

扎扎实实做学问

——《国关十人谈》小序

读者面前的这套系列书，是《国际政治研究》自2014年第4期开始以“专访:21世纪以来中国国际政治的发展”为题所刊载文章的结集，主题是围绕21世纪以来中国国际政治研究领域各个分支的演进展开。

国际关系和外交在今日中国成了一门显学，从上到下似乎都看重它的功效，研究者也有更多的机会一展身手。然而，从学术工作本身考察，这里面存在不少泡沫水分，急功近利的东西有增多的趋势。不论是什么原因造成的，中国国际关系研究的浮躁现象，值得引起警惕和纠正。

鉴于此，《国际政治研究》编辑部尝试做一点努力，邀请一批中青年学者进行对话，从学科史和知识社会学的角度，就21世纪以来中国国际政治学界不同领域、特别是分支学科的主要成就和问题、现状与前景进行归纳、梳理和展望，以便从不同角度了解中国国际政治理论的整体画面和最新动向。这些访谈的突出特点是没有空话套话、不做评功摆好，重在发现问题、揭示矛盾,用事实和数据说话,以冷静的眼光看待未来。

从刊发后的反响看,这些访谈受到读者和同行的好评,有各种被转载和引证的后续效应。从某种程度上讲,有关学科史的这些访谈,力戒假大空,鼓励了扎实做学问、坐冷板凳的治学态度,促进了中国国际关系学界在一定程度上的自我反思。《国际政治研究》杂志感谢这些学者的贡献,我们也会始终坚守学术底线,做好应尽的工作。

有幸得到上海人民出版社的关照,特别是上海人民出版社潘丹榕老师、责任编辑王冲老师的协助。上面提到的专栏访谈,将以《国关十人谈》系列作品的方式,陆续与广大读者见面。真心期待这套书产生积极的反响,也希望广大读者提出意见和建议。

王逸舟

2019年2月22日于北大

编者按 进入21世纪以来,国际政治发生了持续而深刻的变化。作为现实的一种折射,国际政治研究也有不少新的课题与新的困惑。从全球范围来看,中国无疑是国际关系最新发展的主要动能之一,中国的国际政治研究自然也是国际学术共同体里面特别值得重视的一部分。本书以"专访:21世纪以来中国国际政治的发展"为主题,由特约记者以访谈方式,邀请相关学者,对21世纪以来中国国际政治学界不同领域的主要成就和问题、现状与前景进行归纳、梳理和展望,以便从不同角度了解中国国际政治理论的整体画面和最新动向,促进中国国际政治学界的内部沟通并加强与外部的交流。

21世纪以来,中国的马克思主义国际关系理论研究取得了一些进展。那么,马克思主义国际关系理论的研究现状如何?后冷战时代的马克思主义国际关系理论有了怎样的发展?马克思主义国际关系理论对中国的外交实践有哪些指导意义?中国马克思主义国际关系理论研究存在哪些问题?其发展前景如何?北京大学国际关系学院博士研究生刘毅就上述议题专访天津师范大学政治与行政学院教授、国际关系与全球问题研究所所长王存刚。王教授长期从事马克思主义国际关系理论研究,发表相关论文多篇,目前正在撰写专著《国际关系理论:马克思主义视角》。

当代马克思主义国际关系理论进展与实践意蕴
——王存刚教授访谈

刘　毅

一、马克思主义国际关系理论发展现状

刘毅(以下简称"刘"):在您看来,中国的马克思主义国际关系理论研究现状如何?有哪些主要研究议题?

王存刚(以下简称"王"):应该说,马克思主义国际关系理论发展到今天,取得了一定的成绩。相应的研究队伍已经初具规模,人员构成比较多元;研究主题也很丰富,既有宏观研究,又有专题研究。

首先看一下这个领域的总体发展情况。在文献出版方面,这些年来,马克思主义国际关系理论的经典文本大量出版,包括新版的《马克思恩格斯全集》《马克思恩格斯选集》《马克思恩格斯文集》《列宁专题文集》等,以及《毛泽东外交文选》《周恩来外交文选》等。这些文本中包含了相当丰富的研究资源。曾任中国社会科学院副院长的李慎明研究员主编的《马克思主义国际问题基本原理》,依据专题形式,对于从马克思到胡锦涛有关国

际关系、外交的论述进行分类整理编纂，是该领域相当重要的一部基础文献。此外，国外马克思主义国际关系理论著作的中文本也陆续在国内出版，作者包括世界体系理论代表人物伊曼纽尔·沃勒斯坦、乔万尼·阿里吉，依附理论代表人物萨米尔·阿明、安德烈·弗兰克，批判理论代表人物罗伯特·考克斯，传统马克思主义国际政治研究代表人物弗雷德·哈利迪，"和平学之父"约翰·加尔通，等等。在教学研究方面，一些高校和研究部门陆续成立了相关机构，设立了相关学科方向。比如，中国社会科学院世界经济与政治研究所设立了马克思主义世界政治经济理论研究室，上海交通大学国际与公共事务学院、兰州大学政治与行政学院、东北师范大学马克思主义学院、山东师范大学政治与国际关系学院都设置了马克思主义国际关系理论的研究方向，并招收博士研究生。

在此基础上，形成了一支初具规模的研究队伍，年龄分布比较均衡。已经出版且有较大影响的学术专著主要有：中共中央党校张中云教授等合著的《马克思主义国际政治理论发展史研究》，山东师范大学李爱华教授主编的《马克思主义国际关系理论》和《马克思主义国际关系理论专题研究》，北京大学国际关系学院王正毅教授的《世界体系论与中国》，上海外国语大学郭树勇教授的《从国际主义到新国际主义：马克思主义国际关系思想发展研究》，复旦大学张建新教授的《激进国际政治经济学》，上海社会科学院曹泳鑫研究员的《马克思主义国际关系理论研究》等。此外，还有大量的学术论文散见于各种国际关系和外交研究的专业期刊上。值得一提的是，自 2004 年起，中央启动了马克思主义理论研究与建设工程，之后连续多年的国家社会科学基金国际问题研究类项目，都有关于马克思主义国际关系理论的选题,资助力度也越来越大。

就国内马克思主义国际关系理论研究的主要内容和前沿领域而言,虽然学术界对马克思主义国际关系理论体系的结构存在分歧,但对其主要范畴还是达成了基本共识,并有了一定深度的研究。

一是时代研究。时代观是马克思主义国际关系理论的特有范畴。已有的研究包括归纳经典作家的时代观,讨论时代观的意涵,解释时代观变迁的内在机理,分析时代观与国际关系及外交战略的关系,等等。不过,由于多方面原因,近年来这方面的研究陷入了停滞状态。二是帝国主义研究,包括诠释列宁、布哈林、考茨基、卢森堡等人的帝国主义理论,讨论帝国主义在现当代的各种表现形态,介绍国外帝国主义研究的最新理论成果。三是马克思主义战争观与和平观研究。在战争观方面,包括运用马克思主义战争观基本原理,对当代战争根源、性质、特点和社会历史功能等内容进行系统研究,对“战争新理念”、战争的制胜因素等问题进行重新认识。与对马克思主义战争观的研究相比,学界对马克思主义和平观的讨论并不多。四是马克思主义国家利益观研究。主要涉及马克思、毛泽东和邓小平等对国家利益的论述。五是马克思主义安全观研究。21 世纪初,关于新安全观的讨论一度非常流行,近年来相关讨论主要围绕非传统安全、安全共同体、人的安全等问题展开。此外,一些学者对当代中国政治领袖的国家安全观进行了比较研究。六是马克思主义国际合作观研究。这方面成果不多,只有个别学者涉猎。七是中国走和平发展道路、构建和谐世界、实现“中国梦”的理论和实践研究。这方面的成果数量非常大。八是关于发展马克思主义国际关系理论的路径、方法的研究。这方面的成果数量不多。

九是马克思主义国际关系理论与西方主流国际关系理论的比较研究。这方面研究成果的数量十分有限。

我在即将完成的《国际关系理论:马克思主义视角》这本专著中,把马克思主义国际关系理论归纳为"马克思主义研究国际关系的基本方法与目的""时代论""国际体系、国际秩序、世界格局论""帝国主义与霸权主义论""殖民主义与民族解放论""对外政策与两制关系论""战争与和平论""全球化论""文明多样性论"等十个方面。当然,马克思主义国际关系理论的内容是十分丰富的,上述十个方面并不能完全将其涵盖。我希望以这个框架为基础,不断探索,不断完善。

刘:在您看来,中国的马克思主义国际关系理论研究是否具有某种核心特质或独有标识?它与西方马克思主义国际关系理论是否具有本质区别?

王:马克思主义国际关系理论与当今欧美主流国际关系理论在研究方法、价值取向等方面确实存在本质差异。西方马克思主义国际关系理论与中国的马克思主义国际关系理论虽然存在一定差异,但并不是本质上的差异。

如果说马克思主义国际关系理论有一种比较明确的"核心特质",我认为,应该是对"解放"这一核心价值的不懈追寻。因为其他类型的国际关系理论受制于各自创设者的学术立场与研究方法,是不能或者不敢以"解放"作为自己终极追求的。马克思主义国际关系理论乃至整个马克思主义的根本目的,就是争取人类解放,建立"自由人联合体"。为了实现这一崇高目标,需要在坚持道德与正义指向的前提下,运用辩证唯物主义和历史唯物主义方法,洞察国际事务的隐秘逻辑。

作为一种宏大的理论体系,马克思主义国际关系理论内部也是流派纷呈。不同国家的马克思主义者,基于对马克思主义的不同理解、对国际关系和外交事务的不同观察,以及各国的具体情况,从不同角度、不同层面研究国际关系和外交问题。它们之间尽管存在着这样或那样的区别,甚至在某些理论观点和现实判断上相互矛盾,但都属于广义的马克思主义国际关系理论的组成部分,在本质上还是有相通之处的。我们不能人为或先入为主地区隔中国的马克思主义与其他国家的马克思主义,特别是西方马克思主义,甚至将它们对立起来。事实上,近年来,马克思主义不同流派之间的互动与互鉴在不断加强。

我们还可以从另一个角度理解中国化马克思主义与其他国家的马克思主义的区别。一般而言,马克思主义具有鲜明的实践品格,强调理论联系实际,这与中国传统文化中的知行合一、儒家行动主义、集体意识、道德取向等具有内在的契合性。因此,在中国发展马克思主义包括马克思主义国际关系理论,有着非常便利的历史文化条件。

二、后冷战时代的马克思主义国际关系理论

刘:后冷战时代的马克思主义经历了“低潮后再起”的历史过程。您怎样看待这一挫折历程?能否谈一谈发展马克思主义国际关系理论的现实意义?

王:我觉得在这一问题上有很多误解。一是政治与社会运动的挫折,等于相关指导思想的失败。实际上,导致政治和社会运动失败的原因很多,不能仅仅把指导思想当作“顶缸者”。马

克思主义在19世纪至20世纪的很长一段时间内有着强大的政治和社会影响力，在西方乃至全世界的话语场域中都处于“主流地位”。自20世纪90年代以来，由于世界社会主义运动遭受重大挫折，马克思主义面临空前挑战，出现了所谓的“低潮”。但现实已经表明，马克思主义是具有强大生命力的。它没有被空前的挑战所吞噬，而是在应对危机的过程中焕发出了勃勃生机。中国特色社会主义在实践中取得的巨大成就，世界其他国家的马克思主义者在艰难探索中取得的思想成果，形成了世界范围内马克思主义“低潮后再起”的态势。这也再次说明，我们不能用一时的得失来审视某种理论的影响力，而应该有大历史观，从长远角度进行判别。

另一种误解是，马克思主义乃是一种“宇宙真理”，无须适应世界，只能由世界来适应它。这恐怕只能是一厢情愿。事实上，马克思主义要保持和扩大影响力，必须在立足实践的基础上进行不懈努力，不断产生新的思想成果，并经受实践的检验。仅就马克思主义国际关系理论而言，我们不仅要在研究路径、研究方法等方面不断改进，还要积极回应国际关系和国家外交的现实需求，回应公众的种种困惑。马克思主义是在回应现实问题中发展的。只要我们简单地回顾一下思想史，就不难发现，当年经典作家的很多文章和论述，都是在激烈的论战、重大的讨论和回应中诞生的。现在，西方国际关系理论对一些重大现实问题的回应，不少是很粗糙的，其中还包含“不敢指出、不便深入”的算计成分。在这种情况下，马克思主义国际关系理论是有巨大的发挥空间的。

关于发展马克思主义国际关系理论的现实意义，之前的讨论中已有零星的涉及，这里我想再作一些补充。就整个学科而言,发展马克思主义国际关系理论有利于国际关系理论领域的健康发展与整体进步。学术发展史表明,理论范式、研究路径之间的竞争,对理论的健康发展意义重大。理论范式和研究路径的多样化、不同理论流派间的平等对话大有益处。理论发展的一般规律是:深入辩难在先,进步和发展在后。鉴于马克思主义国际关系理论的潜在影响力和巨大解释力,其他学派的学者在研究工作中如果刻意漠视、绕开甚至排斥这一理论,受损的其实是相应理论本身及整个国际关系学科的生态和生命力。对中国而言,发展马克思主义国际关系理论,有助于构建"中国学派"。作为历史悠久、迅速成长的社会主义大国,中国有着足够的、不同于西方国家的独特性,需要有支撑其可持续发展、阐释其国际合法性的"学派"或思想元,需要有一整套系统而有独立品格的国际关系理论。西方国际关系理论的基本范畴、研究方法、理论观点,只能成为一种可借鉴的思想资源,但无法作出周延的解释。应当在中国悠久历史、丰富外交实践的基础上,自觉地以马克思主义作为构建"中国学派"的重要动力。那种仅仅将"中国学派"的思想基础诉诸中国传统文化的取向,存在逻辑上的缺陷和现实的困境。

刘:有学者认为,意识形态已经"终结",这意味着马克思主义已经"过时",不能再承担国家对外政策正当性的建构任务。您怎样看待作为"意识形态"的马克思主义国际关系理论?

王:这是一种流行的误解。我想举个例子。一次我参加南开大学主办的国际问题学术会议,做了关于马克思主义国际关系理论发展现状的发言。当时适逢中国和平发展白皮书发布,有学者提问:"你看,白皮书里面哪一句有马克思主义的话语?"我的回应是:作为外宣文件,需要用国外公众、舆论界、政界能够听懂的语言和方式进行表达，也就是说需要做一点“权变”。但仔细研读不难发现，这个文本中所隐含的思想方法、问题视角，不同程度地体现了马克思主义。也就是说，马克思主义“意识形态”是“在场”的。马克思主义者并不讳言自己的“意识形态”，但会出于实践和策略方面的考量，使用“通用的”“普世的”话语形式阐述自己的观点和主张。这方面最新的例子，就是习主席在欧洲访问期间发表的系列演讲。在这些演讲中，习主席既很好地展示了马克思主义中国化的最新成果，又使用了欧洲听众能够听得懂的语言和表达方式，体现出一种坚持自我、包容宽和的精神气度。现在一部分学者认为意识形态已经“终结”，一旦发现研究成果中运用了马克思主义的观点和方法，就会判定其为“非学术”、档次不高。此类看法和做法本身就是一种意识形态偏见。实际上，意识形态本身是广泛存在的，美国、欧洲都有自己的意识形态，只是其具体内容和表现形式与我们不同而已。在这方面，我们不能落入西方的话语陷阱中。

我认为，马克思主义国际关系理论是可以承担起建构中国对外政策正当性的重任的，为此需要有学术定力，有创新勇气，树立“以我为主”的理论自信。主张理论自信，并不意味着盲目排斥西方主流理论中的合理成分和相关有价值的案例，而是主张运用中国视角、中国案例对国际关系、外交事务进行系统、科学的研究，反对仅仅依靠西方视角、个别案例特别是西方案例就匆忙得出结论的做法。列宁在马克思主义国际关系理论的经典文献《帝国主义是资本主义的最高阶段》的序言里曾指出：“社会生活现象极其复杂，随时都可以找到任何数量的例子或个别的材料来证实任何一个论点。”“在社会现象领域，没有哪种方法比胡乱抽出一些个别事实和玩弄实例更普遍、更站不住脚的了。

挑选任何例子是毫不费劲的,但这没有任何意义,或者有纯粹消极的意义,因为问题完全在于,每一种个别情况都有其具体的历史环境。如果从事实的整体上、从它们的联系中去掌握事实,那么,事实不仅是'顽强的东西',而且是绝对确凿的证据。"这两段话今天读来仍然振聋发聩。

主张理论自信,还意味着应该像康德所倡导的那样,有勇气运用自己的理智,尽快"脱离自己加之于自己的不成熟状态",避免"不经别人引导,就对运用自己的理智无能为力"。具体地说,就是要彻底消除"研究问题都需要进口"的现象。中国发展到今天,已经对人类作出了重大贡献,已经在国际体系中居于十分重要的位置,因而已经具备了产生本国特色国际关系理论的现实基础。这种理论应该与中国的历史、文化和社会制度相匹配、相契合。

刘:刚才您谈到了"理论"的重要性。然而,国际关系学界似乎有一种趋向,即"多谈问题,少谈主义",更多涉及单元层次的具体问题和策略设计,导致宏大理论逐渐淡出。您认为马克思主义国际关系理论是否受到影响?

王:目前,中国国际关系研究确实进入一个相对平淡的时期。回想十多年以前,西方三大主流理论先后被引入中国国际关系学界,并且广受追捧,大批年轻的硕士、博士研究生投身国际关系研究领域,并以三大主流理论作为自己学术上的依归。然而,短短几年过后,在三大主流理论发源地的美欧学术界,人们似乎已经开始厌倦大理论了,理论发展陷入相对停滞期。在这种情况下,国内学界突然感到,没有那么多外国理论可以拿来了。于是,原来以介绍西方理论见长的很多学者,或者开始转向,或者淡出该领域。这一过程表明,任何理论都要经受时间的淘洗，经受公众的拣选，经受事实的检验。由于目前学术界已有的国际关系大理论不能很好地满足公众需求，因而大理论淡出，“微理论”“准理论”“小逻辑”登场。这里当然不排除“风水轮流转”的可能性，毕竟学界在一定程度上也存在“民意如流水”的特点。但我认为，以“解放”为宗旨的马克思主义国际关系理论，是不会淡出的，是能够在新的形势下实现复兴的。问题的关键，仍在于我们能否在马克思主义国际关系理论中国化的平台上，创造出富有学理价值的最新成果。当然，这方面能力的提升是一个长期的过程。只有目标明确，内心强大，并且持之以恒，才能率先走出困境。在这方面，我们要相信学界的整体判断能力，一味地批评和抱怨并不解决问题。

我还想谈一下“理论”的内涵和评判标准问题。我们曾经看到很多机械套用科学哲学或行为主义标准，对国际关系理论进行剪裁的做法。但这样的做法，只能导致理论的多元适应性、动态丰富性的严重流失。西方马克思主义国际关系研究代表人物罗伯特·考克斯曾经说过这样一段话：“理论总是服务于一定的人和一定的目标。所有理论都拥有其独特的视角。视角源于时间与空间的定位，特别是社会与政治的时空定位。”在我看来，任何形式的理论都是认知主体对客体的思维框架。理论内容可能是客观的，其形式一定具有主观性。主体的眼界、思维能力、价值观、时空条件，客体的特征、本质、外在形态展现程度，主体与客体的互动状况，都会形成不同的思维成果。脱离客观事实的研究不是真正意义上的理论研究，相应表述也不是真正意义上的理论。对于任何理论，我们都要抱有一种批判态度，当然，这种批判是哲学意义上的，而不是政治意义上的。创设理论的基本目的不仅在于理解和解释客观事实，更重要的是为了解决实践中的各种问题。各种理论形态的质量高下,判断标准不仅仅在于它是否设立了一个很好的“智力难题”,其概念是否明晰易操作,命题假设是否有意义,各种判断之间能否自洽,逻辑链条是否严整;也不仅仅在于是否简洁优美、是否符合科学哲学或者审美心理需求,而是在于它能够与实践紧密结合,具有解释现实的能力,具有指导实践取得成功的作用。

在对待理论和方法方面,我们要走出如下两个误区。一是迷信新理论的误区。求新求异固然是人的天性,但新和异并不意味着正确。赫德利·布尔曾经指出:“新思想的提出的确是一种贡献。然而,它是否比以前的思想优越则并无定论”,在一些新作品中,“旧的真理被忽略,或者旧的错误重新出现,或者对问题的研究不如以前那么精细和深刻,从这种意义上说,在国际关系和类似课题中经常发生实际上的倒退。许多当代的国际关系研究属于这种倒退,学术环境的许多特点则促进了这种现象的产生”。这段话说得很深刻;二是迷信科学哲学与科学方法的误区。虽然研习科学哲学,使用科学方法,有助于纠正某些国际关系和外交研究成果存在的“扎实的新闻作品”缺陷,但也有可能对以问题为导向的研究活动造成某种限制。马克斯·韦伯曾写道:“科学思维的过程构造了一个以人为方式抽象出来的非现实的世界,这种人为的抽象根本没有能力把握真正的生活,却企图用瘦骨嶙峋的手,去捕捉它的血气。”布尔也曾指出:“如果人们试图把国际关系研究限定在严格的科学范围内,那么从它需要逻辑或哲学的论证或者严格的经验程序检验这一方面来看,这种努力是有害的。”所以,在研究方法方面,我们应当始终采取一种多元主义的立场。

我认为,在当今学术背景下发展马克思主义国际关系理论所采取的方法和路径，除了上面已经提及的以外，还有三点需要注意。首先，理论研究与历史研究相结合。历史是过去的实践，研究历史本质上就是研究实践。国际关系研究者应当培养厚重的历史感，具有强烈的历史关照，拥有丰富的历史知识；在研究工作中不要流于一种片段式、偶然式利用历史做“包装”的研究路数。其次，国际关系研究与社会制度研究相结合。因为后者在很大程度上决定着国家利益的内容、国际战略的制定和对外行为的方式。最后，国际关系研究与国内政治相结合。罗伯特·基欧汉曾经感叹，由于当代世界各国在文化和政治方面的巨大差异，将国内政治与国际关系完全联系起来并进行理论整合，的确是一项非常困难的工作。尽管确实非常困难，但这项工作的学术价值与现实意义是巨大的。在这方面，马克思主义国际关系理论具有某些特殊优势。

刘：有观点认为，马克思主义在“解构”世界时相当锋利，但在“建构”世界方面可能未必那样有力；“唯物辩证法”在其应用过程中似乎意味着“怎样都行”，特别是基于这种思路的外交政策可能缺乏持守，或者被评价为“不负责任”。您怎样看待这些批评意见？

王：马克思主义对世界秩序、共同体、国际合作等属于“建构”世界的问题都有自己独特的理解和表述。即使是学院派马克思主义者，对未来世界、现实世界也有自己的设想，只是他们的设想与经典马克思主义有所不同而已。中国的马克思主义国际关系理论对未来世界的设想也是存在的，和谐世界、“中国梦”就是如此。一部分中国学者关于国际体系转型、国际制度安排、国际主义理解、国际规范改革等研究，虽然表面上没有“马克思主义”的字样，却体现了马克思主义的内涵，具有马克思主义的逻辑印记。

唯物辩证法是马克思主义的重要组成部分,也是马克思主义国际关系理论的方法论原则,它的精髓就是具体问题具体分析。唯物辩证法绝不是"诡辩术",不是"怎样都行",也根本不同于没有立场和原则的机会主义。唯物辩证法的运用需要高超的思维技巧和行动艺术。关于这一点,我们只要看一看恩格斯晚年对历史问题的思考,列宁在第一次世界大战前后关于策略问题的阐述,毛泽东、邓小平在当代中国重大历史关口的抉择,就不难得出上面的结论。应当说,当代中国外交决策者是掌握了高超的唯物辩证法艺术的。既往的例子暂且不说,仅以中国政府对乌克兰局势的首次表态为例,四句简洁明了的话语,将各种考量都包含在内,是相当平衡的,也是做负责任大国的具体体现。

在国际关系和外交研究中运用唯物辩证法,关键还是要把客观事实搞清楚,一切从客观事实出发,而不是从抽象的教条出发。现在国内有些研究者不去认真观察客观事实,不去深入研读外交文本和政府表态,而是根据国外媒体一些断章取义的炒作,或者利用某些"出口转内销"的二手资料,匆忙地作出判断。这种研究态度是很不恰当的,也是不符合唯物辩证法的,需要反思和纠正。

我们可以通过一些概念进一步解释这一问题。例如,社会主义、资本主义都是一种客观存在的历史现象、世界现象。也因此,无论是看待社会主义,还是看待资本主义,都要有"历史眼光"和"世界眼光"。所谓"历史眼光",就是一种发展的、动态的眼光。近代以来的历史,在某种意义上说,就是社会主义与资本主义两种理论体系、两种社会制度相互博弈的历史,这种博弈在不同的历史时期呈现不同的特点。在这一过程中,社会主义在变化,资本主义在变化,两者之间的关系也在变化。真正的马克思主义者承认这种变化,接受这种变化,并在变化中有所坚持,有所调整,有所发展,有所创造。所谓"世界眼光",意味着超越单个国家、单个地区,在全球层次上观察社会主义和资本主义。为了做到这一点,就需要全面了解世界政治、经济、文化等领域的基本状况,把握它们的运行规律。应当说,上述这两种眼光与国际关系和外交研究是相通的。

就国际关系和外交研究而言,一些具体表述或者某些成果中没有出现"资本主义"与"社会主义"的字样,但这并不等于我们在研究工作可以不谈国际关系中的平等、公正与"弱者的权利",不涉及全球化过程中的共同发展、共同利益、多样性、人的安全等问题。而这些问题实际上多多少少都与社会主义有关。在我看来,社会主义在当代国际关系中的作用,主要有两大方面:一是价值引领作用,即倡导和维护全球化进程中的和平发展、平等参与、基本公正等价值;二是历史动力作用,即在与资本主义"共时空"的状态下,增加世界的多样性、差异性,通过对话,加深了解,增进共识,消除隔阂,化解分歧,从而推动人类文明的进步。

三、马克思主义国际关系理论的实践应用

刘:根据马克思主义的理解,"实践"具有特殊的意义。您怎样看待这一概念在马克思主义国际关系理论研究中的地位和

影响?

王:多年前,我曾经发表过一篇文章,专门讨论历史唯物主义的实践原则;最近这几年也很关注国际关系研究中的“实践转向”问题。

我认为,实践是马克思主义的基本范畴,强调理论与实践相统一是马克思主义的基本原则。马克思主义既是一种理论,又是一种实践。作为马克思主义的重要组成部分,马克思主义国际关系理论同样高度重视实践,研究实践。它坚持在纷繁复杂的国际关系事实和外交行为中发现值得研究的问题,通过对客观事实和具体行为的深入分析来阐发自己的观点,形成自己的理论判断,又用实践来检验这些理论判断。从这一意义上说,离开了实践,就不可能产生真正的马克思主义国际关系理论,也不会有马克思主义国际关系理论的新发展。

现在,中国的和平发展道路已经走到了重大历史关口,在全球、地区、双边层面都面临很多问题与挑战。中国的马克思主义国际关系理论研究者应该直面这种挑战,立足新的实践,把握时代的新特点,运用马克思主义的基本理论和方法,深入研究现实中的重大问题,努力形成科学判断和可行方案,为使中国早日走出“越发展、越孤独”的不正常状态作出自己应有的贡献。

刘:您能否结合全球金融危机,谈一谈马克思主义国际关系理论的“政治经济结合”视角及其实践运用?

王:在回答这一问题之前,我想说一个史实。马克思早年着力研究哲学问题,形成了对世界的基本判断,但其中不乏空想的成分。1848 年革命失败后,他开始研究经济问题,并由此得出了更为科学的社会政治结论。马克思的这一思想历程对于我们观察和研究国际关系及外交问题具有很大的启示意义。

具体到此次金融危机，这确实是影响当下国际关系发展的一个重要事件，造成的冲击和破坏是巨大的。最近几年，全球范围都在反思这一危机。按照马克思主义国际关系理论的观点，反思这场危机不能仅仅局限于经济领域，应当扩展到更为广泛的政治、社会甚至是文化领域，否则得出的结论和判断只能是片面的。从经济角度看，金融危机与虚拟经济有着直接的关联。后者在世界经济中的位置上升确有一定的好处。然而一旦超过某个临界点，加之有关国家和国际组织的治理能力不足，虚拟经济的负面影响就变成不可控的了。由于全球化深入发展所造成的高度相互依赖，在一个国家爆发的金融危机外溢到世界其他国家，从而造成了巨大破坏。应当指出的是，马克思主义经典作家始终对人类历史发展的前景充满信心。在危机和挑战面前，他们始终相信人类能够自我解放。每化解一场危机，每取得一场挑战的胜利，人类都可以向前迈进一步。

关于全球化，马克思主义经典作家有深入的研究。当年我的博士论文就是探讨全球化与社会制度演进问题的。我在写作过程中曾下了很大的功夫去研读《德意志意识形态》。我惊讶地发现，在100多年前，资本主义刚刚发展到那样一个阶段，马克思就已经对全球化的本质内涵有了深刻的认识和精辟的阐述。运用马克思的观点和方法研究全球化现象，并且融入今天对全球化的观察，我们就能够找到金融危机的深刻动因，明确国际关系的未来走向，理解外部世界对中国的反应，懂得中国只能够走和平发展道路的道理。

进而言之，倡导马克思主义国际关系理论的“政治经济结合”视角，对当下的学界具有相当重要的意义。现在很多国际关系学者对经济问题关注不多，研究不深，从而导致一些判断和解释的说服力不足。而从“政治经济结合”的视角研究国际关系，是马克思主义国际关系理论的专长。即使我们不是专门做国际政治经济学研究，也有必要关注并且借鉴这种结合式的思路。我在给博士生上课时经常强调这一点，举的例子就是列宁的帝国主义论。列宁当时的分析，完全依据西方公开的、官方的资料，但运用的是马克思主义方法，以经济学为切入点，得出了具有重大影响力的国际关系结论。我本人在研究中也试图融入一些经济方面的知识和视角。

运用“政治经济结合”的视角研究国际关系和外交问题，有助于我们透过纷繁复杂的表象，抓住事物的本质，从而得出正确的结论。比如，关于如何看待美国在近期爆发的乌克兰危机中的作用问题，国内外舆论界普遍认为美国进退失据，并将其仅仅归结为该国现任领导人的战略素养。实际上，只要我们考虑到美国的国内经济状况、特别是经济转型状况，考虑到页岩气革命等因素，也就是把美国国内的经济因素考虑进来，那么就能够看出美国在这一事件中所采取的政策和立场的真正动因。

刘:近年来，中国与非洲的关系进展令世人瞩目，当然也面临某些诸如“新殖民主义”的指责。您认为马克思主义国际关系理论在研究中非关系方面，能够提供哪些启示?

王:我对中非关系研究不多，但对这方面的情况还是关注的。应当说，近年来中非关系确实发展很快，中国在该地区的影响力也在迅速上升。这引发了国际舆论界、学术界的关注，中间确实产生了一些负面评论。对此，国内政策界、舆论界、学术界都做出一些反驳，但从马克思主义国际关系理论角度对此进行探讨与回应的确不够多。我认为，要回击“新殖民主义”的指责，恐怕要从全球政治经济格局、非洲自身发展状况、中国整体外交等多个层面加以讨论，拿出有说服力的论据。在这方面，依附理论、世界体系理论的很多观点有借鉴意义。比如，可以将中国与非洲的合作视为非洲与所谓“中心国家”的一种“脱钩”过程，即脱离那种等级式的国际关系，改变不平等的剥削秩序，形成一种平等、普惠、共赢的合作状态。这样就比较有说服力。

对于中非关系，我们应当强化这样一种认识，即这一关系的发展是基于彼此共同的历史命运，是基于双方对自身发展和人类发展的共同追求。中国对非援助与命运共同体建设，不仅能够极大地促进非洲当地的发展，促进当地人民福祉与社会事业全面进步，对中国整体外交也有巨大的正面效应。当然，在新的形势下，中国对非外交也需要作出某些调整。在这里，我想引用王逸舟老师的一个观点，就是：我们要突破早期的实用主义哲学，正面回应所谓“新殖民主义”指责。为此，可以考虑把国家力量与社会力量、硬援助与软援助、器物建设与人力资本培养等结合起来，把经贸方面的优点优势推广到人文、教育、科技、艺术等方面。对于中国与非洲的命运共同体关系而言，以人为本、民心所向始终是问题的关键。

刘：2014年恰逢第一次世界大战爆发100周年。对英德战争与中美关系的类比观点重新流行起来。您认为马克思主义国际关系理论对于中国和平崛起进程的启示有哪些？

王：我注意到了近期有关第一次世界大战的讨论。马克思主义国际关系理论对战争与革命、战争与和平的关系等问题有很多阐述，其中有一个非常重要的方法论，就是政治现象必须放在特定时间和空间条件下进行分析，而不是用主观、机械的教条来裁剪丰富的现实，把过去的历史经验简单地套用于今天的现实。另外，分析国家对外政策与战略，要充分考虑国家性质，这一点正是主流国际关系理论刻意回避的。马克思主义国际关系理论认为,国家的政治经济制度对其国际战略和外交行为的影响具有根本意义。正是以私有制为基础的资本主义政治经济制度,导致了第一次世界大战前欧洲各国对外扩张掠夺行为。在这个意义上,第一次世界大战爆发具有历史必然性。

与100多年前相比,今天的国际关系已经发生了复杂深刻的变化。按照马克思主义国际关系理论的话语,就是时代主题已经发生了根本性变化。也正是因为这一点,王毅外长才说,2014不是1914,更不是1894。既然时代主题发生变化,那么国家的对外政策目标、对外政策行为也应当进行相应的调整,否则就会被时代所抛弃,成为落伍者。

我始终认为,在阐述中国走和平发展道路的动因时,不能一味诉诸中国传统文化。在我看来,今天的中国之所以要走和平发展道路,根本原因有两条:一是当今时代主题,二是社会主义基本制度。中国是一只“和平的狮子”,不会“国强必霸”;中国不做第一次世界大战期间的“德国梦”、第二次世界大战以后的“美国梦”“苏联梦”,而是21世纪的“中国梦”,就是基于这两个方面的原因。邓小平曾经说过,我们搞的是主张和平的社会主义。如果中国将来在世界上称王称霸,就不再是社会主义国家了。总而言之,只有把当今国际政治的基本逻辑与中国国内的政治和历史文化因素有机结合起来,才能准确地理解和阐释中国和平发展的原因。

最近一个时期,国际舆论界、学术界对中国周边外交有很多争论,甚至提出了激烈的批评。要准确地回应这些争论和批评,关键还是要把真实情况搞清楚。关于这一点,我在2013年12月底召开的中国国际关系学会年会上有一个发言,主要观点是:

要搞好周边外交，首先必须摸清底数，包括周边国家的真实情况，中国与周边国家关系的真实情况。这种真实情况既包括历史方面的，更多是现实方面的；既包括政治、经济、安全等方面的，又包括人文和社会方面的。要进行扎实、细致的外交调研。正确处理与周边国家的关系，还需要我们充分认识周边国家的属性，充分理解它们的合理诉求，努力找到和扩大彼此的利益汇合点。以东盟国家为例。这些国家与中国一样，都是后发现代化国家、发展中国家，都有遭受殖民主义侵害的沉痛历史记忆，都在追求国家的繁荣和富强。尽管中国与这些国家在国家利益、安全诉求等方面确实存在差异，但在求和平、谋发展方面应当说是完全一致的。如果中国在和平发展的进程中能够真正使东盟国家受益，能够始终坚持与邻为善、以邻为伴的方针，始终秉持亲、诚、惠、容的理念，努力做到睦邻、安邻、富邻，那么这些国家对中国的态度和疑虑是有可能最终得到改变的，那些历史遗留问题对双边关系的影响程度也就有可能逐步降低，存在的分歧也就有可能弥合。简而言之，实现本地区成员国的共同发展符合中国与东盟国家的共同利益，也是社会主义中国的价值追求。

关于民意与外交，我曾经做过一些研究。马克思主义者尊重人民的主体地位与创造性，重视社会力量与社会运动的作用，但反对做群众的尾巴。具体地说，就是一方面要坚持民主，尊重民意，但另一方面也要坚决反对民粹。在政治学意义上，民主与民粹是有清晰界限的，混淆两者之间的界限会产生严重的不良后果。

刘：您如何看待马克思主义国际关系理论对中国外交价值追求方面的指导意义？

王:由于中国有着多重国家身份,因此在处理国际关系和对外事务时,可以有不同的策略应对。但无论如何,我们在战略层面应当始终坚持原则,坚守价值,绝不搞机会主义。

当下国内学术界、政策界关于利益共同体和命运共同体的讨论,在某种程度上反映出中国外交已经具有明确的价值自觉。一方面,作为一个正在崛起的大国,中国在国际关系中应当有明确的价值追求,应当大力倡导命运共同体的建设。但另一方面,也应当看到,如果在国际关系中一味讲求价值,过分张扬愿景,是会遇到很多问题的。这是因为,命运共同体属于一种对未来世界的追求,是一种理想状态,对此各国的看法很不一致。比较而言,对于建设利益共同体的宣示和行动更为现实一些,也可以为不同国家所接受。不过,由于利益本身有不同的界定方式与感知层次,并且对于国家间关系的聚合黏性不高,因此,它需要上升到命运共同体的高度。命运共同体的建设也是一个长期过程,要在利益共同体充分发展的基础上,逐步、有次序地进行。

刘:一些研究往往将“公共物品”“软实力”等纳入中美竞争的讨论范围。您如何看这一问题?

王:对于公共物品与软实力的讨论,需要有马克思主义国际关系理论的观照。首先看一下公共物品。“公共物品”这个概念本身来自西方,需要小心使用。现在有一种观点认为,中国在20世纪90年代以前,或者改革开放以前,没有向国际社会提供公共物品,而是一个“搭便车”国家。这种看法是不正确的。实际上,从新中国成立到改革开放之前,我们在亚非拉地区的参与、援助、合作,程度并不亚于最近一个时期。当年在支持民族解放运动、参加社会主义阵营、参与国际体系和国际组织等方面,中国都是一个相当积极的角色。我们抗美援越也是在提供公共物品，因为帝国主义是一种公害物品。不能因为中国的这些对外行为不符合西方的定义，或者后来中国与有关国家的关系出现变动，就否认这些行动的正当性。还应当注意的是，一国提供公共物品的意愿，与该国对于国际体系的认同有关，认同国际体系，态度和行动上自然就积极；不认同国际体系，态度和行动上难免就消极。

另外，也不宜从“与美国争夺软实力和国际影响力”的角度看待中国提供国际公共物品的行为。因为这种看法本身就蕴含着零和逻辑，没有超出修昔底德意义上的国家冲突范畴。退一步讲，即使中国的软实力超过美国，那又如何呢？还不是落入国强必霸的历史窠臼？基于这一认识，我认为，中国向国际社会提供公共物品既要立意高远，又要量力而行，不要被外部舆论所裹挟，不要做超出国力能够承受的事情。当国内很多民众尚未充分享受改革红利的时候，如果我们无条件、无节制地提供国际公共物品，那会招致国内民众的不满，对国家公信力也是一种伤害。总之，在提供国际公共物品、扩展国际影响力、增强软实力的过程中，要统筹国内、国际两个大局，不能有所偏废，不能“外宽内忌”或者内外有别。

现在的国际体系、特别是国际制度和国际规范，大部分建立在西方价值观念基础上，存在不公正、不合理之处。因此，中国在进一步融入国际体系的过程中，在处理国际事务方面，应当体现创造性，强化主动塑造意识，改进外交资源配置的方式和重点。此类研究已经有很多，这里就不再展开了。

在调整中国外交资源配置的过程中，如何将中国不断增长的经济实力有效转化为政治说服力、安全影响力，将中国与相关国家的经济相互依存转变为政治与安全领域的相互信任，是中国外交亟须解决的大问题。对此,国内学界已经有不少研究。从马克思主义国际关系理论看,解决这一问题,应当做好以下几个方面的工作:相信和团结人民,秉持亲诚惠容理念,体现价值关怀,保持战略耐心。作为一个正在崛起的社会主义大国,我们应当培养起雍容的气度,逐步习惯来自外部世界的各种批评;应当注重"以德化人、以理服人",不能盛气凌人、强加于人;应当主持和伸张正义,不能因为追求外交回旋空间、追求国家利益而放弃应有的价值追求。

四、马克思主义国际关系理论研究存在的问题及发展前景

刘:您认为中国马克思主义国际关系理论研究存在哪些问题?

王:据我观察,至少存在以下几个方面的问题。

从研究内容看,一是研究主题较为分散,一些研究成果的学术价值不高,说服力、影响力不尽如人意。造成这种状况的重要原因,是部分学者缺乏对马克思主义国际关系理论的整体把握,与其他理论流派的对话能力不强;二是对经典文本的重视程度不足、研读不深、挖掘不够。一些学者不愿意在研读经典上下苦功夫,存在浅尝辄止、寻章摘句的现象;三是对当今国际关系重大理论和现实问题的关注度有待提高。面向现实,关注问题,并给予深度解读,是"理论联系实际"这一马克思主义思想路线的基本要求。只有做到这一点,马克思主义国际关系理论才有可

能切实地把握住国际关系的本质，指明国际关系的走向，获得社会的认可。现在国内外马克思主义国际问题研究中都程度不同地存在着一种“学院式”“书斋化”的倾向。一些学者不愿或没有能力去回应现实问题，甚至试图用教条裁剪现实，用臆测匡正现实。这样做是很不科学的。

从研究方法看，主要是研究者的方法论意识总体上仍然较为淡薄，所使用的研究方法较为单调、陈旧，定性研究多，定量研究少。一些已经被研究实践证明有效的方法，如案例研究方法、形式模型方法、统计方法，很少在马克思主义国际关系理论的著述中见到。此外，在极少数研究者身上还存在削足适履、教条主义的倾向，不恰当地强调政治正确。

从研究队伍看，一是专业研究人员的总体规模仍然偏小，彼此之间的分工也不太明确，研究主题同质化的现象比较严重；二是研究者学术发表的连续性不高，“一次作者”较多；三是研究者的创新勇气、突破意识整体上有待增强，部分学者存在唯书、唯上的心理；四是研究者在理论上的开放程度有待提高。一些学者缺乏与学术共同体中的其他流派学者进行沟通的兴趣。

总之，中国马克思主义国际关系理论研究确有自己的困顿和短板，需要在未来的学术实践中认真加以解决。

刘：您如何看待中国马克思主义国际关系理论研究的发展思路和前景？

王：关于马克思主义国际关系理论在中国的发展思路，我认为可以按照如下顺序展开。一是做好顶层设计，理顺价值理念和操作实践之间的关系；二是加强马克思主义国际关系经典文本的研究，对它们的产生背景、写作过程、思想内容、话语结构、价值意义等进行再挖掘、再考证、再阐发；三是基于原生形态的马克思主义文本,发掘、提炼和运用马克思主义国际关系理论的研究方法,形成一种方法论的自觉,同时积极采用案例研究、形式模型、统计定量等方法;四是彻底消除对新马克思主义的“门户之见”,努力做好跟踪研究,关注那些虽然不是很有名气却有特色、有独到见解的学者,更完整地把握当代马克思主义国际关系理论的全面状况和前沿走向;五是加强马克思主义国际关系理论与西方主流理论的比较鉴别。再有就是刚才提到的,应当高度关注当今国际关系和中国外交中的重大理论和现实问题,比如国际体系转型、国际规范重构、全球治理、中国梦、正确义利观等,拿出有深度、有分量的学术作品。

我认为,要发展马克思主义国际关系理论,应该努力达到以下几个标准:问题是鲜活的,方法是科学的,思想是深刻的,表达是优美的。在此过程中,既不故步自封,也不妄自菲薄;既不消极怠惰,也不急躁冒进;需借鉴则大胆借鉴,需抛弃则大胆抛弃。倘若能够做到这些,那么马克思主义国际关系理论的前景就是光明的。

最后我想说的是,研究、运用和发展马克思主义国际关系理论,还有大量的工作需要做,热切地希望各位学界同仁特别是年轻学者在这方面作出自己应有的贡献。

编者按　21世纪以来，西方马克思主义国际关系理论研究取得了一些进展。那么，西方马克思主义国际关系理论的主要内容有哪些？后冷战时代的西方马克思主义国际关系理论有了怎样的发展，代表人物有哪些？中国学者对西方马克思主义国际关系理论研究现状如何，存在哪些问题？西方马克思主义国际关系理论对中国的外交实践有哪些指导意义？为此，北京大学国际关系学院博士研究生刘毅就上述议题专访南京大学政府管理学院李滨教授。李教授主要研究方向为国际政治经济学、国际关系理论，代表作有《国际政治经济学：全球视野下的市场与国家》《国际体系研究：历史与现状》等。

西方马克思主义国际关系研究近况与实践

——李滨教授访谈

刘　毅

一、西方马克思主义国际关系理论的主要内容

刘毅（以下简称"刘"）：国内学界一般怎样看待西方马克思主义国际关系理论的核心思想定位？它与主流国际关系理论面

临的“元问题”是否存在某些一致性?

李滨(以下简称“李”):先了解一下西方马克思主义国际关系研究的核心定位。首先,西方马克思主义国际关系理论的总体目标是挑战和批判主流理论,实质上也是挑战国际关系中的实证主义理论,希望用一个在本体上更多元、更具反思意义的思想来替代它们。这种理论本质上是在挑战保守倾向的国际关系理论基础,以及这种观念所支持的世界政治权力结构。因为实证主义涉及一个真实世界中的社会与政治问题,而不是一个对现代国家的结构和思想缺乏影响力的抽象科学哲学。西方马克思主义国际关系理论希望把人们从目前支持现存世界秩序的国际关系思想体系中解放出来,借此在现在与未来之间建立一座必要的沟通桥梁。其次,西方马克思主义国际关系理论在实践上的共同目的,就是谋求解放或社会平等。葛兰西主义西方马克思主义国际关系理论致力于反对霸权,通过国际公民运动来重塑世界秩序,以此增进人和民族的平等;法兰克福学派西方马克思主义国际关系理论致力于各民族对话,在世界范围内重建政治共同体,消除人与人、民族与民族之间的伤害。在理论基础上,它们共同的构成要素都是历史唯物主义。葛兰西主义学派是建立在一种实践本体的历史唯物主义基础上,法兰克福学派则是哈贝马斯所谓的“重建的历史唯物主义”。

与社会科学的其他学科一样,国际关系理论也是建立在元理论或者说某种特定的哲学思想基础上的。有的国际关系理论是建立在实证主义基础上,有的是建立在建构主义之上,有的则是两者相结合,在实证主义或建构主义之间有所侧重。这其中涉及的问题是,如何看待国际关系的历史。将历史或结构视为一种客观的自然过程,还是人类建构的产物?我的观点更多倾向后者，即历史或结构是人类建构的产物，是一种人民创造的历史，但人类建构的历史结构，往往使之成为人类的“异化物”，使人成为它的奴隶，囿于旧思维。然而，人不同于其他动物，他具有主观反思能力，人类可以在此基础上逐步突破异化，改造和变革世界，但这种改造是建立在旧历史结构基础上的。正如马克思所说：“人们自己创造自己的历史，但是他们并不是随心所欲地创造，并不是在他们自己选定的条件下创造，而是在直接碰到的、既定的、从过去承继下来的条件下创造。”正是在这个意义上，我赞成罗伯特·W.考克斯（Robert W.Cox）所说的，实证主义在一定范围内是有效的，但这种有效性建立在人类自身建构的历史结构基础上。

所以，在国际关系元理论意义上，我认为实证主义的理论并不是完全没有价值，它是人类历史特定结构的产物，它在一定条件下有技术性作用，即使是创新也是建立在一定的经验基础上。其实，这种元理论的辩证关系问题，也是国际关系理论经常谈到的“结构与施动者”关系的问题。结构是施动者的建构产物，但反过来结构对施动者也施加了一定的限制和约束。问题是人类能否打破这个历史结构的限制，建立一种新的历史结构，完成变革过程。这构成了实证主义的理论和建构主义的理论的重要分野之一。实证主义的理论把国际关系结构看成一种自然的产物，认为人类只能顺从这种结构，重复过去的行为，不断通过自己的行为再现这种结构，如华尔兹的新现实主义就是如此，我们现在看到的“修昔底德陷阱”也是这种思维。另外，实证主义的理论看待国际关系的现实好像是“中立”的，独立现实之外的，没有把研究者自身作为现实的一部分，没有置身于现实的矛盾过程之中。这就是所谓的主客观分离倾向。社会科学理论是不可能价值“超脱”的,理论者本身就生活在现实中,理论总是反映了它对矛盾性质的看法与解决矛盾的倾向。实证主义的理论也是倾向于某种世界秩序的,希望通过理论使现存秩序运作更顺畅,从而维护现存秩序。但这种维护是建立在一种自然科学(准确地说,是以牛顿力学为基础的传统自然科学)方法论基础上的。所以,考克斯称之为“解决问题的理论”。

与此不同,建构主义的理论认为既然国际关系的结构是人类的建构产物,人类作为结构的施动者,也能塑造新的国际关系结构,跳出旧思维的“樊篱”。当然,并非所有的建构主义都是进步的,有的建构主义是为了塑造既得利益者的结构,温特的建构理论似乎属于这一系列,因为它没有结构改造与解放取向。因此,他的理论被具有西方马克思主义倾向的学者米尔加·科基(Milja Kurki)评论为“……后实证主义/批判理论转向的自由主义版本,一种不具有变革的批判政治的认识论转向”。西方马克思主义国际关系理论(主要是具有建构倾向的理论)都是有社会公正或“解放”取向的。这些理论往往从现实的国际关系矛盾出发,去理解结构,为了世界弱势群体和国家而探索新的世界秩序。这种规范性的取向体现出“为了谁、为了什么的目的”等明显特征,而不像西方主流理论那样标榜“中立”与“超脱”。它致力于揭露与批判现实,以及为这种现实背书的理论。所以,这种理论才是一种批判理论。

刘:西方马克思主义国际关系研究的理论前提与实践背景有哪些?

李:西方马克思主义国际关系研究对应的理论基础主要有两方面:一是葛兰西的思想,二是法兰克福学派的思想。相应的现实背景,一是西方主流的以实证主义为特征理论的盛行,二是全球化及其带来的各种全球性社会问题。

西方马克思主义国际关系的两个理论前提应该说是建立在历史唯物主义基础上，虽然它们依据的历史唯物主义与经典作家的历史唯物主义有一定区别，甚至超出了我们过去理解的历史唯物主义范畴，比如哈贝马斯所提出的“历史唯物主义”，但它们总体上是批判资本主义现实及其运行制度，希望用一个替代性的制度取而代之。这些替代性制度与苏联式的体制不同，它没有具体的目的论特征，更多强调民主的、非暴力的手段，如通过对话、沟通来实现制度替代。可以说，这些理论第一个作用是批判现存制度和秩序。第二个作用是改造人的主观世界，强调重新塑造人，重新塑造人的思想，用新伦理规范来塑造世界。第三个作用是强调解放人类，追求社会平等，反对旧秩序的话语霸权。虽然在理论基础上，这些历史唯物主义，特别是哈贝马斯的历史唯物主义与传统的历史唯物主义存在较大差异，但在反对资本主义世界秩序上，两者是没有区别的。

西方马克思主义国际关系理论的现实背景与主流宏大理论有关。1979 年肯尼思·华尔兹《国际政治理论》问世，在西方国际关系学界引起巨大反响。这本书可以说是集实证主义之大成，具有结构主义特点的现实主义著作，开创了国际关系结构研究方法的新范式。虽然它受到西方另一个主流国际关系理论——自由主义的质疑，引发国际关系理论大论战，但以罗伯特·基欧汉为代表的新自由主义理论在方法论或元理论基础上与它并没有太大区别，理论的目的性也没有大的区别。在以实证主义为基础的结构主义理论盛行条件下，以罗伯特·考克斯、理查德·阿什利(Richard Ashley)和安德鲁·林克莱特(Andrew Linklater)等人为代表的批判学者以历史唯物主义为基础，参与到这场“大论战”中,他们都希望打破这种实证主义结构理论一统学术界的局面,进而启迪心智,宕开视域,真正认清理论的目的与功能。可以说正是在考克斯带领下,后来各种非主流的国际关系理论无一不是以批判西方主流理论为基础的。

西方马克思主义国际关系理论兴起的第二个现实背景,就是经济全球化及其带来的政治社会后果。新现实主义与新自由主义论战的一个重要内容,是全球化及相互依存带来的政治结果问题。自由主义认为全球化带来的相互依存改造了传统的权力政治,而新现实主义认为这丝毫不改变国际权力政治的性质。西方马克思主义的理论也关注全球化带来的问题,它们更多是强调经济全球化带来的社会不平等、民族不平等、异化、生态灾难等社会问题,看到全球化加剧了资本主义世界秩序的矛盾,希望由此来探索新的世界秩序。在这个意义上,西方马克思主义国际关系理论更关注全球性社会问题,即“低政治”问题。它是在批判新现实主义等主流理论漠视世界政治经济带来的社会负面影响,忽略不发达国家的不公平感受,或者说用冷战来掩盖世界政治经济的其他问题。

刘:您是如何看待西方马克思主义国际关系理论中存在的“科学主义”倾向?

李:这涉及研究方法问题。西方马克思主义是一个相当复杂、流派众多的领域。有结构主义的马克思主义,也有葛兰西学派的马克思主义,还有法兰克福学派的马克思主义等等。西方马克思主义国际关系理论是在这些西方马克思主义理论基础上发展而来的。因此,西方马克思主义国际关系理论中当然也存在着“科学主义”倾向的理论。这里强调的是科学主义而不是科学倾向,两者有完全不同的含义。科学主义就是用上述所说的自然科学的方法来阐述国际关系的内在特征。它们认为国际关系演化具有像自然科学一样的规律，用自然科学的一些方法来看待国际关系，如“世界体系理论”和“依附理论”就具有这种倾向。这些理论都有一种结构主义的倾向，它们认为，资本主义的世界体系建成之后，其结构长期不变而且稳定地影响着国家的行为，外围国家和民族作为一种能动的施动者不可能发挥主观能动性，无法靠自身努力而改变。然而，事实已经说明，资本主义并不是一成不变的，资本主义的世界结构也不是数百年的超稳定结构，几百年的大国兴衰史和资本主义的改革已经说明了问题，一些过去的外围国家（或准外围国家）通过自身努力在资本主义世界体系下从不发达变成相对发达。

另外，马克思主义中的“教条主义”在一定程度也属于科学主义的范畴，其表现是把过去的实践作为一种绝对真理拿来简单复制，或者把马克思主义经典作家根据当时情形得出的结论作为一种绝对真理来使用。比如，在对当前资本主义的大国关系研究中，有人总是习惯性地认为当今的资本主义大国必然发生冲突，其依据就是根据列宁时代分析的民族国家范围内的垄断资本主义。但目前的现实是，当今世界垄断资本主义是跨国的，这种条件下的资本主义的大国关系在经济关系上已经与列宁时代有着重大区别。列宁说，不研究帝国主义的经济实质这个基本问题，就根本不会懂得如何去认识现在的战争和现在的政治。但列宁又强调这种分析只有建立在当时具体的资本主义经济基本问题上才有意义。比如他批判考茨基的“超帝国主义论”时就指出，“超帝国主义论”脱离了“20 世纪初的历史的具体时代……使人不去注意现有矛盾的深刻性”。

我认为，列宁在这方面无疑作出了很好的榜样。列宁在完成《帝国主义论》时，就很好地应用历史唯物主义基本原理分析了当时垄断资本主义条件下（不是马克思时代的自由竞争资本主义）各民族面临的世界政治经济。在当今，世界资本主义的主要特征已经不是民族的垄断资本主义，而是跨国垄断资本主义，如果照搬列宁当时的结论就有教条主义之嫌。我们应该学习列宁，用历史唯物主义的方法分析跨国垄断资本主义条件下的当今世界政治。一些西方马克思主义者在这方面已经作了不少有益的探索研究，很值得中国学者借鉴，如迈克尔·哈特（Michael Hardt）和安东尼奥·内格里（Antonio Negri）的《帝国》（*Empire*）、威廉·I.罗宾逊（William I.Robinson）的《全球资本主义论》（*A Theory of Global Capitalism*），也包括考克斯的《生产、权力和世界秩序》及《多元世界的政治经济学》（*The Political Economy of a Plural World*）。这些著作都是当今西方马克思主义对帝国主义研究的重要成果，很遗憾，中国学界目前在这方面并没有很好地研究。

二、西方马克思主义国际关系理论的发展及代表人物

刘：国内学界如何认识和评判西方马克思主义国际关系理论的总体进展？

李：国内学界注意到，1981—1982 年是西方马克思主义国际关系理论的重要年份。1981 年，以批判见长的伦敦经济学院《千禧年》（*Millennium：Journal of International Studies*）杂志

发表了考克斯的《社会力量、国家和世界秩序》(Social Forces, States, and World Orders)一文。这是当今国际关系中第一篇批判理论的论文,也是西方马克思主义国际关系理论第一篇具有开创意义的论文。它对后来的批判理论具有重要的影响。我认为这篇论文有两个方面的长处:第一是批判,以历史唯物主义为理论基础,从认识论与本体论的角度批判了华尔兹新现实主义理论的局限性、阶级性、目的性;第二是提出具有历史唯物主义特色的理论分析框架,即以物质能力、观念和制度为构成要素的历史结构。这个历史结构的框架把物质能力(material capacities)(客观)、观念(主观)结合起来,突出意识的主观能动作用,强调两者不是一种机械还原关系。更重要的是,考克斯把这一结构框架应用于世界秩序、国家和生产三个层次,很好地把结构与施动者、国内与国际等概念之间的关系辩证结合起来,没有脱离马克思主义强调的生产方式、阶级分析等特征。我认为,这是迄今为止西方马克思主义国际关系理论中最贴近经典马克思主义的一支。考克斯的理论框架之所以更具有学术创新性,主要是由于他改变了以往批判理论学者"只批判而不提出替代理论"的做法。所以,理查德·温·琼斯(Richard Wyn Jones)认为考克斯这一文章"宣告了批判理论的到来",不是没有道理的。考克斯在这篇论文中提出的理论,后来在他的代表著作《生产、权力和世界秩序》(*Production, Power, and World Order*)中得到进一步阐述和应用。

同样在1981年,《国际研究季刊》(*International Studies Quarterly*)发表了阿什利的《政治现实与人类兴趣》(Political Realism and Human Interests)一文。该文继承了西方马克思主义另一个重大流派——法兰克福学派——的传统。阿什利运用法兰克福学派学者哈贝马斯关于知识构成的分类理论,批评华尔兹为代表的技术现实主义是一种僵化的现实主义,认为技术现实主义的关注点局限在西方的政治文化。在阿什利看来,不只存在"控制和体现权力文化"的现实主义,还存在以解放为旨趣的现实主义。但是,与其后《新现实主义的贫困》(The Poverty of Neorealism)一文相比,阿什利这篇批判性的论文在批判深度上还存在一定的距离,也没有提出替代性的理论框架,因此,人们更多地推崇《新现实主义的贫困》,把它作为其批判思想的代表作。

1982年,英国学者安德鲁·林克莱特出版《国际关系理论中的人与公民》(*Men and Citizens in the Theory of International Relations*),也是西方马克思主义国际关系理论兴起的重要标志。这本书从另一个角度秉承了哈贝马斯的思想传统,强调了交往关系的重要性。林克莱特对主流现实主义国际关系理论的批评包括:现实主义将人的两个身份及其义务(人的义务和公民的义务)相分离,导致人在两者伦理上的冲突,压抑了人的交往,阻碍了人的自由发展。他认为,在不断增强的经济与社会相互依存条件下,不同国家共同体之内的行为者在协调其伦理义务时,必须批判主流的现实主义理论。主流理论重视国家、民族的利益,强调公民的民族忠诚,导致公民个人作为人对其他国家的人缺乏相应的同类义务感。但是,林克莱特这本书只是提出了问题,还没有提出自己完整的理论体系。林克莱特在其后逐步发展自己的理论,正式提出要用哈贝马斯《重建历史唯物主义》的思路,超越现实主义和马克思主义;强调要对现有的政治共同体进行改造,使国家成为具有兼顾本民族和世界伦理的共同体,并将这一伦理根基立足于互不伤害的最低道德基础上。

1981—1982 年这三篇作品，都继承了西方马克思主义传统。葛兰西主义和法兰克福学派的兴起，标志着西方马克思主义思想开始运用于国际关系研究，带来一种“批判转向”，后来引领了当代社会科学其他许多领域的理论思想（如女性主义、新葛兰西主义、后结构主义），共同进入国际研究之中。这种批判转向在 20 世纪 80—90 年代深刻影响着西方的国际研究取向。比如在美国，虽然国际关系学科仍然是“科学主义”理论占主导，但相应理论已经强烈带有各种批判理论的元素。非常有影响的建构主义在相当程度上利用了之前的“批判转向”。在欧洲大陆及英国，各种批判理论大行其道，包括再次勃兴的“英国学派”，成为国际研究领域主要的替代性理论流派。

20 世纪 80 年代以来，西方马克思主义国际关系研究基本上已经涉及目前国际研究关注的所有问题，如全球化、全球治理、文明冲突及共存、移民、生态与环境、人道主义干涉战争、民主、平等、公民社会等全球问题，以及其他仍属于传统战争与安全领域的问题。批判理论主要研究目的在于：建立一种反思理论；要求用基于历史的理念与概念来解释变革。在这些学术语言的背后，共同的考虑是：批判现存主流国际关系理论维护现存世界秩序、漠视现存世界秩序而导致的国际紧张局势、民族间对立、人民之间相互伤害、生存环境恶化，以及各种形式的经济与政治的不平等和排斥；质疑西方文明、制度优越论和现代化标准，强调世界事务的民主管理，主张建立公正、包容的世界秩序。

但也必须看到，目前西方马克思主义国际关系研究处于低潮，或者说处于边缘化、碎片化状态，缺乏 20 世纪 80—90 年代那样的新思想、新理论不断涌现的态势。其原因与西方社会性质有关，也与西方大学绩效评估体制有关。由于西方国家国际关系科研项目资助侧重于工具性政策研究,有马克思主义倾向的批判主义国际关系研究很难得到资助,从而对该领域的研究造成不利影响。另外,西方马克思主义国际关系理论在改革世界秩序中也未能发挥应有的作用,这在一定程度影响了年轻学者们进行这方面研究的积极性,目前主要研究者仍然是 20 世纪 80—90 年代的学者,新人不多。

刘:中国学界重点关注的西方马克思主义国际关系理论学派和代表人物有哪些?

李:西方马克思主义国际关系理论主要是狭义的批判理论,即在英文中的大写 C 和 T 开头的批判理论(Critical Theory),特指以考克斯为代表的批判理论和林克莱特代表的批判理论;而小写 c 和 t 开头的批判理论(critical theory)指的是广义的批判理论,所指范围较广,既有后结构主义、后现代主义,也有女性主义等。之所以把前者归于西方马克思主义国际关系理论的范畴,主要是因为它们所依据的理论都是公认的西方马克思主义,如葛兰西主义和法兰克福学派的理论。

考克斯批判理论的依据主要是葛兰西解释的历史唯物主义(当然也有其他一些理论来源)。葛兰西理论在"实践本体论"基础上更多地强调主观能动性在历史发展中的作用。考克斯直接引用葛兰西的概念来分析国际关系与世界秩序。考克斯用葛兰西的"历史集团"、"霸权"等概念分析社会力量、国家和世界秩序的变化与发展。在他看来,正是这种历史集团决定了生产、国家和世界秩序;历史集团建立的历史结构由物质、意识、制度三个要素构成。这三个要素最终来自社会生产实践,因此,他特别强调主客观的统一和实践的作用。他指出:"在历史主义方法中,人类制度是由人创造的……是集体的人对集体感知的矛盾的反应创造的，这种反应产生了某些实践。制度和实践因此要通过这种创造者不断变化的心理过程来理解。这种观点是主观与客观的统一。”正是这种实践的历史主义观，使考克斯理论中的国际关系各个范畴，如国家利益、国家、国家间交往模式、世界秩序等，都不是给定的，而是历史的、具体的，是人的实践创造的；资本主义生产关系塑造的世界秩序产生的社会矛盾，可以通过人的批判性反思来重新塑造。据此，考克斯批判了西方国际关系理论中所有试图“物化”当今世界秩序的理论，特别是新现实主义和新自由主义理论，认为这些理论的目的是为现存世界秩序中既得利益服务的，维护不公正的世界秩序。

林克莱特的理论主要依据的是哈贝马斯在《重建历史唯物主义》中所说的交往（或沟通）理论。哈贝马斯认为，物质生产劳动过程不是社会和政治组织的关键，这降低了交往的重要性，社会的再生产既取决于根据人们的基本物质需求塑造物质世界的集体成就，也取决于人们就社会交往的基本原则达成一致的程度，传统马克思主义的“生产范式”应该被“沟通范式”所补充。人们在沟通领域内的学习可以促进人的自由。这里关键是，哈贝马斯认为人们在社会交往过程中存在着基础性伦理，并认为这是促进沟通成功的前提。林克莱特把这一思想应用于国际关系之中，认为国际社会再生产也应该建立在沟通式学习之上。他强调各个民族都有对话的权利，参与国际社会的决策权利，因为这些决策影响到他们的生活。为此，他提出需要对目前的政治共同体进行改造，使之既有世界主义情怀，也有文化和其他差异的眷顾，把世界主义和民族性统一起来。为此，他认为应该特别给予全球弱势个人和群体影响决策的机会，因为他们易受这种决策的伤害。当然，林克莱特还应用过程社会学理论来研究如何消除民族之间交往过程的伤害问题。这一研究目前还在进行之中。

刘:您可以对罗伯特·考克斯的国际关系理论思想进行概括和总结吗?

李:就像我上面所说的,考克斯既是西方马克思主义国际关系批判理论的开创者,也是目前公认的国际关系批判理论的先驱。他被列入前50名最有影响的国际关系思想家之一。可以说,在国际关系中谈西方马克思主义国际关系理论时,都要谈到他。我认为他在学术上最大的贡献,就是创立了以历史唯物主义为基础的国际关系理论分析框架,"历史结构框架"这个理论框架一是具有马克思主义传统,二是把国际关系理论中一些要素全部包含在这一框架之中。就第一点而言,他以生产为线索,以生产方式和生产关系作为研究国际关系的基本因素,由此来分析国际社会生产关系、国家形态和世界秩序,而且结合目前的国际生产关系特点,提出了当今国际阶级关系新特征,并在此基础上分析世界秩序和国家形态。国际关系与世界秩序变革的根本动力是生产与生产关系的矛盾,以及由此导致的阶级、国家的冲突。但同时,他没有机械地遵循单一的因果关系论,而是强调生产、国家和世界秩序之间历史、具体的相互联系,注重经济基础与上层建筑之间在特定条件下的互动作用,政治与经济的历史与具体的相互作用,而不是单纯遵循经济还原论。如果说1981年那篇著名的《社会力量、国家和世界秩序》论文没有充分反映这一点的话,那么,1987年出版的《生产、权力和世界秩序》则详细深刻地论述了这一观点。它与受法兰克福影响的批判理论有着重大区别。批判理论是以哈贝马斯的《重建历史唯物主义》为基础,强调生产和生产关系之外的人的交往关系,去追寻人类交往之中的基本伦理，把它作为社会规范的重点。这似乎在把一些上层建筑的内容作为社会关系的首要基础，至少也是把它与生产方式和生产关系并列起来。它与马克思主义的传统是有一定区别的。

第二个方面就是考克斯理论分析框架本身的优点。20 世纪 70 年代以后，结构主义理论成为分析国际关系的主要理论，但这一理论忽视了国内因素，或者说施动者的因素。而考克斯的理论把微观层次的生产、中观层次的国家、宏观层次的世界秩序结合起来，注重它们之间的相互影响、相互作用，强调结构可变化性和历史性，如霸权与非霸权的结构，较好地说明了施动者与结构之间的辩证关系。与一些现实主义结构理论不研究国家、把国家视为相同功能的单元不同，在考克斯理论框架中，国家也是重要的研究对象，特别是霸权国家。考克斯理论框架对国家建构过程的分析，既注重内部生产关系因素的建构作用，也注重外部世界秩序因素的建构作用，而且还把内部生产因素与外部世界秩序联系起来。另外，在国际关系理论中，现实主义谈权力、国家中心论，自由主义谈制度与合作，建构主义谈理念，彼此似乎各执一词，互不关联。但考克斯理论框架是较早地把实力(物质能力)、理念和制度有机地结合在一起的，在一定程度上把这三个因素的作用都说清楚了，避免了卡尔所说的“理想主义的天真和现实主义的贫乏”与片面性。

需要提到的一点是，考克斯的国际关系理论支持变革，但这种变革的理论也是务实的。不论 20 世纪 80 年代的理论建构时期，还是 90 年代以后的致力于分析全球化矛盾与冲突时期，考克斯都希望从中找到反对霸权的契机，但同时也并不盲目乐观。他较为全面地分析全球化带来的世界矛盾和世界秩序的变革可能性。同时,他也清楚地认识到,虽然资本主义世界秩序目前正处于矛盾的发展过程之中,但还没有一个反霸权国能动员所有反霸权社会力量,提出成熟的革命理论,整个反霸权力量也处于碎片化过程中,变革条件还有待发展。所以,他认为,变革世界秩序是一个长期的过程,而且是一个非常曲折的过程,强调要有"认识的悲观主义和意志的乐观主义"。因此他的变革理论也是一个非常务实的理论,没有简单机械地妄言资本主义世界经济危机必然导致新的、公正的世界秩序。

刘:西方马克思主义国际关系理论存在哪些不足?

李:这里我先想谈谈林克莱特的理论。他借鉴哈贝马斯的交往理论,认为在人的交往或沟通中存在着一种先验的"共同伦理基础"。这种先验的东西是否存在,是否符合马克思主义,许多人存在质疑。从马克思主义观点来看,伦理的产生是历史的、具体的产物,是与具体的生产与生产关系密切联系的。当然,伦理有一定的历史传承。但是,如果脱离了生产范式来谈先验的"共同伦理",与马克思主义强调生产是上层建筑的基础,存在一定的区别。同样,林克莱特的理论希望从沟通伦理中发现资本主义世界秩序中的"合法性危机",希望用共同的先验伦理来克服危机,改造政治共同体,建立替代性的世界社会和政治组织,这缺少生产性基础,也与马克思历史唯物主义存在着重大区别。如果不以改变资本主义生产方式为前提,奢谈建立替代性的社会和政治组织,按马克思主义观点来看,只能是"换汤不换药"。即使后来林克莱特致力于伤害理论的研究,也存在上述问题。

考克斯理论当然也存在某些不足之处。我认为,他关于历史发展不确定性的观点和反对消费主义的观点,虽然可以摆脱目的论之嫌，但作为一个革命的理论，不利于动员其理论面对的对象。因为理论面对的主要目标人群是处于底层的弱势群体，对他们的政治动员必须首先要以物质改善为条件，并以某种宿命观的口号为号召，否则很难动员起生活窘迫、文化不高的普通大众。另外，考克斯理论对资本主义世界秩序带来的生态危机分析不足，虽然在他后来的著述中意识到这一问题，但还是没有在这方面给予充分研究。这可能与考克斯年事已高、精力不济有关。最后，考克斯对经济全球化的看法也过于负面，即使从全球化带来资本主义社会更尖锐的矛盾但有利于历史进步和世界变革这层意义来说，全球化也有其积极意义，另外，如果我们从全球化对发展中国家带来一定的发展机会来说，这一历史进程确实有值得肯定的地方。

最后，西方马克思主义国际关系理论有一个共同的缺欠，就是“否定的辩证法”，即在批判资本主义世界秩序和现实不平等方面酣畅淋漓，充分展现了现存秩序的不公正、不合理，但是在设计未来秩序方案和如何实现替代性方案上显得欠缺。虽然批判是创造的基础，没有批判就无法创新，但问题是，西方马克思主义国际关系理论家们面对资本主义的世界秩序所造成的现状，就像面对刺猬一样似乎无处下手，只是批判，没有提出一个可以动员所有反对资本主义世界秩序的社会力量进行革命的实践理论。这当然与目前资本主义发展成熟有关，但也与西方马克思主义者目前所处的困境有关。2008 年，资本主义世界发生如此重大的危机，有人批评西方马克思主义者仍然无法提出一个替代性方案，没有影响社会变革进程。不得不说西方马克思主义的国际关系理论有待发展。

三、国内对西方马克思主义国际关系理论的研究

刘:能否介绍一下近期国内关于西方马克思主义国际关系研究的基本情况?

李:实事求是地说,近年来,中国学界对西方马克思主义国际关系的关注度,不如主流国际关系理论。这表现在研究人员偏少,论文成果不多,研究力度较浅,新理论介绍不够深入全面。尽管如此,国内的西方马克思主义国际关系研究得到一些知名学者的大力提倡与扶持。王逸舟教授、秦亚青教授就曾在多个场合呼吁学界同仁重视西方马克思主义国际关系研究,还特别嘱咐我在南京大学开展相关教研工作,做出特色。他们在担任国家社科基金评委时,特别呼吁对一些涉及考克斯等内容的课题给予资助,强调这是目前最具马克思主义传统的国际关系理论。李少军研究员曾经在社科院专门组织过一次西方非主流理论学术研讨会,对国内西方马克思主义国际关系研究的促进作用很大。

很多学者在这一研究领域作出了重要的推进工作,代表学者包括上海外国语大学的郭树勇教授、天津师范大学的王存刚教授、江苏大学阎静副教授、苏州大学钮菊生教授、中央财经大学白云真副教授,以及华东师范大学副教授王铁军、中国社科院美国所的李恒阳等。

其中,钮菊生教授的观点比较有代表性,他指出西方马克思

主义国际关系理论霸权、批判、资本主义为主要视野，以葛兰西、考克斯、沃勒斯坦等人为主要代表，内容十分广泛。在他看来，西方马克思主义国际关系理论主要有三个理论支点：霸权、世界体系、世界秩序。霸权是权力、观念、制度的结合体；在世界体系内，中心与边缘国家存在剥削交换关系；国际关系中的社会、国家、秩序之间存在辩证关系，生产组织的变化产生新的社会力量，后者又塑造了国家结构，在很多国家产生各种溢出效应，改变世界秩序。

王存刚教授认为，近期中国学界在马克思主义国际关系理论中国化方面取得新进展。他指出，学界的研究主题包括理论概述和诠释、国际关系重大现实问题分析、与西方主流国际关系理论的比较、发展路径和方法思考等。目前虽然取得一些成就，但也存在不容忽视的问题，包括研究后劲不足、专业队伍偏小、缺乏学术共同体及必要的沟通、主题分散、实证研究少、意识形态色彩厚重等。为此，可能的应对措施包括：加强经典文本及方法论研究、追踪当代新马克思主义国际关系理论发展、深化与西方主流国际关系理论的比较研究、重视当今国际关系中的重大理论和现实问题等。

我个人的研究集中在考克斯与国际政治经济学，最近十几年以来，陆续发表了相关的论文成果，包括《考克斯的国际政治经济学理论》《什么是马克思主义的国际关系理论》《考克斯的批判理论：渊源与特色》《批判者的异同：考克斯与后现代主义》《社会力量、世界秩序和中国的发展》《论建立公平的国际经济秩序之正当性》《国际研究的批判传统及启示》等。

总体而言，国内学者对西方马克思主义国际关系研究的重点是介绍和评论，与其他各种批判理论进行比较，结合中国崛起的趋势给出跟进研究与解释等。对于考克斯、林克莱特等代表人物的思想来源、学术体系、理论构架及问题都有比较全面的介绍,在深度方面也有一些进展。考虑到意识形态淡出学术、主流理论话语霸权,这些进展的意义是很重要的。

刘:国内的西方马克思主义国际关系研究存在哪些不足之处?

李:在我看来,最大的不足之处是:中国学者在运用西方马克思主义国际关系分析框架研究现实问题方面用力不足。目前学界基本达成共识:要运用理论作为分析视角,解决现实问题,这样才能体现理论的作用。但是,在西方马克思主义国际关系理论研究中,似乎较多体现了理论本身的内循环过程,借鉴这些观点分析现实问题的研究成果不多。事实上,西方马克思主义国际关系研究几乎涉及了所有现实问题,包括全球化进程中的公正或伦理问题、国家建构、世界秩序结构、文明冲突与共存、国家与民族的和谐共处、新历史条件下的帝国主义、环境与气候伦理问题,等等。另外,中国加入世界体系后,在一系列全球问题上应该发挥的作用,以及中国发展与世界和平的关系等,都是国际关系研究的重要课题。对于这些议题的解释和探究,西方马克思主义国际关系理论不能缺席,而应该成为主角。

另外,对西方马克思主义国际关系理论的介绍与评论,有些还不太准确,或者说研究深度不足。根据我对考克斯思想的研究,感觉需要深入拓展或批判的地方还有很多。当然,在我的有限阅读中,感觉有些成果对西方马克思主义国际关系思想的评价过于浅显或简陋,有些简单借鉴或挪用西方学者的评论,在运用原著方面做得不够,缺乏独到见解。而且,一些研究在对西方马克思主义和经典马克思主义的区别方面认识不确切,可能导致一些常识问题。

还有一个问题是，在西方马克思主义国际关系理论的系统化方面，国内研究不太令人满意。以林克莱特思想研究为例，缺乏将人与公民的双重伦理、政治共同体的改造和不伤害研究统一起来系统研究的成果。对考克斯的研究也存在着系统研究不足的问题。总的来说，国内对西方马克思主义国际关系研究较弱，目前还没有一本像样的研究专著，不如西方国家针对（大写的）批判理论出版了相当数量的研究作品。

总结起来，国内对西方马克思主义国际关系理论的研究视角主要还停留在分析、介绍、评价阶段，深度不够，缺乏系统性，借鉴西方马克思主义国际关系理论分析研究现实问题的成果尚少。

刘：如何评估国内关于西方马克思主义国际关系研究的发展前景？

李：西方马克思主义国际关系研究的问题，几乎涉及目前世界政治的所有方面。我在这里想列举一下国内对西方马克思主义国际关系理论的关键研究议题。这些议题可能不全，但我认为比较重要，可以视为对研究前景的近似回答，借以抛砖引玉。

（1）建立具有历史唯物主义特点的中国国际关系理论。考克斯的理论对这一课题的借鉴意义很大。西方马克思主义学者从生产或经济基础角度分析政治动向，而我们需要探索如何从国际生产网络、经贸交往角度，建立一种可行的、非教条主义或机械主义的国际关系分析框架，体现中国国际关系研究的独特性。

（2）对现今和未来世界秩序的研究。世界秩序问题历久弥新，它关系到我们如何研判自己生存和发展的外部环境。当然，我一直认为,世界秩序不仅包括物质力量对比,还有意识的成分、制度的框架、社会的互动;不仅是政治意义上的,而且是经济社会意义上的,需要运用西方马克思主义国际关系理论进行批判式研究。

(3) 推动世界向更公正方向发展的研究。当然前提是关于世界不公正的根源问题研究,也包括我国在推动世界公平化过程中如何发挥作用。这一课题与中国如何参与全球治理也有着密切的联系。西方马克思主义国际关系研究的规范性很强,应考虑如何借鉴这些研究促进中国对于国际规范伦理的建构与贡献,为中国参与全球治理设计更好的行动框架和议程。

(4) 全球化条件下的国家利益建构问题。在全球化条件下,由于生产的国际化,国内生产关系与国际生产关系产生密切联系,各阶层利益国际化倾向愈加明显,国家利益在很大程度上建立在阶层或利益集团的利益基础上,这就存在国家利益的新建构问题。

(5) 全球化条件下国家治理的现代化问题。为适应和管理全球化条件下国家利益的国际化倾向,更从容地适应和参与世界秩序转型进程,我们面临着如何实现国家治理的现代化问题,特别是如何统筹治理各种危机和事件、应对各种利益冲击和诱惑等。

(6) 全球化进程中的国家如何做到互不伤害,实现和谐共处的研究。包括中国与大国建立新型战略关系,与邻国建立睦邻关系,与发展中国家加强关系等。不伤害是国家间和平共处、共同发展的基础。全球化条件下,由于相互依赖、相互联系日益加深,如何做到不伤害成为一个重要问题。这里既包括消极的不伤害,又包括积极的不伤害。这项研究对于中国国际关系理论建构具有基础性的意义。

(7) 西方马克思主义国际关系理论,特别是考克斯和林克莱特思想的系统研究。这是我国学者研究西方马克思主义国际关系的重要方面。过去的研究比较零散,不够全面与深入,没有系统性专著,需要改进和加强。

(8) 国际伦理的研究,进一步强化公民的爱国意识与国际情怀。这一研究有助于我们在国际上力所能及地提供公共物品,体现大国风范与国际化要求。没有公民的国际情怀和作为世界人的共同伦理意识,一个民族的爱国主义将会非常狭隘。

(9) 运用西方马克思主义国际关系理论,对主流国际关系理论在本体论、认识论、价值论层面的批判。目前一些研究对于主流理论的盲目崇拜或简单搬用,严重损耗了相关成果的视界多元化与认知可能性,甚至导致思维同质化与强权思路,再加上中国传统的官本位文化,很有可能导致中国跌入"国强必霸"的陷阱。与此对立的另一个极端是,一些研究不加取舍地接受西方制度合作的"圈套",丧失作为社会主义大国在推动世界和平发展方面应有的地位和积极作用。为此,亟须一种能够体现中国特质与世界主义路向的理论加以校正。

(10) 跨国垄断资本与帝国主义研究。不可否认,跨国垄断资本是目前世界政治经济的主导力量,它们对世界的统制管理、资本跨国化对国家的改造及国家关系的影响,是全球化条件下世界政治的重要方面,也是马克思主义者在后帝国主义时代必须面对的现实课题,这一点不能因为有某种意识形态意味而刻意回避。

四、西方马克思主义国际关系理论的实践意义

刘:西方马克思主义国际关系研究如何认识全球化进程对发展中国家的利弊情形?

李:从马克思主义角度来看,全球化也存在进步意义。如果读过马克思的《不列颠在印度的统治》就可以理解,资本主义在不发达国家的扩展,对历史进步存在一定的积极作用。另外,经济全球化为发展中国家提供了一定的发展机会,发展中国家如果把握这个机会,可以获得一定发展。毕竟众多发展中国家处于落后状态,整个社会的发展程度很低,发展资源相对匮乏,如果主要靠自己的力量来实现现代化,既不现实,也非常漫长。经济全球化可以使发展中国家充分利用资本主义市场带来的既有条件,相对经济地、快速地发展起来,使发展环境相对好一点。

但必须看到,不是说融入全球化,发展中国家就一定可以发展起来,这其中还有其他的条件,如国内社会与政治的稳定,领导人的智慧,适当的国内经济政策,等等。战后凡是利用出口导向战略发展起来的国家大都具备了这些条件。同时也必须看到,经济全球化也给发展中国家带来了巨大风险,发展中国家在经济全球化过程中最大的风险就是依附,因为全球化属于是资本主义大国主导的经济全球化。另外,绝大多数发展中国家都采用出口导向政策,彼此竞争加强,以前的一些优势可能丧失;

而且由于国际政治形势的变化，以前一些相对较好的政治环境也消减了。过去美苏冷战，美国对加入资本主义经济体系的国家采取了经济相对宽容的态度，以加强与苏联对发展中国家的竞争，现在这一因素不存在了。最后，由于发展中国家在全球化过程中，基本都是重复发达国家工业化的老路，对它们来说，能源和环境约束也在加强。可以说，经济全球化给发展中国家带来的风险比冷战时代要大得多。所以，今天重温马克思那句话——工业较不发达的国家“不仅苦于资本主义生产的发展，而且苦于资本主义生产的不发展”——有着特别的意义。发展中国家要想突破这种发展的无奈，从现存国际经济秩序来看，不论从各方面来说都非常艰难。

刘：在您看来，以西方马克思主义国际关系研究为指导，建立公平的国际经济秩序，其正当性与基本思路是怎样的？理念因素在其中能够起到哪些关键作用？

李：建立公正的国际经济秩序就是促进公平。具体而言，还是应该遵循联合国在 1974 年通过的《建立新的国际经济秩序的宣言》及《行动纲领》中体现的原则，对国际经济秩序进行改革。具体上表现为两个方面，一是增进发展中国家的自主性和平等性，即发展中国家应自主地决定自己的经济制度和发展模式，自主地控制自己的资源；有权参与国际经济事务的决策，在重大的国际组织中增加其发言权；寻求对其境内跨国公司拥有控制权，使其有利于发展中国家的经济发展。二是给予发展中国家差别分配待遇，即发达国家应尊重和照顾发展中国家的国家利益与需要，增加对发展中国家的援助，在提供援助时不附加任何政治条件，降低技术转移的限制和费用，改善不发达国家的贸易条件，为发展中国家产品进入发达国家提供更多照顾与优惠，减少对不发达国家的产品进口限制,减轻发展中国家的债务负担等。这其中的正当性,在我的《论公正的国际经济秩序的正当性》一文中已经说得很清楚了,因为不论从何种分配正义的角度来看,目前的国际经济秩序都是不公正的,即使从最自由的分配正义观来看,也是如此。其实,马克思在《论犹太人问题》一文中就提出过,资产阶级提出的自由平等,由于其经济制度的原因而无法实现,必须对经济制度进行改造才可能实现公正。国际社会目前还达不到改造的条件,只能进行改革。而且这样的改革也符合包括西方目前认同的分配正义概念。

关于理念因素在促进建立国际经济新秩序过程中起什么作用的问题,我认为,理念是人们行动的指南,具体地说,它具有路线图、聚集点的作用,即判别是与非、选择正当方案、遇到分歧时协调行动的作用,它有因果关系的说明,也有道德伦理的解释。没有理念,人是无法实施重大行为的。在促进国际经济新秩序建立的过程中,首先要有一个分配正义观,否则无从谈改革。现在虽然不同发展程度的国家对国际社会基于何种分配正义观存在着分歧,但我们提出的国际经济秩序改革方案,在道义上涵盖了发达国家也认同的正义观,它们是无法反对的;即使反对,也辩称它们的做法是符合正义标准的。这就是正义的反事实作用。如果没有这种理念,建立公正的国际经济秩序就无从谈及。当然,理念的作用离不开物质力量。在目前的现实条件下,国际社会没有进步到只通过对话与协商就能解决问题的地步,在这种条件下,必须要有一定实力保证,才能谈公正公平。马克思主义者不是空想家,是务实者。马克思也谈只有获得权力,才能改造世界。考克斯在其理论框架中,也提出物质能力是制度的最后保证。空谈理念而否认权力的作用,只能是理想主义的天真。

刘：对于中国国际关系研究与当代中国外交实践而言，以考克斯为代表的西方马克思主义国际关系理论能够提供哪些启示意义？

李：考克斯的理论对中国国际关系研究至少可以有两个方面的启示。第一是理论方面的。马克思主义应在中国国际关系研究中起到引领作用。如何用历史唯物主义方法建构中国特色的国际关系理论框架，通过这个理论框架分析国际关系的具体问题，与西方主流理论进行对话，是中国国际关系理论研究需要重点解决的问题。可惜的是，中国学者至今没有提出过这样一个理论框架。考克斯的理论至少可以为我们提供这样一个借鉴，促使我们的国际关系学者参照考克斯的理论，尝试提出具有历史唯物主义特色的中国国际关系理论框架。

第二是分析上的。由于我们目前还没有建立自己具有马克思主义特点的理论，可以借鉴西方已有的理论来分析国际关系具体问题。考克斯的理论在这一方面独树一帜。中国的国际关系学者在分析国际关系具体议程时，往往会不自觉地带有西方非马克思主义理论的思维。坚持国家利益、维护国家主权没有错，在国际关系中强调合作和国际法治也没有错，但是用西方现实主义和自由主义的思维来分析其理由，就不能不让西方学者说我们没有理论，甚至是“鹦鹉学舌”，而且学得不伦不类。

至于考克斯的理论对中国外交有什么启示作用，一方面，批判理论就是为了建立新的世界秩序、为促进公正的世界秩序而发现问题，批判旧思维的。中国外交是为促进国际秩序向公正合理方向变化的，这种启示意义就不言而喻了。另一方面，考克斯的理论同时非常务实地分析现存世界秩序的社会基础和变革的困难，反对盲动性。这些论述很应时，在字里行间体现出深意与魄力。中国外交接下来的问题就是如何实践这些主张，特别是在具体外交操作中，践行这些理念。目前尤其要克服强权思维、唯实力意识。要坚持国家不分大小、不分贫富、不分强弱一律平等，要坚持中国外交既为中国国家利益服务，也为国际和平、正义和发展服务。其实，这两者是统一的，不应该分割。

考克斯理论对中国外交实践的另一个启示是，如此正确认识现存的、西方主导的霸权世界秩序的结构，制定正确的外交战略。认识这种结构不仅要从物质力量层面来分析实力对比，而且还要从意识流行性及制度合法性的层面上评估中国在世界上被接受的程度。目前，现存世界秩序结构既是中国外交面临的国际大背景，也是中国外交战略外在的约束条件。如果不能正确地认识这种结构，就不能制定正确的外交战略，要么会盲动冒险，要么会消极无为。在 1989 年那个特定时期，邓小平提出“冷静观察、站稳脚跟、韬光养晦、绝不当头”，就是根据当时的世界秩序和中国具体条件提出的外交战略。它为我国走出特定的外交困境确定了基本的战略原则。今天，虽然中国国力发展了，但仍然存在着如何客观认识世界秩序的问题。

关于广义的西方马克思主义国际关系理论及其作用问题。我认为，目前的经济全球化证明了马克思当年用历史唯物主义方法得出的许多论断是正确的，今天全球化带来的许多问题在金融危机中得到了体现，也证明了马克思对资本主义批判的正确性。正因为如此，西方一些人士对马克思主义重新关注起来。这为西方马克思主义国际关系理论提供了一个很好的发展背景，对马克思主义国际关系研究有着促进作用。西方马克思主义的思想与理论究竟能为实践提供多大作用，或者在西方社会运动中发挥多大作用，目前还不太清楚。从目前我知道的情况，可以说，作用或许并不如想象的那样大。今后西方马克思主义国际关系理论要发挥重要作用的话，还取决于西方马克思主义者能否提出一个有效理论，能够动员所有反对目前世界秩序的力量。

编者按 作为一种研究方法，社会性别分析在政治学的方法论中有着极为重要的位置。女性主义国际关系学的产生与发展与西方的女权运动密不可分。那么，女性主义国际关系学是如何产生的？其发展状况如何？有哪些流派？它对主流国际政治理论产生了哪些挑战？女性主义的实践活动对女性主义国际关系学有哪些影响？中国的女性主义国际关系学经历了一个怎样的发展历程？女性主义国际关系学有哪些议题值得关注？北京大学国际关系学院博士研究生黄立志专访北京外国语大学李英桃教授，李教授致力于女性主义国际关系研究，著有《社会性别视角下的国际政治》《女性主义和平学》《女性主义国际关系学》等。

女性主义国际关系理论研究
——李英桃教授访谈

黄立志

一、社会性别分析与女性主义[1]国际关系学

黄立志（以下简称"黄"）：女性主义学者曾说"个人的即是国际的"，您也曾"个人的即是外交的"。怎么理解这两句话呢？

李英桃（以下简称"李"）：第二次妇女运动浪潮时曾提出"个

人的即是政治的”，辛西娅·恩罗（Cynthia Enloe）等女性主义者仿照此口号提出了“个人的即是国际的”。这个口号打破了传统家庭对妇女的束缚，将在家庭这个所谓“私人领域”内对妇女的侵害行为展示出来。“个人的即是外交的”是我在《妇女与外交：个人的即是外交的》中提出的，让女性从国家的抽象概念中具体化，目的同样是帮助人们认识到妇女在外交中的地位和作用。

国际政治本质上是权力关系，女性主义要在权力政治中发挥作用，就要把国际政治中国家这个行为主体的坚硬外壳“打开”，讨论国家是谁的国家，所谓国家利益代表谁的利益。我们要跨越国家利益的边界，让个人的地位、状况与利益显现出来，并与国家利益联系起来。如果国际政治只讨论国家，国家是淹没个性的。如果不超越国家的边界，就永远看不见个人。当我们讨论“个人的即是国际的”时候，就打开了抽象国家的坚硬外壳，使讨论妇女、个人的存在成为可能。

女性主义主张超越主权国家的疆界，讨论国际政治时既有全球层面，又有国家层面，也有个人的层面。如果把国家比作一颗洋葱，女性主义用性别视角穿越全球、国家和个人，在分析问题时一层一层地不断往外走，从而更深透地理解国际政治。举个例子，20 世纪 60 年代初期，美国总统约翰·肯尼迪有一句名言：“不要问你的国家能为你做什么，要问你能为国家做什么。”女性主义者就对这句话提出了挑战。女性主义质疑的是，国家利益是不是能够代表每一个人的个人利益？所谓的“整体的国家利益”是不是就代表了女性的利益？事实上，有时候国家利益侵占了女性利益；国家中有不同的群体，不同的群体对国家同一个政策的感受不一样，被影响的程度也是不一样的。国家强盛并不必然代表每个个体都从中同等受益。因此,我们必须要关切每一个个体的感受和利益。过去,在国际政治中没有性别视角。我们普遍觉得,国家利益就是个人利益,国家安全就意味着每个人都安全了,但实际并非如此。事实上,根据女性主义理论,不光女性,男性同样也可以提出同样的疑问,因为男性也从来就不是同质的,以国家利益来代表个人利益的做法,也忽视了很多男性的利益。

黄:在您看来,女性主义倾向于关注个人,但为什么在强调个人时要有性别视角呢?

李:社会性别分析是一种视角、一种分析方法,是提示大家注意,在传统的国际政治研究中隐藏的二元对立思维模式。女性主义提供的是一副观察性别差异的眼镜。当《独立宣言》说"人人生而平等"(all men are created equal)时,平等里是没有女人的。"men"仅仅是男人,宣言是要为有资产的白种男人争选举权,女人、黑人没有选举权。美国的开国者在使用"men"这个代表"人类"的词的时候,或许并没有刻意想着歧视妇女,但在讨论的话语里已经事先把女人排除了。宣言的起草者可以说,我并没有种族主义,也并没有性别歧视,我只是讨论我能看得见的这部分人。但你知道,这世界上除了有男人,还有女人;除了白种人,还有有色人种。只有具备性别意识,有意识地把人分成男人、女人,才能够知道用"men"代表"人类"时,它已经包含了歧视。没有性别视角,一切事情都看似合理。所以,性别视角不是在加深性别歧视,而是给你一副眼镜,让你能够看到事实存在的二元对立思维模式,从而探索提高妇女地位的途径。

所以,女性主义者是要走出偏见,而不是树立并强化二元对立。近代以来的西方学术思想中,本身就存在着二元对立的思维模式。女性主义者只是找到一个眼镜来考察它，告诉世界这种二元对立是不对的，女性本身也是千差万别的。

黄：有学者认为男女性别的差异是恒定存在且不可改变的，您怎么看？

李：在男女性别差异上有两种看法，一种认为男女性别是天性的；另一种虽然承认性别差异有后天的成分，但是这种差异有很清晰的男女分野，已经建构成一种不可变的状态。为了能够区别本质主义的观点，女性主义用两个不同的单词来解读性别，“sex”强调生理性别，“gender”强调的是社会建构的性别，简称社会性别。我认为，“gender”的提出是有挑战和颠覆意义的。“sex”指人生出来是男性还是女性，如果生理性别差异决定了我们的社会地位、分工、一切分野及家庭地位，这就造成一种局面：既然生为女性是不能改变的，那么附着在她身上的其他属性都是很难改变的。“gender”概念的提出为女性主义理论带来很大改变：既然性别是被社会建构的，它就是可以被改变的。从生理性别到社会性别的变化，赋予了女性主义和妇女运动更大的合法性、可变化性。社会性别分析方式的提出超越简单、机械、不可变的性别本质主义。

黄：您几次提到女性千差万别，那么强调男女两性之间的性别差异还重要吗？

李：强调女性千差万别，这是后现代女性主义理论的重要贡献。但这种做法可能会使女性作为一个群体被解构，这也是后现代的危险之处。因此，这个学派也在反思与回顾自己的问题。我认为，处理这个问题的方法是让妇女在女性主义研究中“既在中心又不在中心”：女人作为群体有共性，作为个体有差异。群体的共性，让我们携手奋进；个性的差异，让我们相互包容，相互尊重，要达到一个既能看到差异也能共同进步的状态。

尽管女人、男人内部都是千差万别的，但是作为群体，男人、女人还是存在很大差异。迄今为止，世界上没有任何一个国家实现了男女平等，性别歧视仍然普遍存在着。仔细想想，在女人中，有多少人可以是精英呢？把男女的精英群体进行比较，你会发现，越底层，女性的比例越大；越高层，男性的比例越大。

黄：在指出国际关系领域性别二元化特征后，女性主义者曾提出以赋权、合作性权力代替支配性权力。

李：从提出社会性别分析方法到强调赋权的意义，二者之间有一种逻辑的承接关系。“支配性权力”（power over）是指甲让乙做乙不愿做的事，而乙不得不做。在国际政治研究中，权力主要指的是支配性权力。但当我们给权力一个更丰富的内涵时，就可以看到还有合作性权力。国际政治中支配性权力的存在体现在很多方面，如发达国家与欠发达国家之间的支配、统治与被支配、被统治的等级关系，使后者具有了男性特质/女性特质二元对立模式中的女性特质。女性主义国际关系理论对权力进行女性主义诠释，批评、修正这种强制性权力时拓宽了权力的含义，提出了“合作性权力”（power to，power with）与“赋权”（empowerment）。通过赋予权力，人与人、国家与国家之间的关系呈现出不一样的形态，通过赋予对方权力和自我赋权，弱势人群强大起来，能够掌握自己的命运。合作性权力的视角让国际合作、国际交往、人与人之间的关系、国家之间的关系更加丰富。这里要说明一点，女性主义者没有理想化到完全去除支配性的权力。

二、西方女性主义国际关系学的产生与发展

黄:您可以介绍一下西方女性主义国际关系理论是如何产生的吗?

李:西方女性主义国际关系理论的产生,与20世纪60年代末70年代初的女权运动第二次浪潮密不可分,此次女权运动是以当时变化与转型中的世界局势为客观背景的。石油危机的发生让世界前所未有地关注彼此相互依赖而非相互对立,更宽容、更富包容性的国际环境为女性主义的尝试提供了土壤,也为女性主义国际政治理论的诞生奠定了实践基础,作好了理论准备。自那时起,四次世界妇女大会先后召开:1975年墨西哥城第一次世界妇女大会、1980年哥本哈根第二次世界妇女大会、1985年内罗毕第三次世界妇女大会和1995年北京第四次世界妇女大会。通过这四次世界妇女大会,全世界妇女达到前所未有的团结。

1988年,英国伦敦政治经济学院举办了"妇女与国际关系"学术讨论会,随后学院刊物《千禧年杂志》刊载了会议文章,这标志着女性主义国际关系学开始在西方确立。伦敦政治经济学院之所以召开这样一次会议,是因为一些学者已认识到这一议题的重要性并达成了一定的共识。通过会议的召开及杂志论文的发表,女性主义国际关系学找到了一个平台。这是女性主义学术流派成长的转折点。

黄:您能具体介绍一下,进入21世纪以后西方女性主义国

际关系的发展状况吗?

李:在2003年出版的《社会性别视角下的国际政治》一书中,我提出,西方女性主义国际关系理论可以分为萌芽与初创、发展与反挫、新世纪新起点三个大的阶段。在萌芽的最初阶段,其最主要的表现是,女性主义介入国际关系的研究中,通过对居于正统地位的现实主义理论的批判走进高政治议题,随后通过对第三世界妇女的关注,力图将妇女发展包括进研究日程中。这一时期的主要特点是在国际关系学中发现女性的角色。第二个时期我称之为发展与反挫期,这一时期女性主义研究视角进入国际关系研究的主流。《千禧年》《外交》《外交政策》《国际政治研究》季刊等刊登了大量的研究女性主义国际关系学的文章。新平台的提供与蓬勃发展中的女性主义研究产生共振与共鸣,使这一时期的女性主义研究从对宏大理论的批判走入国别政治的领域,研究英国妇女状况、俄罗斯妇女状况及非洲妇女状况的著作与文章大量出现,一些来自亚洲、非洲发展中国家的女性主义研究者也进入大众的视野。在研究对象上,不仅一批批活跃在国际政治领域中的女性政治人物、外交家,而且外交官夫人、好莱坞女演员、旅游胜地的服务员等都被研究者所记录,从而将女性添加进国际关系研究中去。然而,与这一蓬勃景象相对的是,仍然存在一大股反女权运动的暗流,这些保守性观念叠加着性别不平等及收入差距对女性主义国际关系学的发展形成反挫。女性主义的研究从来不是没有争议的,恰恰是在这种争议与男性中心主义的回潮中,女性主义稳步成长。第三个时期我称为新世纪新起点,也就是把女性主义在21世纪的发展列为一个新的、独立的阶段。之所以这么划分,不仅是因为弗朗西斯·福山发表在《外交》上的有关妇女、战争与和平的文章引发一系列的讨论，也因为这一时期出现了专门研究女性主义的杂志。1999 年，拉特里奇出版社（Routledge Press）出版的《国际女性主义政治杂志》（*International Feminist Journal of Politics*）是第一份女性主义国际政治杂志，它把女性主义国际关系研究置于全球化、和平研究、国际政治经济学、比较政治学、国际法、发展研究及文化研究等多元的框架中，从刊物的角度为研究女性主义国际关系理论提供了全景的、学科式的平台。同时，这一时期的女性主义国际关系研究从强调妇女议题发展为强调性别研究，分析主流国际关系理论与现实对男女两性的不同影响，出现了讨论男性特质对国际关系影响的作品。因此，这一时期的女性主义国际关系学实质性地迈上了新的台阶，是一个全新的起点，与过去有继承性的联系，也有研究视野的扩大与研究内容的升华。

黄：您曾谈道西方女性主义国际关系学可以大体分为女性主义经验论、女性主义立场论及女性主义后现代主义三个流派，为何作此划分呢？

李：这是根据美国女性主义哲学家桑德拉·哈丁（Sandra Harding）的分类而得出来的，这种分类是基于认识论的区分。如果从政治态度上来分，女性主义还可以分为自由主义、激进主义和马克思主义、社会主义等流派。在介绍这三个以认识论作为分野的西方女性主义流派前，我先阐明我的个人观点。在中国，女性主义研究是很难以这三派作为分界的，从某种意义上来说，这种分类已经过时了。我主张采取一种更为综合的方法，既有自由主义成分，又能看到女性的多样性。但是从了解西方女性主义学派发展的角度，梳理这三派及其相互的批判有回溯学科史的意义。

女性主义经验论以实证主义作为认识论的基础,主张通过更严格地坚持现有的科学方法来消除男性中心主义的偏见,发现女性在国际政治领域的存在。妇女有可能通过被发现或被添加这两种途径重新进入国际政治领域研究的视野。

女性主义立场论也是以实证主义的认识论为基础,不过它鲜明地指出传统的国际关系理论都是为特定群体服务的事实,进而更强调女性经验的独特性。从这一与马克思主义理念相接近的批判视角出发,立场论者进一步采纳了黑格尔-马克思的社会存在决定意识的理论,描绘了国际政治领域由于被男性主导因而衍生出男性思维的现实。这种男性思维强调等级、暴力、冲突的不可避免性等。如果在国际和平与冲突的研究中加入女性意识,那么传统的高政治领域将呈现出另一番完全不同的景象。女性主义立场论认为,妇女天性热爱和平的特质和养育者的慈爱形象,是核时代拯救人类的唯一希望。

后现代女性主义理论更具挑战性。后现代主义者指出,时代的多样性与繁复性是确定的,正是这种差异赋予生活意义。如果仅仅关注男女分野的二元思维,那么民族、国家、阶级、性取向这些千差万异的现象就可能被忽略。知识与真实都是被建构的。妇女是被虚构的群体,所谓的女性经验从来都与国家、阶级、性取向等等因素混合在一起。如果要建立男女平等的世界,那首先从本体论上就强调男女是相同的,但相同是相对的,差异才有绝对性,男女平等的概念没有意义。

从对这三个流派的梳理可以看出西方女性主义国际关系理论的发展脉络和不同流派间的联系。立场论者批评经验论者像男性一样思考,过于强调被大众所接受,是女性主义认识论中的保守派。后现代者批评立场论者将富裕的白人女性的经验推广到全世界，忽视了第三世界中殖民主义等权力结构，而这些可能是性别之外影响女性的因素。过于强调女性特质的独特性，不过是寻求“绝对真理”或“谁更接近真理”这类虚无或非本质答案的问题，没有实质意义。后现代论者也受到立场论者的挑战，被认为其缺乏对女性群体的责任感，对妇女地位的提高失去了政治、生存上的实质帮助，解构女性群体只能使后现代主义者躲进象牙塔的文本引据分析中，缺乏现实性。

在总结这些流派的基础上，我们要客观分析这三种不同理论流派的学术意义，正是它们的相互激荡和辩论推动了西方女性主义国际关系学的发展。罗伯特·基欧汉曾撰文评论这三种女性主义流派。作为新自由制度主义国际关系理论的代表人物，他认为立场论最有可能被吸收进入主流国际关系领域，并建议女性主义研究者应当将立场论和经验论结合起来。基欧汉的这一观点遭到女性主义研究者的激烈反驳，认为他分别将小女孩、好女孩和坏女孩三个名字冠予经验论、立场论和后现代论者，从而称基欧汉是“男性妄想症患者”。这些有意思的画面仅仅是西方女性主义国际关系学发展过程中的截图。这些流派及批判是女性主义国际关系理论一体多面的构成部分，对于丰富女性主义国际关系研究有着重要的意义。

三、对传统国际政治主流理论的挑战

黄：女性主义国际关系学者曾经强烈质疑现实主义国际政治理论，您怎么看？

李:对传统居于统治地位的国际关系理论的挑战是女性主义国际关系学对国际关系理论的重要贡献。在西方,女性主义由边缘走向中心,首先挑战的就是现实主义国际关系理论。现实主义国际关系理论在西方主流国际关系理论中长期居于统治地位。运用社会性别分析方法进行观察时,现实主义国际关系理论表现出了强烈的男性特质,因此现实主义成为女性主义的第一个标靶。需要说明的是,摩根索和华尔兹两位现实主义理论的代表人物在著作中并没有特别强调性别差异对国际政治的影响,而女性主义国际关系学者对其发起挑战,挑战的也不是明显的男女角色二元对立特质,而是将性别分析作为一种方法,去把握现实主义理论所体现出来的男性特质。女性主义者认为,国际政治中的暴力的、冲突的、零和博弈等是男性特质的反映,而和平的、联系的、关爱的等是女性特质的体现。女性主义国际关系学者对现实主义的挑战主要开始于对权力、安全及国际社会的无政府状态三个概念的批判。

就现实主义国际政治理论的核心概念——权力而言,它被定义为一种支配性权力。这种支配性权力是排他的,强调暴力冲突思维。特别是,现实主义的权力观是以国家为中心的,这种看似中立的做法,实际上是将妇女、儿童隐藏在了国际关系的背后。运用性别分析的方法进行检视,女性主义国际关系研究者发现,现实主义的权力观不仅去人化,而且有强国与弱国、支配与被支配等级制的区分。女性主义者认为,权力应当强调能量、能力和潜力,是以"圣杯"作为标志而不是剑,它的特征应该是给予生命而不是夺取生命,权力是用来促进发展的,而不是用权力压迫别人。在古典现实主义那里,权力被认为是根植于人性的客观法则,人性本恶、倾向于冲突,这是国际社会循环反复冲突的根本原因。女性主义者认为,人性不是天生的,它主要是社会文化建构的产物;现实主义国际关系理论强调人性中侵略、暴力、统治和支配他人的特质的做法,本身就是尊崇传统的二元对立思维中男性特质的表现。

安全困境中的"安全"概念,也是女性主义者挑战现实主义国际关系理论的主要攻击点。不管是古典现实主义还是新现实主义,都强调国家在无政府状态下自助的重要性。因为没有一个处于主权国家之上的世界政府,每个国家的安全及其增加安全的努力都会增加邻国的恐慌,比如斯巴达和雅典之间无法逃脱的安全困境。女性主义认为现实主义者之所以如此悲观,是因为现实主义仅仅将安全看成军事安全,将安全感的增加等同于国防及军备的增加,但这显然是不全面的。仅关注安全武力的一面,所带来的无法忽视的现实是,妇女及儿童始终是这种以男人为主的战争的牺牲者,他们或者成为战争中性暴力的受害者,或者被迫流离失所……这些国际政治舞台中的沉默者是未曾被主流国际政治理论所关照的。同时,随着国际社会联系的日益增多,相互依赖增加了国家之间的互通。安全超出了传统的军事的范畴,越来越具有社会特质。在 20 世纪 70 年代前不曾受关注的非传统安全的威胁随着"9·11"事件的发生而引起广泛重视。女性主义者指出,安全对妇女而言首先可能意味着免于身体和结构的暴力,安全是使男人和女人平等地从事包括参政在内的不同形式的活动。妇女是私人领域的主要组成部分,也不能被排出公共领域。

无政府状态是现实主义理论的核心概念。女性主义者认为这一核心概念具有明显的男性特质。首先,无政府状态不是恒定的,它是国家之间互动的产物。通过性别分析可以看到,将无政府状态作为先验性存在的假定就是现实主义者“本质主义”的体现。这种本质主义强调无政府状态的天然性,正如其对人性本恶的假定。这个假设忽略了无政府状态的可建构性,因此是不全面的。其次,在许多现实主义的先哲看来,比如霍布斯,无政府状态被描述成了一种一切人反对一切人的混乱、无序的自然状态,这种自然状态等待被驯服或被文明化。马基雅维利指出,政治就是对这种“命运的征服”。这些哲人的思索都表现出了二元对立的特质,比如,命运长期被描述为具有女性特质的“命运女神”,等待“被驯服、被文明化、去征服”,这都是男性中心主义思维模式的体现。

我认为,女性主义对现实主义理论的批判是把社会性别作为一种分析方法的实践,把从前认为与性别观察绝缘的主流国际关系理论置于社会性别视角之下,发现这些理论背后所隐含的男性特质,赋予理解主流国际关系理论一副性别的眼镜,这是女性主义国际关系学者的重要价值。

黄:强调相互依存这一共同点让女性主义国际关系学者与新自由制度主义者有可能结为同盟,这种观点正确吗?

李:20世纪六七十年代女性主义第二次浪潮发展起来,这期间,“社会性别”概念被首次提了出来。“社会性别”概念的提出,让我们重新审视整个社会发展中的两性关系。这个新视角让人们更全面、清晰地看到国际政治中权力结构存在的两性不平等关系,人们对权力的不同理解和使用权力方法上的差异。女性主义在重新审视国际关系理论时,要求把女性加入国际政治领域,让更多与女性特质相关联的内容,如关系、感情及更多的同情心、更多的合作被投放到国际政治中。

全球化使国家之间的关系更紧密,合作变得更重要。合作的价值正是女性主义所倡导的，全球化背景下绵密的交往使人们开始思考合作的可能性。新自由制度主义就是在全球化的背景下产生的，以基欧汉为代表的这一学派可能成为女性主义国际关系研究的同盟者。如果是在战争时代、在两军对垒、在危急关头，合作的可能性比较低。当战争硝烟散去后，国际社会呈现出和平态势，合作的可能性就大大增加了，女性主义的发展才有了更大的空间。如果说女性主义与新自由制度主义的契合之处，那就是强调合作、和平，它已经走出了循环往复的人性悲观、冲突不可避免的论调。新自由制度主义发展的背景也正是女性主义在国际关系研究中逐渐得到重视的背景。同时，女性主义者也并没有忽略新自由制度主义理论缺乏性别视角的事实。对女性主义国际关系学者而言，真正的发展契机是在冷战结束后，人们已经不再拒斥合作。这时候，女性主义的机会就来了。

"9·11"之后，女性主义是否面临挑战？"9·11"后，美国发动阿富汗战争，美国内部的女性主义者开始产生分歧。从伊拉克战争开始，女性主义者开始出现更为明显的分裂，一部分女性主义学者强调美国要承担自己的责任，解放当地的妇女，另一部分女性主义学者则认为发动战争本身就是反女性主义的。当然，这也引发了新的议题，女性主义者敦促联合国安理会认真考虑妇女、和平与安全问题，妇女的角色再次凸显。

之前我们讲过，女性主义发展到较为成熟的理论阶段时，强调的是两性关系而不只是妇女议题，在女性主义的杂志上也出现了对男性的研究。那么，自 2000 年通过第 1325 号决议后，联合国安理会又通过了多个相关决议，强调保护冲突中的妇女，加强妇女的领导作用等。这是不是说明联合国和女性主义者在关注内容上的倒退呢？我认为并不是如此。首先，这是一个应急办法,当战争发生时,亟须保护冲突中的妇女,使妇女免受性暴力的蹂躏;其次,妇女仍然是一个利益群体,在整体上有一致性。虽然我们讲后现代主义女性主义学者强调女性的千差万别,但忽视妇女的共性是不对的。女性主义国际关系理论随着国际情势和妇女运动的发展,也在不断调适和更新。

四、实践中的女性主义

黄:迄今为止,西方妇女运动共有两次高潮,它们对西方女性主义产生了什么影响?

李:西方妇女运动的两次高潮,一次是 19 世纪末 20 世纪初,到第一次世界大战时达到顶点;另一次是 20 世纪六七十年代,第二次妇女运动高潮促成了女性主义国际关系学科的诞生。有人认为,20 世纪八九十年代出现妇女运动的第三次浪潮。

有研究称,法国女诗人克里斯蒂娜·皮桑(Christine de Pizan)是世界上第一位女性主义者。早在 1408 年,她就公开表示了对战争行为的厌恶。这是女性主义者讨论国际关系和战争与和平问题的早期例证。17 世纪末,英国作家阿斯泰尔发表了《致女士们的严肃建议》和《关于婚姻的思考》两部著作,希望妇女能超越母亲和保姆的角色,接受和男子同等的教育。妇女运动的思想源头,主要来自启蒙运动和法国大革命时期自由平等的思潮。19 世纪末 20 世纪初,第一次妇女运动高潮到来时,一些国家的妇女们开始建立自己的国际组织,如国际妇女理事会、国际妇女参政联盟。

早期的妇女运动多关注教育权利、婚姻家庭问题及就业。在第二次妇女运动中，女性主义者关注的目标已经逐渐扩展到了经济、文化、社会等各个领域，议题不仅包括堕胎、离婚等问题，还包括贫困、对妇女的暴力、保健等。20世纪80年代以来，妇女运动还将女性与发展问题联系起来，注重妇女对经济问题的参与，同时在反对性骚扰、争取同性恋权利上也有积极的作为。

黄：可以认为世界妇女大会的召开把这些分散的妇女运动团结起来了吗？

李：世界妇女大会的召开是妇女运动由分散走向联合的标志。第一次世界妇女大会于1975年在墨西哥城召开，宣布联合国妇女十年（1976—1985年），通过《实现国际妇女年目标世界行动计划》，这一计划支持为发展中国家的妇女发展项目提供资金，认为平等、发展与和平是联合国妇女工作的基础。

第二次世界妇女大会于1980年在哥本哈根召开。在这次会议上南北差异鲜明地表现了出来。西方女性主义者们认为父权制是男女不平等的根源，但来自第三世界的妇女代表认为不合理的国际政治经济结构、霸权体系或殖民主义才是发展中国家妇女诉求难以实现的阻碍。西方女性主义者们认为这使女性议题政治化，无法讨论真正应该关注的女性议题。虽然会议上南北差异明显地体现出来，但还是通过了回顾联合国妇女十年前半期工作、规划后十年工作的文件《联合国妇女十年：平等、发展与和平后半期行动纲领》。

第三次世界妇女大会于1985年在内罗毕召开，会议通过了《到2000年为提高妇女地位前瞻性战略》文件。经过第二次妇女大会，西方女性主义者与发展中国家的妇女代表逐渐互相适应,发展中国家女性开始运用社会性别作为分析的工具,西方女性主义者开始接受阶级这个分析范畴对于第三世界国家的重要性。

第四次世界妇女大会于1995年在北京召开,世界妇女达到了前所未有的团结,妇女问题的南北差异不再像前两次世界妇女大会那样彰显,发展权被写入《行动纲领》。在妇女参政议题上,会议通过的《北京宣言》和《行动纲领》提出要"大量增加所有政府和公共行政职位的妇女人数,以达到人数均等,必要时可以采取积极的行动"。研究显示,当妇女参与决策比例达到30%—35%时,妇女就会对政治形式和决策内容产生明显的影响。但北京妇女大会提出了比30%这一更高的要求。《行动纲领》在很多领域都取得了标志性成就,为实现性别平等确定了高标准,而这些标准到目前尚未实现。从某种意义上来说,这也是为什么第五次世界妇女大会一直没有召开的一个原因。当然,资金、组织等是另外的问题。这些年,北京和世界各地一直在举行对第四次世界妇女大会的纪念性活动,比如"北京+5""北京+10""北京+15""北京+20"。

第四次世界妇女大会的召开对我国的意义是重大的,它是1989年"政治风波"后我国第一次举行国际会议,向世界展示中国早已不是女人"裹小脚"和男人"留辫子"的时代,中国的妇女工作与妇女组织已经相当出色。同时,它也相当有利地显示了中国政府的能力,我们在会议议程的控制与中国外交的运作上大显身手,使得12项大的国际妇女运动应当关注的议题[2]都能通过,这是很了不起的成就。北京《行动纲领》通过的对男女人数均等的参政率的追求,是一个高点。

黄:联合国在这几次世界妇女大会中发挥了什么样的作用?

李: 世界妇女大会就是联合国世界妇女大会,是在联合国的框架内召开的。在 2010 年联合国妇女署(UN Women)成立前,联合国中与妇女相关的机构设置有:1946 年成立的妇女地位委员会,这是联合国经社理事会九个职司委员会之一,委员会闭会期间,日常事务由提高妇女地位司负责;1976 年创建的联合国妇女发展基金和联合国提高妇女地位国际研究训练所,以及 1997 年成立、秘书处下设的两性平等问题和提高妇女地位问题特别顾问办公室等。2010 年,根据联合国大会的相关决议,妇女地位司等机构被整合形成了联合国妇女署。

除了世界妇女大会,联合国在许多决议与实践中都不断推动和提高妇女地位,逐渐将妇女问题与环境问题、人权议题结合。比如,在召开第一次妇女大会前,1972 年,联合国大会通过决议将 1975 年定为"国际妇女年"。1975 年世界妇女大会后,联大又通过决议,将 1976—1985 年定为"联合国妇女十年"。1976 年,联合国创立了"联合国妇女十年自愿基金"。同年,在多米尼加共和国首都圣多明各设立提高妇女地位国际研究训练所。1979 年,联大通过具有里程碑意义的《消除对妇女一切形式歧视公约》,这是关于妇女人权的最全面的国际公约,1981 年公约正式生效。1988 年通过了《联合国妇女与发展中期计划》,并于 1990—1995 年间正式施行。1991 年,联合国首次发表《妇女在发展中的作用》的世界调查报告,同年,联合国首次出版了关于全球妇女状况的综合数据《世界妇女状况:趋势和统计数据》。1992 年在巴西里约热内卢举行的联合国环境与发展大会与 1994 年在埃及开罗举行的人口与发展国际大会都将妇女议题列入会议讨论议程。

特别值得一提的是,2000 年 10 月 31 日,联合国安全理事会第 4213 号会议通过了《安全理事会第 1325(2000)号决议:妇女、和平与安全》,这是第一次由联合国安理会通过与妇女相关的决议,具有象征意义,也引起有些专家对联合国机构权责不明的质疑。按照惯例,与妇女相关的决议一般归类于联合国经济及社会理事会,置于人权委员会(2006 年后为人权理事会)之下,这次的安理会第 1325 号决议将妇女问题提到了国际和平与安全的高度,对妇女在战争中角色与作用的认知、用性别视角看待传统的高政治问题都有重要意义。

黄:除了关注妇女、安全与和平的联合国安理会第 1325 号决议外,联合国经济及社会理事会在 1997 年提出的性别主流化战略也具有重要的意义。

李:社会性别主流化(gender mainstreaming)是一种战略,意味着要将男女关注事项和经验作为一个整体,纳入政治、经济和社会等所有的政策和方案的设计、落实、检测和评估中,使男女都能平等受益,消除不平等,最终目标是实现两性平等。[3]联合国实现社会性别主流化的一系列举措包括:要求在联合国系统内包括与联合国相关的各个机构将社会性别意识纳入日常工作中,不仅要设立专门的性别预算,还要求提供每个年度的性别统计数据,在所有工作中都加入社会性别的视角。

当我们从社会性别主流化的高度看待公共政策与项目、计划的时候,就有了一把在任何时间、空间内都适用的尺子。国际政治理论与实践同样也需要实现社会性别主流化。作为一位女性主义国际政治学者,我认为,不管是否直接从事社会性别和妇女问题研究,学界的同仁们如果能够具有一定的社会性别平等意识,对提高妇女地位、实现男女平等都大有助益。我的理想是,每个国际政治学者都是女性主义者。

五、中国的女性主义国际关系研究

黄:中国的女性主义国际关系学经历了怎样的发展历程?

李:中国的女性主义国际关系研究最早可以追溯到 1994 年,那时,上海外国语大学胡传荣老师发表了论文《弄权与温柔:西方政界女官员的角色协调与形象树立》,这是国内最早的女性主义国际关系研究的文章;1996 年,南京大学石斌教授在《美国研究》上发表了书评《对国际关系的一种女性主义诠释:评〈国际关系中的社会性别〉》;1998 年,王逸舟教授出版了《西方国际政治学:历史与理论》一书,较全面地介绍了西方女性主义国际关系研究的情况。这三篇文献是中国女性主义国际关系研究最早的萌芽,可以说,胡传荣、石斌、王逸舟三位学者是中国女性主义国际关系研究的先行者。

从那时到现在的二十年间,我大致将中国女性主义国际关系研究分为三个阶段:第一个阶段是 1994—2000 年,这一阶段零星出现女性主义国际关系研究的论文,每年有 1—3 种出版物面世,女性主义国际关系研究的视角开始被学者发现。第二个阶段是 2001—2005 年,在这个阶段中,有关"妇女与国际关系"的国际学术会议举行,《社会性别视角下的国际政治》与《经济发展与妇女地位的变迁》两部女性主义国际关系研究的专著出版,复旦大学开设了女性主义国际关系的课程;这一时期的女性主义国际关系研究开始深度酝酿。第三个阶段是 2006 年至今,经过数十年的积累,女性主义国际关系研究在 2006 年达到一个高峰，这一年共有 24 种著述出版发行。其中，由国内女性主义国际关系研究学者集体编写的《女性主义国际关系学》教科书的出版具有里程碑式的意义。这一年，北京外国语大学成立了社会性别与全球问题研究中心，上海外国语大学国际关系与外交事务研究院组织召开了社会性别小型学术研讨会。尽管 2007 年后著述发表有所回落，但每年都维持在 10 种左右。在此阶段，中国女性主义国际关系研究进入了一个稳步发展时期。

梳理中国女性主义国际关系学者的研究关注，大体上主要覆盖了以下五个领域：第一，国际关系中的"妇女问题"；第二，对国际关系理论的社会性别分析；第三，对国际关系实践和国际政治经济秩序进行社会性别研究；第四，对国际社会中的中国进行社会性别分析；第五，创建具有社会性别意识、符合中国历史、现状与发展趋势的中国女性主义国际关系理论。

中国女性主义国际关系研究的发展是一个逐步展现中国特色的过程。前期，学者们努力将西方女性主义国际关系研究的成果引进中国并进行评介。随后，中国的经验与视角被添加到研究中。特别值得一提的是，学者们展示了中国妇女解放运动与民族解放运动同步进行的独特历程。运用社会性别分析方法，学者们也发现了中国在国际社会中长期被描述为"女性化"形象的历史，强调打破国际政治中存在的性别二元特质，呼吁在女性主义国际关系研究中体现中国特色。中国女性主义国际关系学也是发展中国家女性视角的重要组成部分。

20 年来，中国女性主义国际关系学稳步发展，除了女性主义国际政治学者的努力外，离不开来自主流国际政治学界的两大推动力。第一大推动力是主流男性国际政治学者的推动，比如之前提到的王逸舟、石斌等。王逸舟教授为中国女性主义国际关系学的发展作出了重要贡献。假使没有具有全球主义精神、希望推动国际政治理论多样化、愿意女性主义作为新兴力量存在的主流学者的支持，中国女性主义国际关系学的发展是不可能的。第二大推动力是具有包容性的国际关系刊物，是这些刊物让女性主义国际关系研究成果得以发表，比如，中国社会科学院世界经济与政治研究所的《世界经济与政治》、中国社会科学院美国研究所的《美国研究》、上海外国语大学的《国际观察》等刊物都为中国女性主义国际关系研究的发展提供了重要平台和有力支持。

黄：您能谈谈《女性主义国际关系学》这本书吗？

李：《女性主义国际关系学》的出版具有标志性意义，这本书集结了全国高校中研究女性主义国际关系学的主要学者，是女性主义国际关系学研究者学术成果的一个集中体现。除了我本人外，中国现在已经形成一支女性主义国际关系学研究的队伍。比如，最早从事女性主义国际关系学研究的上海外国语大学胡传荣教授，在复旦专门开设了《女性主义与国际关系》专题讨论课的何佩群博士，刚刚出版了新著《暴力冲突中的妇女：一个性别视角的分析》的中山大学范若兰教授，从女性主义与环境保护的交叉视角进行研究的浙江大学郭夏娟教授，等等。此外，不断有新学者加入，如苏文婷博士、周绍雪博士等。可以说，中国的女性主义国际关系学者已经逐渐成为一个有力量的群体。

我把中国女性主义国际关系研究的队伍统称为“三股力量”。第一股力量可以比作“他山之石”。随着研究的不断拓展，越来越多的非国际关系的学者也加入到研究队伍中来，这里的“他山之石”主要指除国际关系学科外，历史、哲学、法律、英语、社会学、妇女学等多个专业的研究力量都介入到女性主义国际关系研究中来的现象，他们合力为女性主义国际关系理论提供了丰富而扎实的历史、实证及案例式的研究成果。第二股力量是女性主义研究的新鲜血液，是新加入到研究队伍当中的硕士、博士研究生。到2010年为止所发表的与女性主义相关的127种文献中，有20余篇是硕士和博士论文，这批论文研究的议题较为广泛，为中国的女性主义国际关系研究增加了活力。如果这些硕士和博士们能够持续追踪，成为女性主义研究的后续力量，对女性主义研究真是一件幸事。第三股力量是女性主义国际关系研究的中坚力量，包括中年的女性学者和部分男性学者，《女性主义国际关系学》教科书编写团队的成员是其中的一部分。这三股力量正在为日后女性主义国际关系学的发展播种，是女性主义国际关系研究持续发展的希望所在。

黄：中国女性主义国际关系研究有哪些特点？

李：我曾经撰文提到，中国女性主义国际关系研究的三个时差需要特别关注。它们分别是：中国女性主义国际关系研究与西方研究之间近十年的时间差，女性主义研究热点与出版时限的时间差，以及中国在社会发展阶段上与西方的时间差。这三个时间差一方面说明了中国女性主义国际关系研究的特点，另一方面也说明了中国女性主义国际关系研究可能的突破路径。

中国女性主义国际关系研究初期以引进西方理论述说为主。但从中国学者开始关注西方女性主义发展的那一刻，他们就深刻意识到了西方理论的局限。比如，王逸舟教授在文章中曾说，西方女性主义学在使用社会性别这一方析方法时，对宏观、中观及微观的分类不够清晰，分析的方法还有待摸索，实证过程也需要加强。随后，我的博士论文中以中国视角来对社会性别分析方法进行审视，把中国妇女在反帝反封建的民族民主革命中的独特经历挖掘出来，强调中国视域对女性主义国际关系理论的重要性。在我看来，中国发展女性主义国际关系理论具有独特的优势。中国有独特的、富有智慧的、灿烂的历史文化，在这一历史文化背景下形成的中国女性角色、两性关系与西方是完全不同的。分析中国妇女问题时，要理解中国妇女突破父权制限制与争取国家独立的双重任务，这为西方女性主义国际关系理论的发展增添了发展中国家的独特经验。同时，中国女性主义发展的独特性也在于中国坚持的马克思主义妇女观。特别是，中国现在所处的发展阶段，对女性主义国际关系研究提出了不同于西方的主题与要求。比如，我在做“女性主义和平学”课题研究时，曾与西方同行探讨，他们直言这是冷战时期的课题，早已过时了。然而，认真审视中国的学术发展，可以发现，国际和平学在中国方兴未艾，中国作为新兴崛起大国可能会引起的地区性的、结构性的紧张，拓宽国际交往的需要，对冲突和战后重建地区妇女的关注和所应担当的国际责任及应提供的公共产品，都要求中国女性主义国际关系学者提出有自己立场与视角的女性主义和平学。这就是鲜明的中国女性主义国际关系研究的特色，也是与西方国家发展阶段不同所带来的、对中国具有时代意义的研究主题。

至于中国女性主义国际关系学发展的策略，我认为要把握七对有内在张力的关系，它们分别是：“新兴”国际关系学派的强与弱、“跨学科性”的利与弊、“后实证主义的攻与守”、“政治化的进与退”、“社会性别”的是与非、“非女性主义”社会性别分析的功与过，以及“西方化”的长与短。“新兴国际关系学派的强与弱”提出的问题是，女性主义研究作为一门丰富现有国际关系理论的学派,如何集聚更多人才、发表更多有原创性的作品。“跨学科性的利与弊”说的是女性主义议题早已超出了国际关系的单一范畴,它要求用一种跨学科、横向学科的视野来看待,如何把握住国际关系学科背景的专业性,吸收更多学科的优点和特色,这对女性主义国际关系研究者是一个挑战。“后实证主义的攻与守”提出的问题是,西方国际关系学科“科学化”的努力逐渐进入女性主义研究中,女性主义研究如果不在研究中适当运用实证及数据的研究,会被持续攻击为“不科学”。女性主义在适应这股科学化的风气时,是否排斥宏大叙事和定性的研究方法?如何在研究中实现平衡,这也是一个难点。“政治化的进与退”讨论的是妇女运动的政治诉求与学术的科学性和中立性之间的关系。“社会性别的是与非”表达的是,社会性别作为一种分析方法,已经在学界引起一定的重视。但这种强调两性关系的视角是否淡化妇女问题的意义?如何在进行学术努力的同时,追求女性主义确立的男女平等的目标?“非女性主义社会性别研究的功与过”指的是,一些非女性主义学者也开始运用社会性别分析方法,这有可能在一定程度挤压女性主义的研究空间、模糊女性主义的研究日程,如何发掘这些非女性主义研究者的价值与特色,同时坚持女性主义国际关系研究者的视角和立场,需要女性主义研究者们的协调。过去20年间,中国学者在使用文献资料时,对美国、欧洲、澳大利亚等为中心的女性主义研究涉猎比较多。如何博采西方研究之长,同时仍然保有中国立场,发掘中华文化的宝贵财富,解决中国眼下的现实问题,这是中国女性主义国际关系研究者所面临的问题。

西方学术界有专门的女性主义的刊物,依托于此,西方女性主义国际关系理论有辩论和学术批评的平台。中国如何借鉴西方的这些经验，加强与国际理论界的互动，在学习他们话语体系的同时带去中国的声音，展示非英语世界的女性主义研究的精彩，让对方能够听得懂，了解我们的观点和态度，这需要中国女性主义国际关系研究者的努力。

黄：女性主义国际关系研究有哪些前沿议题？

李：坦白说，我并不知道所谓的"前沿议题"是什么。在美国做访问学者和参加学术会议时，我曾询问国际同行类似的问题："你们认为国际政治研究的前沿在哪里？"他们的回答如出一辙。现在，在西方，国际政治研究所展现的是碎片化的现象，大家都在研究自己感兴趣的问题或者自己认为是国际政治发展迫切需要解决的问题。这些问题可能是一个个的小问题、一个个自己建立的小模型。在碎片化的世界里，很难找到研究的前沿。有美国学者将这个现象称之为"窗口测试"和"微观基础"。"窗口测试"指的就是"看窗外"，看看世界需要怎样的研究。"微观基础"强调研究具体的、微观层面上的问题，而研究宏大理论的学者减少了。因此，从某种意义上来说，国际关系研究没有前沿议题，也意味着到处都是前沿。基于微观假设之上的定量研究在一定意义上成为西方学术界衡量研究成果高下的标准。当然，这种状况也面临挑战和质疑。由于女性主义国际关系研究一直在致力于发掘主流国际关系理论所忽略的内容，因此虽然或多或少会受到国际关系领域研究现状的影响，但情况并不完全相同。具体到中国，正如我在《及笄与志学》一文中所提到的：在中国语境中，有必要对女性主义的基本理论、概念与术语进行重新解读；对具有普遍性的问题，如世界主义与文化相对主义、主权与人权关系、战争与和平问题进行重新分析等。这样，女性主义研究就不仅是在做具体问题究，更是关注宏大主题。与此同时，有大量的从地方到全球的具体问题值得研究,特别是“全球语境中的中国问题”与“中国语境中的全球问题”。这样做可以弥补目前西方某些由于“窄化”研究可能造成的学者间对话困难的问题。[4]

在我看来,一些问题值得女性主义学者特别关注,其中一个就是社会性别与国际安全研究。在女性主义研究中,安全研究一直是中心议题,甚至可以说女性主义国际关系研究就是从讨论妇女与安全的关系开始的。在安全研究中,西方学者更多关注的是非洲,特别是冲突后地区妇女的地位与发展,以及由此产生的与妇女相关的问题。前面提到的联合国安理会第 1352 号决议,主要关注的就是武装冲突中和战后重建地区的妇女问题。可以说,妇女研究的重心集中于此:妇女安全、妇女和平、妇女战争与暴力、战争中对妇女的性暴力和暴力解决的问题,以及家庭暴力问题等。这些问题跨越国家边界,互相联结在一起。因此,女性主义国际安全研究也一直是中国女性主义国际关系研究的中心。中国学者已经出版了相关的著作。除《女性主义国际关系学》中有相关章节外,《女性主义和平学》着重探讨了这个问题,它将和平概念从“没有战争”拓展到“没有暴力”,家庭暴力也成为其主要研究内容。在实践层面,近年来中国各级政府在有关家庭暴力的立法方面,取得了很大进步。2014 年底,国务院法制办公室已将《中华人民共和国反家庭暴力法(征求意见稿)》及其说明全文公布,征求社会各界意见。全国妇联和女性主义者对这个议题已经推动了好多年了。立法与实践成果反过来又会推动学术的发展。在今后的研究中,中国还应当对冲突后地区重建过程中的妇女问题进行不间断的关注。中国作为负责任的大国,在援助非洲发展、参与当地建设的同时,在当地的妇女发展问题上，也应当进一步发挥建设性作用。比如，中国政府在不干涉受援国内政的原则下，如何通过对外援助推动当地妇女发展，促进男女平等。我想再次强调，在对外援助问题上，妇女议题是一个非常好的创造性介入的点。凡是谈到促进妇女发展，在当地总是受欢迎的。在对外交往中考虑妇女的安全问题，对国家没有任何损失。作为一个功能性问题，它对促进国际合作、加强各国间的友好往来是很有帮助的。

《女性主义国际关系学》《女性主义和平学》等相关教材、著作都提出了许多有待深入研究的问题，如妇女与发展的问题、妇女与环境的问题、妇女参与外交外事活动，以及由此延伸的妇女外交观、妇女和平观等。再比如，妇女在环境和气候变化领域的作用、国际交往中的女性领导力的研究等。

最后，我想强调，2015 年是一个非常重要的年份：北京 + 20 纪念活动已经陆续展开，联合国妇女地位委员会第 59 届会议将在 3 月召开，而 2015 年后国际发展议程即将出台……无论对全球妇女运动还是对中国妇女发展，这些既是新机遇，又是新挑战。作为中国的女性主义国际关系研究者，我们需要与时俱进，在新的起点上为学科发展和性别平等作出更大贡献。

注　释

1. 女性主义或称女权主义。在李英桃教授看来，现在国内研究学界更倾向于使用女性主义国际关系学，而淡化女权主义这一名称所隐含的权力关系。需要说明的是，女性主义或女权主义，在研究内涵上，是指同一个议题。

2. 第四次世界妇女大会《行动纲领》通过的重大关切领域包括：妇女与贫困、妇女与教育、妇女与健康、对妇女的暴力、妇女与武装冲突、妇女与经济、妇女权力与影响、提高妇女地位的制度机制、妇女人权、妇女与媒体、妇女与环境、女童 12 个方面。

3. “gender mainstreaming”可译为“(社会)性别主流化”或“将(社会)性别纳入主流”等。《联合国经济及社会理事会关于性别主流化的商定结论》,《经济与社会理事会 1997 年的报告》(1997 年 9 月 18 日),A/52/3, http://daccess-dds-ny.un.org/doc/UNDOC/GEN/N97/265/63/IMG/N9726563.pdf?OpenElement,第 24—31 页。

4. 李英桃:《及笄与志学:中国女性主义国际关系研究》,载《国际政治研究》2011 年第 3 期,第 66 页。

编者按 国际政治经济学是当代中国国际关系研究的重要组成部分，近年来在相关理论研究上取得了一些进展，有必要进行阶段性总结。如何看待国际政治经济学在中国国际关系学界的缘起与发展？如何评价中国国际政治经济学的理论创新与知识贡献？既有的理论研究存在哪些不足，还有哪些改进空间？为此，北京大学国际关系学院博士生刘毅专访中国人民大学国际关系学院田野教授。田教授主要研究领域是国际政治经济学理论、国际制度与国际合作，著有《国际关系中的制度选择：一种交易成本的视角》《国家的选择：国际制度、国内政治与国家自主性》和《国际政治经济学概论》等。

中国国际政治经济学理论研究的进展与问题
——田野教授访谈

刘 毅

一、中国国际政治经济学发展的轨迹与特点

刘毅（以下简称“刘”）：您如何理解当代中国国际政治经济学的缘起？

田野（以下简称“田”）：国际政治经济学（International Political Economy，IPE)是 20 世纪 70 年代以来首先在西方兴起的一门学科。尽管理查德·库珀、查尔斯·金德尔伯格等个别经济学家为这一新兴学术领域的形成作出了重要贡献，但国际政治经济学成为一个相对独立的学科仍首先归功于政治学家们的贡献。国际政治经济学从学科形成起就成为国际政治/国际关系学科下发展的一个次级学科。

在改革开放以来新一轮"西学东渐"的浪潮中，随着国际关系学科在中国的发展，国际政治经济学也开始在中国落地生根。20 世纪 80 年代，复旦大学的倪世雄、桑玉成和中国国际问题研究中心的陈德照等先生陆续发文介绍了西方国际政治经济学研究的一些文献，布鲁诺·弗雷的《国际政治经济学》和罗伯特·吉尔平的《国际关系政治经济学》也被翻译成中文出版。不过，在整个国际关系学科的发展尚未展开的大环境下，国际政治经济学在当时也只是处在萌芽阶段。

20 世纪 90 年代，国际政治经济学在中国真正迈入起步阶段。在 1991 年北京大学国际关系研究所主办的"跨世纪的挑战：中国国际关系学科的发展"国际学术研讨会上，中国人民大学的宋新宁教授提交的《中国的国际政治经济学研究：挑战、困境、出路》一文，对国际政治经济学的研究目标、主要课题和未来设想进行了全景式的勾勒。20 世纪 90 年代，宋新宁在中国人民大学国际政治系组织了为期八年的中美暑期讲习班(1990—1997 年)，斯蒂芬·克拉斯纳、约翰·奥德尔、邓肯·斯奈德尔等国际政治经济学学者都曾在这个讲习班上授课。当时尚在南开大学任教的王正毅教授与迈尔斯·卡勒等联合组织了"国际政治经济学与亚太区域化"国际合作项目(1995—2000 年)，在五年的项目期内共举办了三次国际会议和两次国际研讨班。这些国际学术交流活动不仅促进了中国学者与国际学术界的联系，而且为中国国际关系和国际政治经济学的人才培训起到了很大的推动作用。

作为学科知识体系化的反映，三部代表性的国际政治经济学教科书或具有教科书功能的基础理论性著作在世纪之交相继出版。1999 年，宋新宁和陈岳教授合著的《国际政治经济学概论》出版。复旦大学樊勇明教授于 2001 年出版了《西方国际政治经济学》，北京大学王正毅教授与其合作者张岩贵教授于 2003 年出版了《国际政治经济学：理论范式与现实经验研究》[1] 通过划定学科边界、归纳理论谱系和展开经验分析，这三部著作极大地推动了中国国际政治经济学研究的规范化、体系化。这些著作在初版后多次重印，而且都以不同方式再版或出了新版本，这反映了其学术生命力和影响力。

从上述历程上看，中国国际政治经济学在学科溯源上至少体现出了两个主要的特点。第一，中国国际政治经济学的知识谱系是“西学东渐”的产物。尽管中国在改革开放以前就具有马克思主义政治经济学的深厚传统，而且这一传统对日后国际政治经济学在中国的发展也产生了潜移默化的影响，但中国的国际政治经济学从学科体系的构建上看仍对接于西方的国际政治经济学。当然，西方国际政治经济学也包含了西方马克思主义的国际政治经济学。实际上，20 世纪 90 年代国际政治经济学能够被系统介绍到中国，与宋新宁、王正毅和樊勇明等学者的海外留学或访学经历直接相关。西方的国际政治经济学在 20 世纪 70 年代形成，走出国门的中国学者可以很快掌握国际政治经济学的知识谱系与发展动态。由于在起点上就实现了与国际学术界的对接，三部代表性教科书所确立的学科体系也相对稳定，从而为日后国际政治经济学在中国的发展奠定了很好的知识基础。

第二,中国国际政治经济学的学科发展是国际政治/国际关系学科发展的一部分。正如美国国际政治经济学的教学与研究主要是由国际关系学者来承担的那样,中国的国际政治经济学在学科归属上也属于国际政治/国际关系学。从学科史上看,国际政治经济学是作为西方国际关系理论的一部分而引入中国的,是国际关系学科建设的重要组成部分。作为引进西方国际关系理论的先行者,王逸舟教授在1998年出版的《西方国际政治学:历史与理论》中就把国际政治经济学开辟专章加以介绍。[2]以教材建设为起点,国际政治经济学的发展也走上了专业化和制度化的轨道。北京大学国际关系学院和中国人民大学国际关系学院相继设置了国际政治经济学的本科专业(方向)、硕士点和博士点,形成了比较完整的国际政治经济学人才培养体系。复旦大学国际关系与公共事务学院也成立了国际政治经济学研究中心来整合从事该领域研究的人员,并在人才培养的各个层次上开设了国际政治经济学的课程。这种学科定位意味着中国的国际政治经济学是中国国际关系学科内生演化的结果。

刘:中国的国际政治经济学自20世纪90年代起步,至今已有20多年的发展历程。您如何划分当代中国国际政治经济学的发展阶段?

田:对任何学科而言,划分发展阶段都是颇费思量的问题。由于中国的国际政治经济学源于西方,需先了解西方国际政治经济学的发展阶段。在国际政治经济学的早期发展阶段,为了将国际关系的政治方面和经济方面重新结合起来,罗伯特·吉尔平等开拓者们回归政治经济学的思想传统,即重商主义、自由主义和马克思主义。作为当时国际关系理论发展的一种主要趋势,国际关系理论家也致力于构建国际体系层次上的理论范式,这也不可避免地使国际政治经济学的早期开拓者集中探索国际体系层次上的政治经济互动。但到了20世纪90年代以后,思想传统之间的辩论已经不再是驱动学科发展的主要动力。经过多年的学科专业化发展,国际政治经济学的研究者更多地是在不同的问题驱动下展开更为具体的中层理论和微观模型的构建以及相关的经验研究。此外,随着国际关系与比较政治两个学科的日益融合,国际政治经济学的研究者日益将其分析层次回落到国内体系中,积极探索开放条件下国内政治与国际政治经济之间的互动。由此,20世纪90年代以后,"开放经济政治学"(Open Economy Politics, OEP)逐渐成为国际政治经济学的主流,特别是在美国国际政治经济学研究中几乎有"一统天下"之势。本杰明·科恩根据国际政治经济学研究的上述转变将国际政治经济学学者分为第一代学者和第二代学者,而罗伯特·基欧汉则将国际政治经济学的这两种范式分别称为"旧国际政治经济学"和"新国际政治经济学"。那么,这种研究范式的转变是否在中国国际政治经济学的发展中也有所体现呢?

我前面提到,世纪之交三部教科书的出版为国际政治经济学在中国的形成确立了基础和框架。这三部教科书尽管各具特色,但都深受吉尔平关于三大思想传统划分的影响。《国际政治经济学概论》无论是对国际政治经济学的理论溯源还是对当代国际政治经济学理论的流派划分都采用了"三分法",即将国际政治经济学的主要流派分为自由主义、新重商主义和马克思主义。《国际政治经济学:理论范式与现实经验研究》则在系统介绍古典重商主义、古典自由主义和古典马克思主义这三种古典理论之后,将当代国际政治经济学理论分为沿袭古典重商主义传统的霸权稳定理论和国家主义理论、沿袭古典自由主义传统的相互依存理论和沿袭古典马克思主义传统的世界体系理论和依附理论。《西方国际政治经济学》则更直接地将国际政治经济学理论分为"相互依存论和新自由主义""霸权稳定论和新现实主义""依附论和新马克思主义"三大理论。上述结构安排体现出了吉尔平式的思想传统划分在中国国际政治经济学研究中的深刻痕迹。

在这一学科体系下,中国学者对国际政治经济学具体问题的探讨也深受这种划分的影响,即以某种理论流派的视角来分析国际体系层面的政治经济互动。这些探讨不管采用现实主义、自由主义还是马克思主义视角,都主要着眼于国际体系层次的分析。例如,复旦大学苏长和教授与我分别在 2000 年和 2006 年出版的著作中基于新自由制度主义的文献探讨了国际制度的形式选择问题。[3]南京大学李滨教授运用新马克思主义国际政治经济学理论对国际体系的历史与现状进行了系统的分析。[4]2006 年以来,中国学者开始越来越多地关注"开放经济政治学"在美国的进展。在与美国同行交流的基础上,王正毅在 2006 年提出了"超越'吉尔平式'国际政治经济学"的目标。他详细介绍了美国新一代国际政治经济学学者有关国际政治经济与国内政治互动的新成果,归纳了 20 世纪 90 年代以来美国国际政治经济学发展的新特征,阐述了"后吉尔平时代"的研究议程。此后,中国国际政治经济学研究更多地迈向了聚焦于国际-国内互动的道路。

这种范式的转换反映在代表性教科书的再版上。[5]比如王正毅教授的《国际政治经济学通论》在理论演进部分开辟专章来介绍“第二代”国际政治经济学学者如何立足于国家与社会的关系来分析对外经济政策，而且对国际金融、国际贸易、跨国公司、发展与转型等经验议题的政治经济分析都体现了“后吉尔平时代”的特点。宋新宁教授和我合著的《国际政治经济学概论》（第二版）则将国际政治经济学理论分为“国际体系的政治经济学理论”与“国际-国内互动的政治经济学理论”并分章叙述。与第一版相比，该书第二版在国际贸易、国际货币金融与对外直接投资的政治经济分析中，也突出了国内政治对国际贸易、货币金融与投资的影响。此外，2006 年以后出版的许多国际政治经济学著作也反映了中国国际政治经济学学者对国际-国内互动的关注。[6]

因此，中国国际政治经济学研究呈现出与美国国际政治经济学研究大致相同的发展轨迹，即从聚焦于国际体系的研究转向国际-国内互动的研究。当然这一转向发生的时间进程比美国要快得多。原因有两点：首先，作为一门主要由美国学者创立的学科，国际政治经济学在美国学术界的新发展必然会引起中国同行的关注。就此而言，国际-国内互动研究在中国国际政治经济学的快速发展在某种意义上就反映了学科引进的“后发优势”。其次，中国国际问题研究具有将国内政治与国际政治相互联结的固有思维传统。基于马克思主义哲学，毛泽东就曾言简意赅地指出：“外因是变化的条件，内因是变化的根据。”这种内外联结的思维也有助于国际政治经济学学者从单纯的国际体系研究转向国际-国内的互动研究。

刘：您提到“开放经济政治学”是当今美国国际政治经济学的主流，那么，随着国际-国内互动研究在中国国际政治经济学领域的快速发展，中国国际政治经济学是不是一定会走向“开放经济政治学”之路呢?

田:中国国际政治经济学的发展轨迹呈现出与美国大致相似的特点,即从单纯对国际体系的分析走向国际-国内互动研究,但并不能说,中国国际政治经济学的发展必然会走向“开放经济政治学”之路。简单地说,“开放经济政治学”研究的第一步是将世界经济作为自变量,将国内行为体的偏好作为因变量;第二步是将国内政治中的偏好或制度作为自变量,将对外经济政策作为因变量;第三步是分析这些具有不同政策倾向的国家之间的博弈。2006 年以后,中国国际政治经济学研究的代表性著作尽管聚焦于国际-国内互动,但并不都是严格按照上述步骤来探索国际-国内互动的。实际上,“开放经济政治学”一词在中国的国际政治经济学同行之间也没有流行开来。

有意思的是,当国际-国内互动研究在中国国际政治经济学研究中开始占据主流时,“开放经济政治学”在 2008 年金融危机以后开始遭受了很大的质疑和批判。由于过多地追求演绎的精确性及系统的实证数据,“开放经济政治学”对于当今世界正在发生的新变化不够敏感。基欧汉在肯定“开放经济政治学”的成就时也坦率指出了这一不足,主张面对各种新问题需要采用更加多元的方法,包括与“开放经济政治学”的学术旨趣相当不同的英国学派。苏珊·斯特兰奇所倡导的“开放的领域”为英国学派的很多人响应,从而使其能够将世界上发生的各种新变化纳入其研究问题的清单。2008 年金融危机后,英国学派对国际政治经济变化的及时讨论彰显了这一学派的活力。北京大学王勇教授、中央民族大学白云真副教授和中国社会科学院徐秀军副研究员在介绍金融危机后国际政治经济学的发展时,都敏锐洞察到这个现象。

在具体的研究程序上,"开放经济政治学"也受到了多方面的质疑,其中最为核心的一个批评来自对其还原主义方法论的批评。尽管开放经济政治学在最后一步纳入国际议价的因素,但在前两步都以隔离国际政治进程的方式来集中探讨对外经济政策的国内政治根源。尽管一些政策选择是纯粹国内政治的产物,但其他的一些政策选择是国内和国际进程互动的结果。在后一种情况下,忽视国际政治将会导致研究者基于国内政治而产生推理过程中的偏见。托马斯·奥特利将其称为"还原主义的赌博"。就此而言,重温"旧国际政治经济学"的理论逻辑也许是有益的。

应该说,中国国际政治经济学研究并没有完全落入"开放经济政治学"的窠臼,在国际-国内互动的研究中并没有忽视国际政治的结构与进程。复旦大学张建新教授对国际能源关系的研究,复旦大学宋国友教授对中美金融关系的研究,中国人民大学李巍教授对中国货币外交的研究,中国社会科学院钟飞腾副研究员对中国周边关系的研究,以及外交学院曲博副教授对全球经济治理的研究,都表明中国国际政治经济学学者在从事国际-国内互动研究中虽然"找回"了国内政治,但没有"踢出"国际政治。李巍教授为了揭示国际货币的兴衰之谜,在汲取作为"旧国际政治经济学"的霸权稳定理论的学术养料的同时对其进行重大的补足,突出了国际政治领导对国际货币秩序缔造的建设性作用。[7]在我本人关于国际制度与国家自主性的相关著作中,作为国际政治体系一部分的国际制度是自变量,国内政治中的国家自主性是因变量,这一点不同于"开放经济政治学"将世界经济作为第一步研究中自变量的通例,也不同于其将国内政治作为第二步研究中自变量的通例。这种对国际政治结构与进程的格外“珍重”可能会使中国的国际政治经济学在强调国际-国内互动的同时形成不同于“开放经济政治学”的特点。

此外,尽管“开放经济政治学”将国内政治制度和政治过程纳入分析框架中,其分析的起点仍首先是对社会行为体的偏好,因此具有“社会中心论”的倾向。和国际政治经济学兴起之初国家主义理论的重要位置相比,开放经济政治学的这种倾向可以说是某种“倒退”。与西方政治体系中“国家弱、社会强”的国内结构不同,中国的政治体系则是“国家强、社会弱”,与中国具有类似国内结构的某些东亚发展型国家也是如此。鉴于这种差异的显著性,即使是对国内政治体系的分析,中国国际政治经济学也呈现出了与“开放经济政治学”不同的特点,突出了国家或政府相对于社会的自主性。曲博副教授对东亚经济体汇率制度选择的政治经济学分析就显示,政府可以利用掌握的国内政治权力来主动应对全球经济的挑战。我本人的研究也表明,国家行为体可以运用国际制度来增强对国内其他行为体的相对自主性。这些研究表明,早期国际政治经济学研究中国家自主性、国家能力、国内结构等国家主义理论的概念仍然有其生命力和适用性,尽管需要对其加以改造以增强其微观基础。

在某种意义上,中国国际政治经济学研究与开放经济政治学在以上两个方面的差异反映了中国在国际体系和国内体系中的主要“特质”:在国际体系中,中国是崛起中的大国;在国内体系中,中国是国家主导性的结构。因此,“开放经济政治学”在中国的扩散并没有带来中国国际政治经济学研究对其趋同,而是使中国国际政治经济学在实现范式转换的同时开始初步展现出自己的特点。

二、中国国际政治经济学的理论创新与知识贡献

刘：当前，中国国际政治经济学理论是否已经走出了理论引进的阶段，开始迈向理论创新？

田：为了建立中国国际政治经济学的学科体系，西方国际政治经济学理论被系统地介绍到中国。这些理论包括世界体系理论、新葛兰西主义、国家主义、霸权稳定理论、相互依赖理论、国际制度理论等。陈玉刚教授和李巍教授都曾对各种理论引进的情况进行了详尽的回顾，在此我不再重复。[8]但这些对理论引进的回顾引发了一个问题，就是中国的国际政治经济学理论除了引进西方理论之外，是否已产生创新性的理论成果？

基于理论创新的途径，我把中国国际政治经济学理论创新的成果分为两类。第一类创新性成果来自对既有国际政治经济学理论范式的拓展或深化。中国国际政治经济学学者在引入和系统介绍西方国际政治经济学理论的基础上也对其中一些理论进行了一定的拓展，包括属于马克思主义思想传统的世界体系理论、属于自由主义思想传统、以社会为中心的国际政治经济学和属于新重商主义思想传统的霸权稳定理论，均取得了具有创新意义的理论成果。

其一，对世界体系理论的拓展。王正毅教授注意到，中国无论是作为一个中国国际政治经济学理论研究的进展与问题古老的帝国，还是作为一个后起的民族国家，一直是世界体系理论关

注的一个主要区域,也是世界体系理论进行构建的一个重要案例。因此,对中国与世界体系的关系进行系统的考察,也是世界体系理论发展的重要环节。在《世界体系论与中国》中,王正毅运用与沃勒斯坦相同的经济网络标准讨论了中国与世界关系的社会历史进程,而且基于社会科学在中国的建立与发展阐述了中国与世界关系的思想历史进程。[9]

其二,"国家-市场-社会"的分析框架。王勇教授拓展了国际政治经济学中公认的国家与市场"两维"分析框架,代之以国家、市场与社会"三维"分析框架。在新增加的社会维度上,社会行为体主要包括两种类型:一类是包括各种非政府组织和非营利组织在内的公共利益集团,另一类是包括劳工集团、工商集团在内的私人利益集团。

其三,区域公共产品的理论及相关的经验分析。樊勇明教授、张建新教授和贺平副教授等复旦大学国际政治经济学研究团队将霸权稳定理论的公共物品提供问题从全球体系层次转换到区域体系层次,强调区域公共产品不同于全球公共产品的特点,即能更有效地防止和排除该产品被某个大国私物化、避免普遍存在的"免费搭车"现象及更直接地反映本地区不同类型国家的需求。

上述创新性理论成果,或是扩展了既有理论的适用空间范围,或是为既有理论增加了新的维度,或是转移了既有理论的分析层次,从而超越了既有的国际政治经济学理论并提供了新的知识增量。

第二类理论创新性成果来自不同理论范式之间的相互融合。这种路径并非抛弃理论范式,而是探索不同范式的理论在实质性问题上的融合。前面提到,20 世纪 90 年代以来,范式之间的辩论已经不再是驱动国际政治经济学发展的主要动力,从而为“分析折中主义”的应用提供了广阔的空间与舞台。

回顾国际政治经济学学科史，具有不同思想传统的西方国际政治经济学学者之间的范式辩论主要在两条线索上展开：一条线索是现实主义者和制度主义者之间的辩论；另一条线索是国家主义者和自由主义者之间的辩论。近年来，中国国际政治经济学学者分别试图在这两个线索上实现范式融合，出现了具有折中主义特点的理论创新。

围绕着国际制度相对于大国特别是霸权国的独立性或依附性等问题，新自由制度主义和现实主义展开了范式辩论。李巍教授主张通过整合两者的有用内核来强调国际制度公共服务功能和私人权力功能，从而提出了现实制度主义。基于国际制度的双重属性，李巍认为，国际制度竞争日益成为国家间竞争特别是大国间竞争的重要表现形式。

自由主义和国家主义则围绕着国家和市场的关系展开了范式辩论。一般认为，固定汇率制是国家控制经济的手段，而资本自由流动是世界市场扩张的结果，但东亚新兴经济体却采取了固定汇率制和资本自由流动的政策组合。基于西方国家经验的对外经济政策模型应用于东亚国家的局限性，曲博副教授强调社会行为体的选择与分化并不依赖要素的流动性，因为社会行为体的政策偏好是由国家的发展战略所确定的。另外，世界市场自第二次世界大战后以来已经不再是自发的市场，而是由制度调节的市场。那么，作为世界市场组织化反映的国际经济制度是限制还是增强了国家自主性？我本人结合新自由制度主义与国家主义而提出了国际制度增强国家自主性的理论，具体说明了国际制度为何可以作为国家行为体的工具来进行权力再分配、作出可信的承诺以及展开有效的政治动员。

不难看出，上述理论创新都是在范式融合的基础上取得的。李巍将自己的理论直接命名为现实制度主义就直接反映了现实主义与制度主义的融合。也许，曲博和我的上述理论可以称为“社会联盟的国家理论”和“国际制度的国家理论”，如果要为这些理论贴上标签的话。

刘：您如何看待国际政治经济学的兴起对中国国际关系研究的贡献？

田：国际政治经济学学科在中国的形成和发展是中国国际关系学科内生演化的结果。一般而言，国际关系研究至少可以分为国际关系理论、国际安全研究和国际政治经济学三个部分。在美国，国际政治经济学和国际安全研究在国际关系学科中的地位几乎不分伯仲。经过多年发展，中国的国际政治经济学虽然没有达到该学科在美国那样高的地位，但对中国整个国际关系学科的发展也具有重要的意义。中国的国际政治经济学对中国国际关系研究的知识贡献至少表现在以下四个方面。

第一，国际政治经济学将国际经济关系纳入国际关系学科的范围，从而拓展了中国国际关系学科的研究对象。西方国际政治学理论体系在战后初期形成后，20 世纪 70 年代，国际政治经济学在西方的兴起就打破了作为“高政治”的国际安全领域和作为“低政治”的国际经济领域之间的界限，使国际关系学者的视野扩大到国际贸易、国际货币金融、对外直接投资等国际经济领域。就此而言，中国国际政治经济学具有同样的作用。不过，中国国际政治经济学的兴起与国际关系学科建设的全面展开几乎同步，这也就意味着中国的国际关系学者比美国的国际关系学者更少有意识地区分“高政治”与“低政治”。很多中国的国际关系学者虽然并不自认为属于国际政治经济学学术共同体，但也习惯于从政治经济互动的视角来分析国际政治问题。此外，随着中国对外经济关系的展开，像自由贸易协定、双边投资协定、人民币国际化、全球经济治理等国际经济问题的讨论不再属于经济学家的专属领地，国际关系学者至少可以参与讨论甚至在一些场合主导讨论。

第二，国际政治经济学由于比国际安全研究更加关注国际-国内互动，使国际关系研究的分析层次出现了下移，从而加强了国际关系研究的微观基础。自肯尼思·华尔兹的《国际政治理论》出版以来，从事国际关系理论研究的学者主要致力于国际体系层次上的理论构建。这一点也同时反映在国际安全研究和国际政治经济学中相关理论的构建上，前者集中表现为防御性现实主义、进攻性现实主义等结构主义理论，后者则表现为霸权稳定理论、新自由制度主义及世界体系理论等。但由于国际政治经济学所关注的贸易问题、国际货币金融问题及对外直接投资问题更多地触及了国内体系中国家与社会之间的密集互动，国际政治经济学的分析层次随着“开放经济政治学”的兴起而显著地下移到单位层次。为此，一些从事安全研究的中国学者开始关注到新古典现实主义理论的发展并由此考察国内政治对安全关系的影响。这样，对国际-国内互动的关注不再局限于国际政治经济学，而是扩散到整个国际关系学科。

第三，国际政治经济学研究与国际合作研究相伴而生，因此，国际政治经济学的发展有助于国际关系研究避免过于关注冲突而忽视合作的偏向。战后，国际关系学科将国际冲突置于研究的中心议程。特别在长期主导国际关系研究的现实主义范式下，国际冲突被看作国际关系的常态，而国际合作即使出现，也是偶然的、暂时的、不稳定的。但随着国际政治经济学的兴起，国际合作问题开始引起国际关系学者越来越多的关注。实际上,国际政治经济学在兴起后很长一段时期内关注的核心问题就是在霸权衰退后国际经济合作如何维持的问题。因此,国际政治经济学和国际合作研究在国际关系学科内几乎是同时起步的。两者相互伴生的关系也反映在中国国际关系学科相关领域的发展上,比如中国国际政治经济学学者在区域合作与区域一体化、国际制度与全球治理的研究中就发挥了主力军的角色。

第四,国际政治经济学研究基于经济学方法论而形成的一些概念可以适用于整个国际关系领域,从而增加了分析国际关系问题的概念工具。在美国国际关系学科的发展中,经济学方法论或者说其在政治学中的变体理性选择路径,无论是在国际安全研究还是在国际政治经济学中都得到了实质性的应用,比如,詹姆斯·费伦对战争的理性主义解释就是安全研究中的一个范例。但在中国,国际安全研究更多地为结构主义研究范式所主导,这一点突出反映在对国际格局这个概念的过度使用和对权力转移这个主题的集中关注上。这样,经济学方法论所形成的概念,比如交易成本、信息不对称、集体行动、公共物品、协调型博弈/协作型博弈等,首先在中国的国际政治经济学研究中加以运用,并逐渐扩散到整个国际关系学科中。这些概念工具的使用,为中国学者分析中观和微观层次的国际关系问题提供了逻辑演绎和经验归纳的重要基础。

三、中国国际政治经济学的方法论问题

刘:您提到国际政治经济学在学科上归属政治学,但与国际

关系研究的其他分支领域相比，国际政治经济学显然还是离经济学更为接近一些。您如何看待经济学方法论在中国国际政治经济学研究中的作用？

田：这个问题实际上涉及政治经济学的两种学科定位。关于什么是政治经济学，西方学者有着两种不同的理解。一种理解认为，政治经济学所研究的是政治与经济、国家与市场、权力与财富的关系。据此，国际政治经济学研究的就是国际关系中国家和市场的互动。另外一种理解将政治经济学定义为经济学方法论在政治领域中的应用，基于经济学的假定对政治进行的研究就是政治经济学。

这两种对政治经济学学科属性的不同定义也反映在中国学者的有关教科书中。包括前面提到的三部代表性教科书在内，目前国内已经出版十部以“国际政治经济学”为名的教材。总体来看，前面一种理解在中国的国际政治经济学教科书中居于主导地位。也就是说，国际政治经济学是根据研究对象而非研究方法来确立其学科定位，因此，国际政治经济学研究就并不必然采用经济学方法论。社会学方法、心理学方法、比较历史分析等研究路径都可以应用到国际政治经济学研究中。实际上，国际政治经济学中的英国学派就广泛采用了这些非经济学的研究路径。

但是，由于经济学方法论在政治学各个领域中的渗透，国际政治经济学研究者在探讨政治经济跨国互动时往往会运用到经济学方法论。这种经济学方法论在政治学中一般被称为理性选择路径。理性选择路径采用的最大化假定属于简单的“手段-目的”理性，并没有具体确定目标、价值和偏好的内容。经济学家一般强调物质利益最大化，但政治学家根据不同的情境来确定不同的目标。比如,政党力图实现选票最大化,利益集团力图实现租金最大化,政治家和官僚以种种方式来使他们的政治和官场生涯的发展最大化,国家则是实现国家绝对收益的最大化。在理性选择路径的主导下,政治学家在理解选民、候选人和压力集团的政治行为、立法机构、行政机构和司法机构等政治制度及公共财政政策、货币政策等宏观经济政策的政治效应上都取得了显著的进步。比如"结构-诱致均衡"模型表明,在多元偏好条件下,稳定的均衡几乎无法找到,只有在博弈中加入制度变量,稳定均衡才能维持。这些关于国内政治制度与政治行为的理性选择模型为国际政治经济学中有关国际-国内互动的分析打下了必要的基础。

随着中国国际政治经济学研究越来越多地强调国际-国内互动,理性选择路径在中国的国际政治经济学中占据了显著的地位。近年来中国国际政治经济学关于国际-国内互动的几部代表性著作,如《平衡社会利益与国家安全:政府对外贸易战略选择》《危机下的抉择:国内政治与汇率制度选择》《国家的选择:国际制度、国内政治与国家自主性》等都是基于理性选择的方法论构建了相关问题的分析框架。这种方法论倾向从这些著作的书名上就可以看得十分清楚。后两部著作还对理性选择的相关方法论问题进行了专门的讨论。

此外,需要强调的一点是,理性选择路径并不一定都要实现模型的数学化。人们有时把经济学方法和数学模型混为一谈。如果数学化是硬的形式化,那么理性选择路径也允许软的形式化,也就是非数学化的形式化。即使在经济学范围内,理性选择路径也不依赖于数学模型。比如,亚当·斯密和大卫·李嘉图都没有使用数学模型来阐述他们的经济学思想。对政治学发展产生了重大影响的一些当代经济学成果，比如，罗纳德·科斯、道格拉斯·诺思、奥利弗·威廉姆森等新制度经济学家的重要著述也都是非数学化的。在美国国际政治经济学研究中理性选择路径的一些代表性著作也没有实现数学化，如《霸权之后》《国际制度的理性设计》等。

刘：既然理性选择路径对中国国际政治经济学理论建构的作用日益重要，这是否意味着中国国际政治经济学将会更多地向经济学趋同呢？

田：社会科学家大都听说过“经济学帝国主义”的说法。政治学中的理性选择路径固然是经济学帝国主义的产物，但是，经济学帝国主义并没能真正主导政治学的学科发展和理论建构。政治学家虽然运用了经济学家所发展的博弈论等技术工具，但没有将经济学理论直接应用于政治分析。实际上，理性选择路径在政治学的扩展中很快和政治学中固有的制度分析传统结合了起来，从而形成了政治学中的理性选择制度主义。

从方法论的内在要求上说，理性选择路径要求展示情境性因素。作为约束条件，这些情境性因素决定了可供个体选择的各种策略的成本和收益。在理性人的假设下，理性本身是不变的，但仅此并不能说明任何东西。任何一个理性选择理论，必须说明决策者在什么约束条件下作出选择，选择有多少，各种选择的成本收益如何，然后才能确定什么是最佳选择。因此，理性选择路径下的各种政治学理论同样也需要说明政治决策者所面临的各种约束条件，而政治制度正是政治行为体所面临的最主要的约束条件之一。在政治生活中，不同的政治制度为政治行为提供了不同的约束条件，从而使同样具有理性的行为体表现出了不同的行为。这样，理性选择制度主义是某种意义上“学科自觉”的产物。一方面,理性选择方法对约束条件的强调要求政治学家探寻政治制度这样的情境性因素;另一方面,行为主义革命后主流的政治学理论并没有提供对政治制度的系统研究。在“重新发现制度”的旗帜下,理论选择理论家和坚持比较历史分析的政治学家一同使政治制度回到了政治学的中心舞台,推动了制度分析在政治学中的复兴。

在这个意义上,近年来中国国际政治经济学研究的一些著作在采用理性选择方法的同时并没有放弃政治学的本体立场,从而与经济学对同一主题的分析拉开了距离。比如,《平衡社会利益与国家安全:政府对外贸易战略选择》突出了国家行为体的安全偏好在对外贸易战略选择上的影响;《危机下的抉择:国内政治与汇率制度选择》依据东亚发展型国家的经验说明了国家是否支持开放的世界经济依赖于国内政治结构;《国家的选择:国际制度、国内政治与国家自主性》则展示了国际制度如何通过改变国内政治均衡而增强国家的自主性。这些研究表明,理性选择路径在中国国际政治经济学研究中的扩散并没有使其变成经济学的“殖民地”。这些著作对国家安全、国内政治结构或者国际制度的聚焦,使其对国际贸易、货币或者其他类型国际经济关系的分析视角和研究结论都与经济学迥然不同。

四、中国国际政治经济学研究的不足与发展前景

刘:当前中国国际政治经济学研究中存在哪些不足?

田:关于中国国际政治经济学研究中存在的不足之处,近年来已发表的几篇学科述评中都有过归纳和探讨。这些不足之处涉及学科界定上的泛化、学术共同体的滞后、研究方法单一、中国问题意识缺失、理论创新不足,等等。这些问题在当今中国的国际政治经济学中仍然不同程度地存在着,但有些问题已经有了一些改进。比如,在学科界定上,中国国际政治经济学的主力学者已经取得了大致的共识。又如,在学术共同体的建设上,2010 年中国社会科学院世界经济与政治研究所和北京大学国际政治经济学系联合发起"国际政治经济学论坛",并在此后每年展开一次学术研讨会,为国际政治经济学及相关学科学者的交流提供了一个制度平台。再如,在研究方法上,尽管中国的国际政治经济学学者仍然首先青睐于定性分析方法,但近年来也开始采用定量分析方法,比如关于中国签订双边投资协定中争端解决机制形式选择的定量研究、美国党派政治与中国对美直接投资的区位选择的定量研究等。我在此不再全面讨论中国国际政治经济学学科建设中的缺失,仅就其理论研究中的不足谈一些个人看法。

第一,中国的国际政治经济学研究仍缺乏回应重大理论问题的创新性成果。自 20 世纪 90 年代特别是 21 世纪以来,尽管国际政治经济学研究导向更多地从理论范式转向研究问题,但这两种导向不是决然对立的。在实证主义的方法论下,国际政治经济学中的各种理论大都是为了回应某些重要的现实问题而形成和发展起来的,比如霸权稳定论和新自由制度主义都是为了回答霸权的兴衰是否会影响国际经济体系的开放和国际经济合作的持续这个经验问题。因此,国际政治经济学理论研究者应该对国际经济关系在宏观层面的重大问题作出回应。近年来,中国国际关系理论在某些问题的研究上取得了不少进展,特别是外交学院秦亚青教授的"国际政治的关系理论"、清华大学阎学通教授的"道义现实主义"和复旦大学唐世平教授的"国际政治的社会进化理论",都在"大理论"意义上取得了创新性成果。但与这些成果相对照,中国国际政治经济学理论的创新性显得更多是边际意义上的。

第二,中国国际政治经济学理论研究过多聚焦于国家或者中央政府对外经济政策的制定,而对国家之上的国际组织和国家之下的地方政府、企业、阶级、行业、公众、个人等行为体重视不够。如前所述,中国国际政治经济学在第二个发展阶段上已经聚焦于国际-国内互动分析,但这种分析仍主要着眼于国家或者说中央政府对外经济政策的分析。尽管中央政府的偏好在制约产品和生产要素跨国流动上的作用最为明显,但地方政府、企业、阶级、行业、公众等的偏好也会发挥重要的作用。总体来看,中国国际政治经济学学者对于这些中观和微观主体的分析还是相当匮乏的。此外,中国国际政治经济学学者对于国际经济组织和全球经济治理这样宏观层面的现象,也在一定程度上缺乏对组织结构、决策程序、投票规则、谈判过程等中观和微观问题的分析,从而使不少论述大而无当。

第三,中国国际政治经济学理论研究尽管注意到国内制度在国内偏好汇聚上的作用,但对国内制度多样性的仍缺乏重视。中国国际政治经济学学者在国际-国内互动的研究中对国内政治制度的分析仍主要是描述性的,缺乏更为一般的类型学讨论即国内制度形式的差异如何影响到跨国经济交换。实际上,比较政治学关于制度多样性的具体探讨对推进国际政治经济学的研究意义重大。即使在备受争议的民主/威权二分法下,民主政体至少可以分为多数民主和共识民主，威权政体至少可以分为个人独裁政权、军人政权和君主制政权等。在历史制度主义关于资本主义多样性的讨论中，资本主义市场经济则可以分为协调市场经济、自由市场经济和依附市场经济等。但由于比较政治学在中国作为一个学科加以建设的时间比国际政治经济学还要晚一些，也由于中国国际政治经济学理论研究的经验基础大多限于美国等少数几个国家，世界各国在这些制度形式上的广泛差异在中国国际政治经济学学者的研究中并没有得到充分的关注。

第四，中国国际政治经济学理论的"中国特质"仍不够充分和鲜明。中国国际政治经济学研究的特点是对国际权力结构的突出和对国家自主性的强调，但这一研究没有从根本上脱离西方国际政治经济学的知识谱系。反观中国国际关系理论的重大创新，比如，秦亚青教授的"国际政治的关系理论"就将中国传统的理念"关系"植入国际关系理论，从而展现了元理论上的中国特质。也许，中国传统的经济治理思想和中国传统社会的经济治理模式都难以为国际政治经济学理论的中国化提供足够强大的思想资源和历史积淀，但这并非完全不可能的任务。

刘：您如何看待中国国际政治经济学的发展前景？

田：经过 20 多年的发展，中国国际政治经济学已经取得了长足的进展，但也存在诸多缺失。不过，中国的国际政治经济学研究在当前也面临难得的有利学术条件和现实机遇。如果利用好这些条件和机遇，中国的国际政治经济学研究将会获得深入的发展。

在学术条件上，有关学科在中国的发展会为中国国际政治经济学的发展提供助力。第一，国际经济学。国际政治经济学所研究的对象是国际经济关系,因此国际政治经济学也被称为“国际经济关系的政治学”。如果没有对国际经济问题准确细致的把握,政治学者就无法展开好的国际政治经济学研究。近些年来,中国的一些国际经济学者加入到了对国际政治经济学的研究,反过来激励了政治学者更为系统地学习国际经济学的知识。第二,比较政治学。前面提到,比较政治学在中国发展的滞后对中国国际政治经济学的发展具有相当的制约作用,这和比较政治学在美国的发达对美国国际政治经济学的推动作用形成鲜明的反差。但近几年来,比较政治学在中国有了相当快速的发展,特别是作为国际政治经济学相邻学科的比较政治经济学已经发展成型,可以为国际政治经济学研究提供必要的国内分析基础。第三,国际关系理论。国际关系理论中中国学派的生成,也可能会推动作为国际关系次领域的国际政治经济学研究中出现具有中国特质的理论创新。比如“国际政治的关系理论”或道义现实主义的逻辑是否及如何运用到国际经济关系的探讨中,完全可以成为中国国际政治经济学学者思考的问题。第四,计量经济学。尽管定量方法与定性方法并无高下之别,中国的国际政治经济学也不一定需要像美国的国际政治经济学那样以定量方法为主,但目前定量方法在中国的国际政治经济学研究中仍然使用较少。随着国际政治经济学专业课程体系的完善,新一代正在培养的博士生群体更多地掌握定量方法,从而为其日后的学术研究提供了工具上的准备。第五,国际政治经济学自身的发展。近年来,中国学者在国际政治经济学理论上已经取得了一些创新性成果,同时比较系统、及时地掌握了 2008 年国际金融危机后西方国际政治经济学的最近进展,特别是跟踪了西方学术界对主流的开放经济政治学的反思。这些都为中国国际政治经济学学者作出创新性的知识贡献创造了有利的条件。

中国国际政治经济学的理论创新也面临着难得的现实机遇。国际政治经济学的学科史表明，理论创新往往来自对国际经济中重大现实问题的回答。随着中国成为世界第二大经济体，中国与世界经济的关系已经并将继续发生重大的变化，从而将向中国的国际政治经济学学者提出新的研究问题。第一，中国巨大的经济规模形成了中国在世界市场中的结构性权力，无论是在生产体系、贸易体系还是金融体系中都是如此。如何评估这种影响和如何运用这种权力都需要中国国际政治经济学学者给予理论上的回答。第二，"转制"、"改制"和"建制"成为中国与国际经济制度关系的新特点，比如近期大家关注的国际货币基金组织份额的改革和亚洲基础设施投资银行的成立。如何在动态描述和政策分析的基础上对中国在全球经济治理中的新角色进行学术上的考察，也需要中国国际政治经济学学者的理论性研究。第三，中国对国际经济体系的参与会推动中国国家治理体系和治理能力的现代化。中国的对外开放不仅会使中国对世界经济产生更大的影响，而且会促进国内的制度变迁与国家建设。因此，无论就理论价值还是政策含义而言，经济开放与国家治理体系的重构之间具有什么样的关系都值得国际政治经济学学者加以探究。第四，中国经济改革的实践和经济发展的模式使中国政治经济不同于美国政治经济，比如国家在中国经济转型和发展中发挥了主导性作用。这种差异会使中国在全球政治经济中发挥不同于美国的新作用，从而要求中国国际政治经济学学者不能照搬在美国居于主流的开放经济政治学范式，而是基于中国改革开放的实践进一步发展出具有中国特质的国际政治经济学理论。

注 释

1. 宋新宁、陈岳:《国际政治经济学概论》,中国人民大学出版社1999年版;樊勇明:《西方国际政治经济学》,上海人民出版社2001年版;王正毅、张岩贵:《国际政治经济学:理论范式与现实经验研究》,商务印书馆2003年版。

2. 王逸舟:《西方国际政治学:历史与理论》,上海人民出版社1998年版。

3. 苏长和:《全球公共问题与国际合作:一种制度的分析》,上海人民出版社2000年版;田野:《国际关系中的制度选择:一种交易成本的视角》,上海人民出版社2006年版。

4. 李滨:《国际体系研究:历史与现状》,南京大学出版社2000年版。

5. 王正毅:《国际政治经济学通论》,北京大学出版社2010年版;宋新宁、田野:《国际政治经济学概论(第二版)》,中国人民大学出版社2015年版。

6. 张建新:《权力与经济增长:美国贸易政策的国际政治经济学》,上海人民出版社2006年版;王勇:《中美经贸关系》,北京:中国市场出版社2007年版;宋国友:《平衡社会利益与国家安全:政府对外贸易战略选择》,时事出版社2007年版;李巍:《制度变迁与美国国际经济政策》,上海人民出版社2010年版;钟飞腾:《管控投资自由化:美国应对日本直接投资的挑战》,北京:社会科学文献出版社2011年版;曲博:《危机下的抉择:国内政治与汇率制度选择》,上海人民出版社2012年版;田野:《国家的选择:国际制度、国内政治与国家自主性》,上海人民出版社2014年版。

7. 李巍:《制衡美元:政治领导与货币崛起》,上海人民出版社2015年版。

8. 陈玉刚:《中国的国际政治经济学研究》,载王逸舟主编:《中国国际关系研究(1995—2005)》,北京大学出版社2006年版;李巍:《IPE在中国的发展与现状评估》,载《国际政治科学》2012年第1期。

9. 王正毅:《世界体系论与中国》,北京:商务印书馆2000年版。

编者按 中国国际关系学界对建构主义研究走过了近20年的历程，在学理上取得了一系列重要进展，但也面临诸多挑战。是什么因素促成了国际政治理论的“社会学转向”？建构主义引入中国后为何能在青年学者中间产生广泛影响？中国建构主义理论的长期发展前景如何，存在哪些不足，还有哪些改进空间？在国际关系理论创新过程中，中国学者可否以建构主义为支点，作出新的学理贡献？为此，北京大学国际关系学院博士研究生曹德军专访中国社会科学院世界经济与政治研究所袁正清研究员。袁教授主要研究领域是国际关系理论、国际组织与中国外交，著有《国际政治理论的社会学转向：建构主义研究》《中国国际关系研究（1995—2005）》和《国际关系研究：议题与进展》等。

国际政治的建构主义及其在中国的发展
——袁正清研究员访谈

曹德军

一、国际政治建构主义的学理特色

曹德军（以下简称“曹”）：您曾将建构主义的兴起界定为国际政治理论的“社会学转向”，是什么因素促成了这种转向？

袁正清(以下简称“袁”):建构主义在20世纪80年代后期兴起之后,形成了与新现实主义和新自由主义鼎足的局面,斯蒂芬·M.沃尔特(Stephen M.Walt)把它描述为解释国际关系的三大理论之一。[1]我在《国际政治理论的社会学转向》一书中指出,建构主义开始了国际关系学科的“社会学转向”(sociological turn)。[2]“社会学转向”主要针对美国的国际关系理论语境而言,因为在欧洲,国际关系学科的社会学研究有悠久的传统。由于国际关系理论发展的重心依然在美国,在美国国际关系学术界出现的变化在相当大的程度上反映了整个国际关系理论的发展趋势。[3]国际关系的社会学转向主要表现在以下几个方面。

第一,在本体论上,国际关系学科探讨的对象从物质事实转向社会事实。本体论问题是指存在一个客观的外在世界,还是说这种外在世界是人们主观的创造。极端的客观主义立场完全是自然主义的,认为国际关系的社会世界基本上是一个事物,与自然世界没有什么区别。极端的主观主义立场完全是观念主义的,认为国际关系的社会世界基本上是人们共享的观念,它是由语言和概念建构而成的。在新现实主义和新自由主义理论中,国际政治领域被理解为一种物质事实,这种物质事实独立并外在于人类的活动,因此,其行为方式客观地存在于那里,等着我们去发现。国际关系学就是对它进行一种客观的事实陈述,把国际关系理解为物理力量之间的简单行为反应,可以像寻求自然界的规律一样能够对这种行为方式加以把握和认识。

建构主义的本体论是社会本体论,认为我们所面对的世界并不是独立于我们的物质世界,而是我们实践活动的产物即社会世界或社会类别。社会世界是一种主体间性的(intersubjective)和集体意义的世界。主体间性的意义并不是个体信念的集合或简单相加，而是作为集体知识或共同知识存在，它被嵌入社会图式（social routines）和实践之中。

第二，在方法论上，从个体主义转向整体主义。方法论个体主义简单地说就是从个体出发，以行动者为取向来理解整体，整体不过是个体行为的结果，对整体的理解来自对个体的剖析。分析还原的方法就是个体主义的基本路径。新现实主义和新自由主义都是通过经济学的个体主义方法来解释国家行为，分析国际政治。这也是“新新综合”（neo-neo synthesis）的一个重要表现。而方法论整体主义则反其道而行之，它的分析起点是整体，以结构为取向，从整体的性质来理解个体的行为。行动者的行为总是被嵌入在国际体系的结构之中。嵌入性体现的是一种制度和规则属性，规则或制度不仅制约了行动者的行为，也定义了行动者的身份。

在建构主义的作品中，很多社会学概念如简单学习、社会学习、传授、认知进化、社会化、社会网络、制度化、集体记忆、文本、社会事实等成为认知国际政治的工具。另外，诠释性的方法，如谱系学、常人方法学、符号学、叙述分析、认知图谱法和象征分析也被嫁接到国际关系学科上。

第三，国际关系领域的研究队伍发生了变化。在新现实主义和新自由主义中，国际政治学家常常与经济学家和博弈论者合作来探究国际政治的因果关系，安全研究和国际制度研究最明显地反映了这种现象。由于对国际关系的理解不同，国际政治学者越来越多地与社会学家和哲学家联袂来追寻国际社会的建构过程，探究国际体系的因果和建构关系。一些社会学家特别是社会组织理论学者用其理论来分析国际制度的产生、发展和进化。

至于国际政治的"社会学转向"的基本动力,主要与国际现实与学科发展的内在逻辑有关。就国际现实而言,苏联的解体和冷战的结束使新现实主义和新自由主义的国际关系理论遇到了困难。国际格局的转换并不像新现实主义所理解的那样,以一种战争的方式结束,而是在和平的状态下完成,这种变化的现实超越了原有理论的解释。这种预测的失败激起了理论者的反思,这就需要提出新的理论来解释变化了的现实。就国际关系学科发展的逻辑而言,新现实主义和新自由主义在经过"新新综合"之后,两者之间的争论集中在国家行为解释的绝对获利还是相对获利上,理论发展的空间越来越有限,窒息了理论发展的活力,经济学帝国主义把丰富多彩的国际政治变得单调乏味,而不适应世纪之交的国际政治现实。最后,哲学和社会学领域的后现代主义和后结构主义在全球化浪潮的席卷之下,迅速波及国际政治领域,原有的国际政治实证主义信念受到动摇,以后实证主义和后结构主义为主的反思主义重新思考主流理论的价值,揭示主流理论所遮蔽的理论视域。各种理论流派和方法大举"入侵"国际政治理论的原有阵地。

曹:1999年,彼得·卡赞斯坦、罗伯特·基欧汉和斯蒂芬·克拉斯纳主编了《世界政治理论的探索与争鸣》,在前言"国际组织与世界政治研究"中指出,理性主义与建构主义既有差异又存在互补性,您认为这种互补性体现在哪些方面?

袁:他们主编的这本书在一定意义上可以理解为理性主义和建构主义之间的一场对话。理性主义和建构主义之间的关系是国际关系理论争论的重要问题之一。理性主义是指行为体非常清楚自己的利益所在,偏好是既定的,以工具理性方式追求利益最大化。新现实主义和新自由主义都是从工具理性出发来理解国家行为，而建构主义质疑的恰恰是理性主义所认为的理所当然的东西，即偏好并不是固定不变的，而是内生于行动者的互动过程中。建构主义内部基本上有以下几种处理建构主义和理性主义的观点。

亚历山大·温特(Alexander Wendt)在元理论层次上对理性主义和建构主义的关系进行了分析。他认为，建构主义和理性主义在一些情形下是彼此竞争的，在某些方面是互补关系，彼此之间不是争论而是对话。它们之间的最大差别体现在本体论上，即行为体的身份和利益是如何产生的。理性主义把身份和利益看成外生给定的，与行动者的互动进程无关，因而行动者的行为选择就是在既定条件下最大限度地追求效用最大化。而建构主义认为行动者的身份和认同内生于行动者的互动进程中，行动不断地造就和再造自我和他者的概念，身份和认同可以发生变化，因而行动者的行为选择不仅仅是追求手段和目的的一致，而且还要符合他们的身份，行为体根据这种身份来确定自己的利益和行为。理性主义对本体论的处理是把它看成分析的前提条件，而建构主义则把它作为质疑的对象。这样，被理性主义看成既定的东西恰恰是建构主义分析的出发点。这种本体论上的差异导致了两者对国际体系变化的不同理解。国际体系的变化不再是物质力量的分配，而是文化的转变。

温特认为理性主义和建构主义的差别仅仅是它们提出了不同的问题，不同的问题不一定非要涉及实质性的分歧，所有的理论都要设定某些东西为给定因素，最好从实用主义的角度把理性主义和建构主义看成观察社会实在的分析工具，而不是形而上学的立场或对世界的经验描述。从方法论的角度而言，理性主义和建构主义并没有根本的冲突。如果能够确定身份和利益在互动过程中不发生变化,那么,理性主义模式就可以解释行动者在互动过程中的战略选择和应对行为,这是一个非常有用的解释模式。如果身份和利益发生变化,那么,建构主义就是一种很好的解释模式。换言之,确定身份的问题交给建构主义,对战略行为的探讨赋予理性主义。一般来说,考察问题的时间段越长,变化的可能性就越大,这样,建构主义模式更适合。在一个相对较短的时间内,身份和利益的稳定性较强,理性主义模式则更适合。如果说建构主义关注的是社会进程的长时段,那么,理性主义探究的就是这一长时段中的相对稳定不变的阶段。

杰弗里·切克(Jeffrey Checkel)从规范顺从或遵守的角度更具体地提出了理性主义与建构主义的关系。在切克看来,以往对行动者遵守规范的研究主要有两种看法:一是行动者顺从规范来自理性主义的考虑,即行动者在计算成本和收益的基础上,认为接受制度的安排有利于其利益的最大化,行动者遵守规范的理由是推论的逻辑,新自由制度主义是这种分析的代表。二是建构主义的分析,行动者遵守规范是社会结构的作用,强调行动者行动的适当性逻辑,即行动者遵守规范是因为规范内化的结果,被视为理所当然之物,国际关系的社会学制度主义就是这种视角。切克认为这两种观点不是互相排斥,而是互补的,每一个都抓住和解释了规范顺从过程的重要因素。不过,尽管建构主义的理念是结构-行动者的相互建构,但在具体的研究中更多地聚焦结构的层面,而对行动者的一面关注的较少。切克从行动者的层面,特别是对精英社会学习而不是大众动员的角度透视了规范顺从的机制,进一步扩大了建构主义和理性主义的对话范围。他认为理性主义和建构主义都对规范顺从作了解释,哪一个更恰当,则要依具体的条件和范围。理性主义和建构主义并不是对立的，而是朝着综合的方向发展。

卡赞斯坦、基欧汉和克拉斯纳在“国际组织与世界政治研究”一文中，认为将来国际关系领域的争论主轴是理性主义和建构主义。他们把共同知识看成理性主义和建构主义的互补点。理性主义者把共同知识理解为行动者参加博弈行动的背景知识，并且行动者被假定为具有既定的偏好，知道游戏的基本规则，这种共同知识使得行动者能够进行战略互动，有助于行动者在复杂和不确定性的条件下协调它们的行动。建构主义则认为共同知识是主体间性的理解，不可能还原为个体心理上的特征。具体的文化形态，如规范、规则、制度、习惯等都是共同知识建构的，属于社会类别。这些制度都是以一定的共同知识为基础建立起来的，而不仅仅是行为体理性计算的结果。建构主义分析的是支撑这些制度的共同知识如何产生的。如果国际关系学者不了解国家相互作用过程中的共同知识，他就无法解释国家的行为。他们对理性主义和建构主义采取两阶段的处理方法，“建构主义在使用工具理性分析之前，要知道偏好是如何形成的，知识是怎样产生的”。[4]在分析一个政治结果时，既要考虑行动者在共同知识背景下的战略互动，又要注意共同知识的来源。

玛莎·芬尼莫尔（Martha Finnemore）在《国际社会中的国家利益》一书中认为，建构主义和理性选择理论都是研究社会互动的，两者相结合可以对政治行为给予充分的解释。在对具体的国际政治进行分析时，社会建构与工具理性的战略互动彼此深深地纠葛在一起，人们可以把理性选择看成社会知识的模式，也可把社会情形视为理性选择的背景，一切取决于要研究的问题。这是对理性主义和建构主义关系的阶段分析，不同的阶段采用不同的分析方法。建构主义和理性主义关系的争论反映了建构主义对主流理论的态度从早期的疏远到逐渐靠拢,中间地带越来越模糊。当然这种趋势不是一方取代另一方,而是在两者辩证综合的基础上发展出一个更能揭示国际政治发展的理论。

曹:请您介绍一下建构主义国际关系的主要类型和地区特色。

袁:国际关系中的建构主义在1989年由尼古拉斯·奥努夫(Nicholas Onuf)提出,在建构主义国际关系理论发展的过程中,由于哲学主张、研究视角和所依据的理论资源不同,建构主义学者内部对建构主义本身的定义也有差别,形成了不同的类型。国际关系学者给出了不同的分类。大体上上有以下几种:(1)特德·霍普夫(Ted Hopf)提出的传统派和批判派。传统派不是要与主流理论彻底决裂,而是要弥补它的不足,承认微弱的本质主义和社会实在的客观性与可认知性。批判派更多地受后现代思想的影响,强调反基础主义、反实证主义。(2)约翰·G.鲁杰(John G.Ruggie)提出的新古典、后现代和自然主义。新古典的建构主义在认识论上倾向实证主义,在分析手段上吸收借鉴了言语行为理论、交往行动理论和认知进化理论的思想,侧重主体间性意义的探讨;后现代建构主义的思想源泉来雅克·德里达(Jacques Derrida)和迈克尔·福柯(Michel Foucault)强调语言的主体建构,话语实践构成了本体论上的原初物,话语是世界政治分析的基本单位;自然主义建构主义则位于上述两类的中间,走中间道路。(3)克里斯琴·罗斯-斯密特(Christian Reus-Smit)从层次的角度把建构主义分为系统、单元和整体三个方面。系统层次强调的是国家行为体之间的互动。单元层次则聚焦国内社会、法律规范和国家的身份及利益之间的互动。

整体层次则试图沟通体系和单元,把国内和国际领域看成一个社会和政治秩序的两个方面,侧重探讨全球变化的动力机制。

这些派别的发展是不平衡的,影响也不一样,对主流理论的冲击有强有弱,而且互有重叠。相同之处就是在本体论上都持社会本体论的立场,强调国际结构的主体间性,以及行动者和结构的相互构成关系,强调社会规则对世界政治的影响。不同之处更多地体现在认识论上的实证主义和后实证主义。目前,持温和立场的建构主义居于主流地位。

此外,建构主义还有比较明显的地域特色,受到国际关系理论传统的影响。美国的建构主义追求一种宏大的理论和体系,特别关注结构对行动者的建构作用。温特试图确立一种新的、与华尔兹有别的正统国际政治理论,这打上了美国社会科学的传统。另外,从规范研究看,美国学者着重于国际规范对国家社会化的影响。他们大量借鉴社会学制度主义的理论视角来分析组织的规范对行为体的作用,强调国际规范的决定作用。

建构主义的另外一支是在欧洲。欧洲建构主义的主要阵地是《欧洲国际关系》《欧洲公共政策》《千禧年》等学术刊物。从国际关系理论的发展传统而言,欧洲建构主义的思想根基非常厚实,建构主义的思想之根本来就在欧洲。它更注意行动者方面的分析,而不是追求庞大的体系结构和宏大叙述。在德国,建构主义借鉴了言语行为理论,从哈贝马斯的交往理性那里吸取营养,偏重于从语言学的角度来理解国际关系。早在1994年,德国学者就召开过一次有关国际关系学中工具理性和沟通理性分析的会议。托马斯·瑞斯(Thomas Risse)跳出了美国学者把行动逻辑聚焦在"推论逻辑"和"适当性逻辑"的窠臼,进一步扩展了建构主义"适当性逻辑"的内容,增加了争论逻辑,把理性的范围从工具理性、规范理性扩大到争论理性。德国和美国的建构主义的最大差异在于德国强调交往理性与工具理性的冲突,而美国偏重于工具理性与规范理性的区别。另外,“哥本哈根学派”对安全的研究也具有强烈的建构主义色彩。

美国与德国的建构主义差异的原因除了理论旨趣外,多少还与美国和欧洲理论家的问题意识有微妙的关系。美国人的“自我中心论”和世界领导意识使其意识到体系和秩序的重要性,而欧洲的建构主义比较多地关注欧洲本身的问题,欧盟的建设在一定意义上是一个重塑欧洲观念的过程。这种塑造也是欧洲国家(行动者)的一个沟通、辩论的过程。当然,在认识到美欧差异的时候,也要看到两者之间存在共同点,即它们都对工具理性在国际关系理论中的统治地位不满。

曹:当前国际学术界建构主义的主要议题是什么,未来的研究方向如何?

袁:在国际学术界,建构主义的研究仍然围绕其核心概念——规范和认同展开。在温特提出建构主义的宏大理论之后,建构主义的发展进入常规时期。一方面是理论的修补和完善,另一方面是具体领域的案例研究,以此丰富和检验理论的解释力。对规范的研究是建构主义研究的最大亮点,也是与其他理论对话的资本。规范研究的代表性成果是芬尼莫尔提出的规范生命周期理论,她阐述了规范产生、扩散和内化的机理和过程。规范研究基本上是在这个分析框架内进行,包括规范退化、夭折和竞争等方面的讨论等。起初规范研究借鉴了社会学制度主义的理论资源,从国际社会结构的角度来理解规范,自上而下,挖掘的是国际规范进入国家,被接受的过程。江忆恩(AlastaiIan Johnston),关于中国与国际制度关系的研究很明显地体现了这一点。后来的规范研究聚焦到国家层次，研究的是国际规范为什么在一些国家有的被接受了，有的被拒绝了，有的国家只接受某些规范而排斥另外的规范，国家遵守规范的程度为什么不一样，跟国内政治和文化有什么关系，国家层次的规范研究强调的是国际国内条件的匹配，国家和地区的本土化等。阿米塔·阿查亚（Amitav Acharya）关于东南亚地区规范的研究堪称代表。身份研究集中于不同地区和领域共同体的形成和发展，以及这些地区对国家身份的影响。切克在这方面作了突出研究。现在建构主义的宏大理论叙述变少了，更多开始关注国家间的日常行为，强调国家之间的实践活动。还有一个特点就是开始将研究的目光转向新崛起的国家。以前学界的研究多以欧美为重心或中心，国际规范的研究集中于欧美规范向世界扩散，欧美是规范的输出者，其他国家是规范的接受者，西方和非西方扮演着老师和学生的角色。现在则到了学界关注非西方力量对规范塑造的时候。全球化的冲击和世界力量的碎片化，以及非国家行为体的影响都对国家的身份带来新的变数，世界政治的很多冲突涉及身份的冲突和博弈，这些也是建构主义可以开拓的领域。当然，建构主义的研究不是封闭的，应该跟其他理论有更多的沟通和对话。

二、建构主义在中国的发展

曹：自 2000 年前后，建构主义被引入中国是一种什么情况，为什么在中国青年学者中间产生了广泛影响？

袁: 自20世纪90年代以来,建构主义理论的研究在中国的发展还是比较快的。建构主义在中国的发展可以概括为以下几个方面。

第一,与以前国际关系理论引进的情况明显不同,建构主义被介绍到中国基本上与国外主流建构主义的发展保持同步的过程,其间的时间相隔较短。1987年召开了全国范围内的第一次国际关系理论研讨会,此后中外学者的学科对话和交流也多了起来,最有代表性的成果是袁明老师主编的《跨世纪的挑战》,这本书已出了修订版。同时也有意识地翻译出版了部分评介国外主要是美国的国际关系理论著作。《国家间政治》《权力与相互依赖》《国际政治理论》基本是在1992年左右翻译出版的。[5] 与此形成对比的是关于建构主义的作品译介要迅速得多。《国际政治的社会理论》《国际社会中的国家利益》《文化规范与国家安全:战后日本警察和自卫队》等被及时翻译过来。[6] 一些重要的学术论文在中国的学术刊物上也被及时翻译发表。其中,有关建构主义的文章也比较多,涉及的领域比较广。特别是《国际政治的社会理论》被译成中文之后,中国的主要国际政治学术期刊出现了一个研究建构主义的高潮。在一定的意义上,建构主义在中国的研究比新现实主义和新自由主义更为集中和自觉。出现这种情况主要有以下几方面原因。

(1) 中国的国际关系学界对国际关系理论的认识已经有了很大的变化。中国的国际关系学者认识到,国际政治研究除了为政府决策部门提供对策服务外,更多地要把其当作一门学科来研究,需要进行理论建设。国内一些学术刊物上设立了国际关系理论栏目,如《世界经济与政治》《欧洲研究》和《国际政治研究》等,国际关系理论专著也相继问世。中国的国际关系学界召开过多次理论研讨会。[7]这种理论自觉即学科意识的自省是建构主义在中国发展的大背景。

(2) 中外学术交流日益频繁,互联网的发展也提供了大量的学术信息。随着改革开放的深入,中国和国际社会的互动增多,中国国际关系学者与外国同行的交流增多。一方面,中国学者走出去,到国外或攻读学位,或做访问学者,或开国际学术会议;另一方面,国外的学者也到中国来,或实地观察中国,亲身感受中国的变化,或做学术报告,与中国同行进行交流。在这些密集的学术交流过程中,一些中国学者开始把国外的最新研究进展向国内推介,外国同行的研究成果和关注的问题能够很快地被中国同行注意到,一些外国学者也积极推动有代表性的国际关系理论作品在中国出版。因此,在世纪之交,有关国际关系理论方面的译著大量面世。[8]除人员交流外,国际互联网的迅速发展也有力地推动了知识的传播,现在可以更快地上网搜索到有关的学术文献和信息,也可以和国外同行进行网上的沟通和交流,在中国的重点高校和科研机构中能够得到大量有关国际政治理论方面的数据库,互联网的发展为知识的引进提供了平台和便利。

第二,从研究队伍来看,以青年学者为主,主要集中在北京和上海。在发表的有关建构主义的文章中,除秦亚青教授外,基本上都是40岁以下的青年学者。这批人主要是刚毕业的博士和在读博士生,对理论的兴趣比较浓厚,他们希望在结合中国具体问题研究之前,能够对国际关系的理论前沿问题有较好的把握。建构主义作为新出现的国际关系理论,提出了许多新的概念和视角,同以前的理论有着明显的区别。另外,从学科本身发展的情况看,新现实主义和新自由主义的争论在20世纪90年代初已基本结束,两者形成了“新新综合”,研究的前提假设和分析框架基本趋同,都是一种理性主义的思路。要想在理性主义的框架内有较大的突破比较困难,更多的是技术性工作,应该说中国对理性主义的研究相对比较充分。按照学术发展本身的规律,当旧的理论比较完善,讨论的问题也不够新,人们所做的工作重复性越来越多,研究者对它的兴趣就会下降,希望另辟天地,拥抱新的领域。国外建构主义的发展和兴起为青年学者提供了新的兴奋点。

曹:在您看来,20 年来的中国建构主义研究经历了哪几个阶段,有何特点?

袁:以 2005 年作为节点,可以把中国的建构主义研究大体划分为两个阶段。为什么选择 2005 年呢,这是因为 2005 年《世界经济与政治》第 1 期发表了秦亚青与温特之间的学术对话《建构主义的发展空间》。在这篇文章里,两位学者围绕建构主义的理论层次和理论内涵进行了交流,特别是秦亚青提到了以地缘-文化概念,对建构主义另行分类。秦亚青在这篇文章里给出了分类的理由:第一,社会结构和社会制度与自然结构不同,前者有着时间和空间的局限,亦即受到历史和地理位置的限制。第二,这种时间和空间的限制划定了社会活动的境域(context),行动者只能在这种境域中互动,他们不可能在超越这种境域的空间和时间里进行互动,在这种境域中的互动产生了共有知识。第三,由于在微观层面上的互动有着明显的地缘文化特征,不同社会在微观层面上很少能够以完全相同的路径走向宏观结构。不同地缘-文化境域中的社会可以产生不同地缘-文化特征的建构主义流派。这篇对话已经展现了中国学者的理论自觉,在学习借鉴的基础上进行创新。

2005 年之前是第一阶段,主要是学习和引进。中国的学术期刊如《世界经济与政治》《欧洲研究》《现代国际关系》《国际观察》等在这方面做了大量的工作，发表的有关建构主义的文章70余篇。发表的文章既涉及建构主义的基本概念，理论来源、研究视角的辨析，也涉及建构主义与其他国际关系理论的争论和分歧。此外，一些著作如王逸舟的《西方国际政治学：历史和理论》在“全球主义与百家争鸣”一章介绍了建构主义。秦亚青的《霸权体系与国际冲突》一书中简要阐述建构主义在国家利益判定方面的基本观点。倪世雄主编的《当代西方国际关系理论》专门用一节评介建构主义。陈玉刚的《国家与超国家》论述了建构主义在一体化方面的解释。[9]出版的专著主要有郭树勇的《建构主义与国际政治》、方长平的《国家利益的建构主义分析》。同时大量的建构主义作品被翻译过来，亚历山大·温特的《国际政治的社会理论》、芬尼莫尔的《国际社会中的国家利益》、彼得·卡赞斯坦的《文化规范与国家安全：战后日本警察和自卫队》、阿米塔·阿查亚的《建构安全共同体：东盟与地区秩序》、彼得·卡赞斯坦、罗伯特·基欧汉、斯蒂芬·克莱斯勒的《世界政治理论的探索与争鸣》、威廉姆·卡拉汉的《文化与跨国关系》、艾伦·卡尔森的《建立新的国际政治结构理论》、迈克尔·巴尼特和芬尼莫尔的《政治、权力与国际组织的病症》、亚历山大·温特的《世界国家的出现是历史的必然》。在此阶段，虽然中国的建构主义研究在某些方面有一些创新意识，但基本上是引进消化吸收别人的东西，主要是美国的主流建构主义。

第二个阶段是学习创新阶段，一方面是继续追踪和消化国外建构主义的发展，另一方面也开始使用建构主义的概念和视角来分析中国和国际社会的关系问题。一些杂志更多地参与到建构主义的研究中来，如《中国社会科学》《外交评论》《当代亚太》《国际政治研究》《东北亚研究》《国际观察》等。在这一时期,追踪消化的前沿研究包括芬尼莫尔提出的规范生命周期,即规范的产生-扩散-内化理论,以及由此衍生出来的规范的退化和竞争等议题,还有切克、江忆恩的国际制度的学习和社会化分析框架、阿查亚的地区化视角。分析层次也和国际学界同步,既有体系层次,也有国家层次,还有个人和非政府组织层次。研究的视野更开阔,涉及的领域更广泛,在吸收引进中为我所用,具有较强烈的批评意识和创新意识,包括从语言学的角度对伊拉克战争的分析、对中国与东盟关系的理解、中国与国际组织的互动、人权规范的讨论等。[10]创新的部分是把建构主义和中国国际关系所面对的问题有意识地结合起来进行理论构造,提出了一些原创性的分析概念和理论框架。秦亚青领衔的外交学院团队在这方面作出了突出贡献。

三、建构主义研究的评估与发展前景

曹:在国际关系中国学派的建设中,建构主义作出了什么样的贡献?

袁:目前,建构主义研究仍然是中国国际关系理论的一个重要方面,而且在具体问题领域有了更广更深的拓展,研究质量有了明显提高,产生了原创性的成果,最有代表性的当属秦亚青教授领衔的外交学院研究团队。只要检索中国学术期刊发表的有关建构主义研究的学术文章和出版的专著,就会发现大多和外交学院有这样那样的联系,要么是外交学院的老师,要么是外交学院毕业的学生。外交学院成为中国国际关系理论和建构主义研究的重镇之一。该团队除了紧跟国际研究前沿外，围绕中国与国际社会关系这一中国学派的核心问题进行了卓有成效的挖掘。在中国建构主义研究的第一个阶段，秦亚青翻译了大量国外作品，最有影响的是《国际政治的社会理论》，并在学术期刊上发表了深刻的评析文章，为后来的原创性研究做了前期准备。这集中体现在国际关系理论与方法研究文集《权力·制度·文化》之中。在第二阶段，秦亚青以建构主义为切入口，旨在建立国际关系理论的中国学派，在中英文期刊上发表了一系列文章，代表性作品有《关系本位与过程建构：将中国理念植入国际关系理论》《作为过程的国际社会》《治理、规则和关系》等。在这些成果的基础上，秦亚青 2012 年推出了《关系与过程：中国国际关系理论的文化建构》一书。在这本专著中，秦亚青借鉴西方理论，挖掘中国资源，融贯中西，通过交互格义理路，提出了以关系为本位、以过程为本体、以元关系为认识核心、以中庸和谐为方法基础的过程建构主义的理论建构和分析框架，在原有的国际关系理论图谱中刻画了新的一脉，与结构理性主义、过程理性主义、结构建构主义（温特结构建构主义）构成了一幅以结构-过程为纵线和物质性-社会性为横线的完整理论象限格局。在此基础上，秦亚青提出了更为宏大的“国际政治的关系理论”。[11] 近年来，中国的国际关系理论研究并不是沉寂了，而是在沉淀和创新，并取得了原创性的高水平成果，并不是西方没有新的宏大国际关系理论，中国的国际关系理论研究就停止了。一些国外学者认为国际关系理论终结，我们就以为国际关系理论也终结了。正好相反，随着中国和一些新兴力量的崛起，非西方国际关系理论迎来了发展机遇，在全球国际关系理论大厦中，中国并没有缺席。建构主义研究使国际关系理论中国学派的建设提升到一个新的高度。

曹:在您看来,在建构主义领域,有哪些前沿议题值得研究?当前的研究存在什么缺失?

袁:中国有着悠久的文明传统,是世界上的社会主义大国,现在已成为世界第二大经济体。物质力量的变化将深刻影响中国与世界的关系。当中国的物质力量壮大后,如何理解自我和他者的关系就显得非常重要。作为一个进入国际社会的后来者,中国在崛起过程中如何面对已经构成的以西方观念为主的规范和原则是一个不容回避的问题。中外观念的互动和碰撞将更加密切和频繁。规范和身份仍然是建构主义研究的关键词。从体系层面而言,原有的国际规范对中国产生了什么影响,其中的机制怎样,效果如何,建构主义理论中的一些分析概念是否适合解释中国行为的变化。就单元层次而言,中国在参与和塑造国际社会中,将会提出更多的理念、主张和议程,中国提出的观念怎样让更多的国家和组织接受,采取什么样的扩散战略和路径,形成国际社会的共享观念和规范,这些值得深入思考。中国学者以前可能比较注重国际社会规范对中国的影响,以及中国如何适应的问题,现在要更多地研究中国对国际规范形成的影响和贡献。例如,新中国关于和平共处五项原则的提出和扩散,中国人权规范的演进和创新,还有新安全观、命运共同体等这些理念如何能够更好地带回和植入国际社会。同时,随着中国经济的发展,中国的社会结构也会发生变化,国家和社会的关系也在不断调整,社会组织的数量会大幅增加,和外部世界的联系会更紧密,形成你中有我、我中有你的扁平网络结构。这种结构对理解国家利益将带来何种影响?在全球治理过程中,规则和理念之争会日益凸显,不同领域规则的建制和改制进入常态。因此，提出立足中国又有世界情怀的倡议和设想非常重要。中国的传统文化和观念将对国际秩序的变革和完善提供何种价值？世界不同文明之间的对话如何重塑世界秩序？中国的发展变化会带来中国身份和认同的变化，随着中国“走出去”，国家利益不断向外拓展的过程中，中国如何看待自身身份的变化，世界又是如何理解和塑造中国的身份变化，中国和外部世界对中国身份变化的认识有何落差，如何认识和理解这种落差等，这些都值得中国学者去大力挖掘。

相比国外的建构主义研究，中国的建构主义研究需要进一步拓展学术视野，广泛吸收其他学科如哲学、心理学、社会学、统计学等方面的研究成果，在方法上弥补不足。在实证研究方面，需要更好地把理论和个案结合起来，与其他理论进行对话和沟通，不断丰富和提高建构主义的解释力。另外，要有明确的中国主体意识，以中国当下所面对的问题来发展和创新国际关系理论。在建构主义研究中，一个比较可行的路径就是围绕秦亚青提出的世界政治的关系理论，做更为细致深入的开拓。

总而言之，中国的发展或者说新兴经济体的群体崛起不只是改变了物质力量的分配，也将带来观念力量的分配。这种变化给中国国际关系理论的创新提供了发展机遇，中国学者已经取得了积极的研究成果，但在一种新的、全球国际关系学科的建设征程中还需要更多的努力和付出。

注　释

1. Stephen M.Walt, “International Relations: One World, Many Theories,” *Foreign Policy*, Spring, 1998, pp.43—44.

2. 袁正清：《国际政治理论的社会学转向》，上海人民出版社 2005 年版。本访谈的部分内容来自该书的有关章节。

3. Ole Wever, “The Sociology of a Not So International Discipline: American and European Developments in International Relations,” *International Organization*, Vol.52, No.4, 1998, pp.687—727.

4. Katzenstein, Keohane, and Krasner, “International Organization and the Study of World Politics,” *International Organization*, Autumn, 1998, p.681.

5. [美]肯尼思·华尔兹:《国际政治理论》,胡少华等译,中国人民公安大学出版社 1992 年版。[美]汉斯·摩根索:《国家间政治》,徐昕等译,中国人民公安大学出版社 1990 年版。[美]罗伯特·基欧汉、约瑟夫·奈:《权力与相互依赖》,林茂辉译,中国人民公安大学出版社 1991 年版。

6. [美]亚历山大·温特:《国际政治的社会理论》,秦亚青译,上海人民出版社 2000 年版。[美]玛莎·芬尼莫尔:《国际社会中的国家利益》,袁正清译,浙江人民出版社 2001 年版。[美]彼得·卡赞斯坦:《文化规范与国家安全:战后日本警察与自卫队》,李小华译,新华出版社 2002 年版。

7. 如 1991 年由北京大学国际关系研究所举办的“跨世纪的挑战:中国国际关系学科的发展”国际学术讨论会,1993 年《欧洲》杂志社在中国社会科学院西欧研究所举行的国际关系理论讨论会,1998 年由中国国际关系史研究会和复旦大学国际政治系共同举办的全国国际关系理论讨论会。

8. 如上海人民出版社东方编译所译丛、浙江人民出版社的国际关系理论名著译丛、北京大学出版社的中国国际关系前沿译丛,以及世界知识出版社的国际关系学名著系列等。

9. 王逸舟:《西方国际政治学:历史和理论》,上海人民出版社 1998 年版,第 157—160 页;秦亚青:《霸权体系与国际冲突》,上海人民出版社 1999 年版,第 84—86 页;倪世雄:《当代西方国际政治理论》,复旦大学出版社 2001 年版,第 219—230 页;陈玉刚:《国家与超国家》,上海人民出版社 2001 年版。

10. 朱立群、林民旺主编:《奥运会与北京国际化:规范社会化的视角》,世界知识出版社 2010 年版;李晓燕:《中国主流文化的战略导向》,世界知识出版社 2011 年版;何银:《规范竞争和互补》,载《世界经济与政治》2014 年第 4 期,第 105—121 页;孙吉胜:《语言、意义与国际政治》,上海人民出版社 2009 年版;魏玲:《规范、网络化和地区主义:第二轨道进程研究》,上海人民出版社 2010 年版;陈拯:《内发的变革:中国与国际人权规范》,载《外交评论》2012 年第 2 期;陈拯:《身份追求与规范建设:边缘大国改造国际人权规范的研究》,载《世界经济与政治》2013 年第 5 期;陈拯:《框定竞争与保护的责任的演进》,载《世界经济与政治》2014 年第 2 期。

11. Yaqing Qin, “A Relational Theory of World Politics,” *International Studies Review*, 2016, Vol.18, Issue 1, pp.33—47.

编者按 21世纪以来，中国国际关系学界对“英国学派”国际社会理论给予了较多关注。目前，对这一议题的国内研究已超越初期的译介与评述，正进一步深化，并尝试结合中国与国际社会的互动实践及思想资源进行创新思考。因此，有必要对国内相关研究情况进行阶段性总结，例如，“英国学派”国际社会理论在中国的兴起背景是怎样的？国内研究的主要代表人物及不同侧重点有哪些？已有研究存在哪些不足？如何看待此研究的发展前景？为此，北京大学国际关系学院博士生刘毅专访北京大学国际关系学院张小明教授。张教授的主要研究领域包括“英国学派”国际社会理论、美国与东亚关系、中国周边安全环境等，著有《国际关系英国学派：历史、理论与中国观》《美国与东亚关系导论》《中国周边安全环境分析》等；译有《无政府社会：世界政治中的秩序研究》《理解全球冲突与合作：历史与理论》等。

中国的“英国学派”国际社会理论研究

——张小明教授访谈

刘 毅

一、“英国学派”兴起的背景

刘毅（以下简称“刘”）：能否请您介绍一下“英国学派”国际

社会理论的缘起与发展?

张小明(以下简称"张"):国际关系"英国学派"(English School of International Relatinos),又译为"英格兰学派",也被称为"国际社会学派",是西方国际关系理论流派之中颇具特色的一个分支,其历史比大多数美国国际关系理论流派都要长。但是长期以来,"英国学派"在美国学术话语霸权之下处于比较边缘的地位。有关"英国学派"的缘起存在争论,其中一种观点影响较大:有学者认为,"英国学派"出现的标志是1959年1月"英国国际政治理论委员会"的成立。作为这一委员会创始人之一,马丁·怀特当时提交了一篇会议论文,题目是《为什么没有国际理论?》。这篇论文影响很大,后来被收入该委员会的出版物《外交探索》一书(1966年)中。[1]我本人曾经就"英国学派"的起源在英国阅读过相关文献,不太赞同这种将英国国际政治理论委员会等同于"英国学派"的说法。我倾向于认为,"英国学派"起源大致有两个相互关联的基本线索:一是从1930年开始,以查尔斯·曼宁为讲席教授的伦敦经济学院(LSE)国际关系学系;二是1959年成立的英国国际政治理论委员会。此外,我也基本认同"英国学派"至少形成于20世纪50年代末的说法,因为"英国学派"最早具有代表性且影响深远的作品,的确是马丁·怀特的那篇论文。很多人把马丁·怀特称为"英国学派"之父,当然也有个别学者认为查尔斯·曼宁是"英国学派之父"。此后"英国学派"的一系列重要论著先后问世,其中一些不断再版,特别是赫德利·布尔1977年出版的《无政府社会:世界政治中的秩序研究》,[2]迄今已经出过四个版本。我本人正好是该书第二版和第四版的中文译者。若以马丁·怀特这篇文章为标志,"英国学派"作为一种国际关系理论流派已经存在半个多世纪,它显然比被称为美国主流国际关系理论的新现实主义（主要标志为肯尼思·华尔兹 1979 年出版的《国际政治理论》）、新自由制度主义（其标志为罗伯特·基欧汉 1984 年出版的《霸权之后》）及建构主义（其标志为亚历山大·温特 1999 年出版的《国际政治的社会理论》）等学派出现时间都要早很多。[3]即便是以赫德利·布尔 1977 年出版的经典著作《无政府社会：世界政治中的秩序研究》为"英国学派"最后形成的标志，该学派的历史也要比上述美国主流学派更早一些。当然，也要看到，"英国学派"一直是处在生长过程中的学派，该学派学者群体很大，也比较庞杂，很难将某位学者的一个作品视为该学派产生的标志或者代表作。但是，据我所了解，在已有的"英国学派"著作中，布尔的《无政府社会》一书长期以来一直是引用率最高的，也是最有影响、最为经典的，该书后来对包括温特在内的美国建构主义者都产生了很大的影响。所以，有"英国学派"学者把布尔称为该学派的最大理论家，或者"英国学派"中最具宏大理论意识的核心成员。

"英国学派"的国际社会理论有一个不断发展演进的过程。"英国学派"有关国际社会的理论思考，从查尔斯·曼宁、马丁·怀特、赫德利·布尔和沃森等人开始，一直持续到今天，形成了一个很大的学者群体，他们的理论探索既有传承，也有创新或修正。我把迄今为止"英国学派"的历史发展大致划分为两个时期。第一个时期为"经典英国学派时期"，这是"英国学派"创建并出版一系列后来影响深远的经典著作的时期，重要代表人物包括查尔斯·曼宁、马丁·怀特、赫德利·布尔、赫伯特·巴特菲尔德、亚当·沃森和艾伦·詹姆斯等人。经典"英国学派"学者大体上在对国际社会性质的认识上持多元主义（pluralist）立场，强调主权和共处原则的重要性，尽管怀特和布尔等人对国际社会的性质也有一些连带主义(solidarist)的思考。第二个时期为“当代英国学派时期”,大致以布尔的学生约翰·文森特在1986年出版的《人权与国际关系》一书为起点,一直延续到今天。[4]当代“英国学派”学者继承了经典“英国学派”的思想传统,与此同时,他们中的一些人又努力完善、修正或超越其学术前辈的思想,进行了富有创意的理论探索。他们关注和研究国际社会所发生的变化,比如主权的重要性受到挑战,人权越来越受到重视,非国家行为体的作用在增加,非西方国家在国际社会中的崛起,以及全球化和地区主义的发展等,从而推动国际社会理论的发展或修正。

但是,当代“英国学派”是一个很大的学术群体,其成员的思想观点并不一致。第一部分人坚持经典“英国学派”的基本思路并思考其在当今的应用,我把他们称为当代“英国学派”中的“经典派”或“保守派”,代表人物包括亚当·罗伯茨和罗伯特·杰克逊。第二部分人在继承经典“英国学派”传统的同时,在对国际社会性质的认识上又具有很明显的连带主义(solidarist)色彩,关注国际社会中的人权与人道主义干涉,我把他们称为当代“英国学派”中的“激进派”或“进步派”,代表人物包括约翰·文森特(John Vincent)、尼古拉斯·惠勒(Nicholas Wheeler)和蒂姆·邓恩(Tim Dunne)等人。第三部分人介于前两部分人之间,我把他们称为当代“英国学派”中的“温和派”或“中间派”,代表人物包括安德鲁·赫里尔(Andrew Hurrell)、詹姆斯·梅奥尔(James Mayall)等。第四部分人试图重新阐述“英国学派”的理论或者挖掘经典“英国学派”尚未得到充分利用的资源,构建一个比经典“英国学派”的国际社会理论更为宏大的理论,或者修正该学派的理论观点,我把他们称为当代“英国学派”中的“修正派”,代表人物包括巴里·布赞、理查德·利特尔(Richard Little)和奥利·维夫(Ole Waver)等人。上述分类可能过于简单化,一些“英国学派”学者难以被列入上述四部分人之中。

需要指出的是,冷战结束以后,“英国学派”知名度和影响的提升,以及该学派的理论创新所取得的一些成果,同巴里·布赞等人的努力是分不开的。布赞原先并不是“英国学派”学者,他是安全研究“哥本哈根学派”的重要代表人物之一,在英国和国际学术界都享有很高的知名度。他长期以来坚持在大西洋两岸国际关系学界之间(特别是英美国际关系学界之间)搭桥的立场,并且主张多种理论观点的综合,质疑国际关系范式的“不可通约性”。布赞在冷战结束以后才转向“英国学派”的研究,1993年在美国国际政治主流杂志《国际组织》上发表题为《从国际体系到国际社会:结构现实主义和规制理论对话英国学派》,分析“英国学派”与美国主流国际关系理论之间的关联性和互补性。[5]该文影响很大,大大提高了“英国学派”的国际知名度。布赞也致力于推动“英国学派”的“复兴”,他于1999年同理查德·利特尔等人倡议“重新召集”英国学派,并为此提出了具体的研究纲领。此外,布赞也同意奥利·维夫所说的英国学派“已经停滞不前”的判断,并且认为“英国学派”是个“未得到充分开发的资源”,存在着发展“英国学派”创始人思想和实现理论创新的很大空间。[6]冷战后至今,布赞发表了一系列有关“英国学派”的文章和著作,试图重新阐释、建构和塑造“英国学派”的理论,其理论新探索包括:把国际体系、国际社会及世界社会都视为“英国学派”的核心概念;强化“世界社会”概念在“英国学派”理论中的地位;拓展经典“英国学派”的国际制度概念;思考地区国际社会,等等。布赞等人的理论新探索遭到一些当代“英国学派”学者的质疑,被认为具有损害"英国学派"既有研究路径"专一性与一贯性"的危险。需要指出的是,布赞的大多数著作都被翻译成中文,他本人与中国国际关系学界也有很多的交流,其理论观点在中国学界影响很大。很多中国学者就是从布赞的著述中了解"英国学派"的,一些中国学者把布赞称为"英国学派"新的领军人物,但布赞本人似乎并不太在意自己是否归属于"英国学派"或其他什么学派,而强调自己一生都是一位理论上的多元主义者。

总之,"英国学派"是一个产生较早、一直处于历史演进中的西方国际关系理论学派,当代"英国学派"学者在继承经典"英国学派"思想传统的同时,也努力追求学术创新,从而使得该学派的思想之旅得以延续并向前发展。

刘:"英国学派"国际社会理论是怎样进入中国的?

张:虽然"英国学派"学者的英文原版作品,比如赫德利·布尔的《无政府社会:世界政治中的秩序研究》、赫德利·布尔与亚当·沃森主编的《国际社会的扩展》、马丁·怀特的《国际理论:三个传统》、约翰·文森特的《人权与国际关系》等著述很早就进入中国,或为中国学者(包括改革开放以后在欧美国家进修的中国学者)所关注,但它作为国际关系理论的一个学派进入中国,却是冷战结束以后的事情,大大晚于美国国际关系理论学派进入中国的时间。众所周知,改革开放以后,中国的国际关系理论研究主要是从引进美国国际关系理论学派开始的,一系列美国国际关系理论的代表著作先后被翻译成中文出版,中国国际关系学者也先后发表一系列主要是评介美国国际关系理论学派的论文、著作和教科书。于是,美国国际关系理论学派的代表人物及其作品逐渐为中国国际关系学界所熟知,中国国际关系理论研究也出现了“美国化”或者美国话语霸权的现象。我从1981年开始先后在北京大学国际政治系攻读国际政治专业学士、硕士和博士学位，上过几门国际关系理论课程，看到的相关著述绝大部分是美国国际关系理论学派的作品，很少涉及美国之外的国际关系理论。1987年，我曾经从北大图书馆借阅过赫德利·布尔和亚当·沃尔森共同主编的《国际社会的扩展》一书，对该书印象深刻，但是当时确实不知道它是“英国学派”的一部重要代表著作，也根本不了解“英国学派”的存在。大致从冷战结束以后，中国国际关系学界才开始有意识地关注美国以外的国际关系理论，“英国学派”正是在这个背景下进入中国的。1991年，北京大学国际关系研究所主办题为“跨世纪的挑战：中国国际关系学科的发展”国际关系理论国际研讨会，与会国外学者大多来自美国（如肯尼思·华尔兹、罗伯特·吉尔平），但当代“英国学派”学者、牛津大学蒙塔古国际关系讲席教授亚当·罗伯茨教授也应邀出席这次会议并贡献了一篇阐述“英国学派”观点的论文——《国际关系的新时代》。[7]我当时作为北京大学国际关系研究所的年轻教师有幸旁听这个会议。罗伯茨教授的这篇论文实际上是他在“纪念马丁·怀特讲座”上的演讲稿，后来被翻译成中文，收入北京大学国际关系研究所所长袁明教授主编的《跨世纪的挑战：中国国际关系学科的发展》一书中。[8]当代“英国学派”中的华裔学者张勇进认为，可能是亚当·罗伯茨最早把“英国学派”或“英格兰学派”作为一个品牌引入中国国际关系学界。

但是，中国学者有意识地介绍“英国学派”，实际上是从20世纪90年代中后期开始的，《欧洲》（后改名为《欧洲研究》）《世界经济与政治》《现代国际关系》《中国社会科学》等杂志，相继发表了一系列由中国学者撰写的评介和讨论“英国学派”的文章。

其中，时殷弘、叶凤丽合写的《现实主义、理性主义和革命主义：国际关系思想及其当代典型表现》一文，[9]是我读到的第一篇由中国学者撰写的介绍“英国学派”国际关系思想的文章。王逸舟所著《西方国际政治学：历史与理论》一书中也有专门介绍“英国学派”的章节。[10]1998年初，赫德利·布尔的学生，也是当代“英国学派”主要代表人物之一的约翰·文森特所著《人权与国际关系》由知识出版社出版，它应该是最早翻译成中文的“英国学派”代表作，尽管该书是作为人权领域的研究专著被引进中国的。进入21世纪之后，中国学者发表的有关“英国学派”的论文日益增多，与此同时，多部由中国学者主编或撰写、专门论述“英国学派”的论文集、专著开始问世，其中包括拙作《国际关系英国学派：历史、理论与中国观》。[11]一批“英国学派”的著作，包括赫德利·布尔的《无政府社会：世界政治中的秩序研究》、巴里·布赞和理查德·利特尔合著的《世界历史中的国际体系》、詹姆斯·梅奥尔的《民族主义与国际社会》、尼古拉斯·惠勒的《拯救陌生人》等，[12]也被有意识地翻译成中文出版。

简单地说，中国国际关系学界有意识地研究“英国学派”的国际社会理论，是冷战结束以后的一个学术现象，它与这个时期一些中国国际关系学者希望减弱中国国际关系理论研究过于“美国化”的程度、有意识地关注非美国的国际关系理论的努力是分不开的。

刘：您如何看“英国学派”国际社会理论对中国国际关系研究的贡献？

张：“英国学派”有关国际关系的思考与美国主流国际关系学派的理论有些不同，这恰好是该学派进入中国后可以对中国国际关系研究贡献有益知识的一个方面。我认为，“英国学派”

最大的理论特色，就是把国际社会置于自己理论思考的中心位置，或者把国际社会作为国际关系的研究主题，认为主权国家组成国际社会，其行为受共同价值、规范、规则、制度的制约，国际社会是无政府但有秩序的。因此，“国际社会”是“英国学派”的核心概念，尽管早期的“英国学派”学者（比如马丁·怀特和查尔斯·曼宁等人）是把“国际社会”与“国际体系”这两个概念相混用的，但是，后来赫德利·布尔明确把“国际社会”概念加以清晰定义并把它与“国际体系”概念加以区别。因此，简单说来，国家组成的国际社会就是“英国学派”的核心思想，也是该学派的理论内核。从一定意义上说，“英国学派”所构建的理论就是国际社会理论。有的学者甚至把“英国学派”称为“国际社会学派”。我本人也认为，“国际社会学派”这个称呼，比“英国学派”更准确，也更难产生歧义。

美国主流国际关系理论学派，不管是古典现实主义、新现实主义、自由制度主义，还是建构主义，在某种意义上都是以“国际体系”作为自己的核心概念，其理论探索大体上都是围绕着国际体系的结构、进程等内容展开的。我们很容易发现，古典现实主义者汉斯·摩根索的《国家间政治：权力斗争与和平》、新现实主义者肯尼思·华尔兹的《国际政治理论》、新自由制度主义者罗伯特·基欧汉的《霸权之后》及建构主义者亚历山大·温特的《国际政治的社会理论》等著作，无一例外地使用“国际体系”而非“国际社会”概念，尽管他们偶尔也提及“国际社会”这个概念。美国的建构主义者玛莎·芬尼莫尔可能是个例外，她的成名作《国际社会中的国家利益》[13]使用“国际社会”概念，但实际上她和温特都受“英国学派”的影响。

这里的关键问题其实还不是概念的使用，而是分析国际关系的思路。由于“英国学派”关注的问题是国家组成的国际社会,因此,国际社会的起源、扩展与变化,以及国际社会得以存在、国际秩序得以维持的共同价值、规则、规范和制度的重要性及其演变等,就一直是该学派探讨的重要问题。这样一来,“英国学派”有关国际关系的思考就有很重的历史厚度感及对观念因素在国际关系中作用的强调。相比而言,美国的主流国际关系理论学派则普遍轻视历史研究(有学者甚至认为是“非历史的”),而且除了建构主义学派之外,也不太重视国际关系中的观念因素。我认为,这正是“英国学派”可以给中国国际关系研究以启示的一个重要方面。

刘:您如何看“英国学派”国际社会理论中的方法论及意识形态问题?

张:在我看来,每一种国际关系理论流派其实都有方法论与意识形态问题,“英国学派”也不例外。但是,我不喜欢用“意识形态”这个政治色彩太重的词,而倾向于使用“价值观”或“价值判断”,即认为什么是好的,什么是不好的。

“英国学派”不仅具有理论上的特色,而且也有研究方法上的特色。这是“英国学派”与美国主流国际关系理论学派有所区别的另外一个很重要的方面。总的来说,绝大多数“英国学派”学者始终坚持人文主义研究方法或者传统主义研究方法。具体来说,该学派秉承了古典政治学、历史学、法学和哲学等人文学科重诠释、理解和价值判断的研究方法,拒绝美国主流国际关系学派所推崇的重解释(因果关系)、预测和价值中立的科学主义研究方法。

国际关系在成为独立学科之前,一直是古典政治学、哲学、历史和法律等学科的研究对象之一,有关国际关系的理论观点散见于这些学科的相关文献之中，其研究方法主要是人文学科的方法，或者传统主义研究方法。自 1919 年国际关系成为独立学科，一直到第二次世界大战结束，美国和欧洲的国际关系研究继续主要沿用这种被有的学者称为传统主义或古典研究路径的研究方法，并进行理论探索，不存在国际关系学者之间在研究方法上的严重分歧和争论。从 20 世纪 50 年代开始，美国政治学研究中的科学行为主义兴起，使得传统主义研究方法在国际关系学科中的主导地位受到了极大的挑战，由此也导致了国际关系研究中的科学行为主义者与传统主义者之间关于研究方法的激烈争论。值得指出的是，一些美国国际关系研究者从其他学科，特别是从属于社会科学的经济学和社会学那里汲取了养分，创立了具有科学色彩的国际关系理论，以探讨国际体系中变量之间的因果关系为使命，如 20 世纪 70 年代和 80 年代兴起的新现实主义或结构现实主义及新自由制度主义，并且成为主流国际关系理论流派。兴起于 20 世纪 90 年代的美国主流建构主义者虽然探讨国际体系中的主要变量(结构与施动者)之间的建构关系，而非因果关系，但也把自己定位为实证主义者或科学实在论者。然而，绝大多数"英国学派"学者始终坚持传统主义研究方法，一直质疑国际关系研究可以成为一门独立的社会科学学科。"英国学派"的重要代表人物如马丁・怀特、赫德利・布尔等人始终是传统主义研究方法的坚定捍卫者。布尔还于 1966 年在美国政治学顶级期刊《世界政治》中发表一篇题为《国际理论：一个运用古典路径的个案》的文章，[14] 猛烈抨击美国国际关系研究中的科学主义倾向，挑起和参加了与美国著名国际关系理论学者莫顿・卡普兰等人的学术大辩论，即所谓的国际关系理论研究的"第二次论战"。虽然这次论战并没有出现一方战胜另一方的结果,但是“英国学派”和美国主流学派在研究方法上的分歧十分明显,并且延续至今。由于“英国学派”有关国际社会的理论既不解释变量之间的因果关系,也不探讨变量之间的建构关系,而是诠释和理解国际社会的性质与演变等规范性问题,因此被长期排挤在西方主流国际关系理论之外,处于比较边缘的地位。直到冷战结束之后该学派才日益被重视,美国主流建构主义者亚历山大・温特甚至从“英国学派”那里汲取了重要养分。有人甚至认为,正是因为建构主义的兴起,才使得“英国学派”受到重视。当代“英国学派”重要学者巴里・布赞认为,“英国学派”在冷战结束以后已经跻身主流国际关系理论行列。

值得注意的是,“英国学派”有关国际社会的叙述明显地表现出“欧洲中心主义”或“西方中心主义”价值观。对大多数“英国学派”学者来说,所谓的国际社会就是源于近代欧洲的主权国家所组成的国际社会或者“威斯特伐利亚国际社会”,而国际社会的扩展就是非欧洲国家或者非西方国家接受欧洲“文明标准”、加入主权国家组成的国际社会的过程,国际社会中的行为规范或者文明标准一直处于演变过程之中,西方国家在此过程中占据主导地位,充当最主要的规范制定者、修订者与解释者。值得指出的是,冷战结束以后,一些当代“英国学派”学者批评此种“欧洲中心主义”或“西方中心主义”理论倾向。中国学者也发表过文章,对此加以诟病。我本人于2011年在“英国学派”的重要学术阵地、英国国际研究学会编辑的学术期刊《国际研究评论》(*Review International Studies*)发表过一篇论文,[15]批评“英国学派”的“欧洲中心主义”或“西方中心主义”倾向。其实,任何一种国际关系理论都包含着不同程度的价值判断,难以做到价值中立。美国的国际关系理论是如此，其他国家的国际关系理论也是如此，都难以摆脱自我为中心的价值取向。

二、国内关于“英国学派”研究的主要进展

刘：当代中国有关“英国学派”国际社会理论的主要流派、代表学者有哪些？

张：如前所述，自 20 世纪 90 年代中后期以来，越来越多的中国学者参与介绍、评论、借鉴与运用“英国学派”国际关系思想。目前，在中国的确有一批在不同程度上认同“英国学派”理论观点和研究方法的学者，但并没有出现所谓“中国的(英国学派)国际社会理论研究流派”。

有关中国相关学者及其研究重点的分布情况，也难以说得很清楚。主要原因在于，我们很难设定一个统一、明确的标准来确定谁是研究“英国学派”的中国学者，更难确定哪些人是主要代表人物。另外，有些中国学者虽然曾经发表过有关“英国学派”的文章或主编过相关著作，但并不是较长时间持续从事相关课题研究，后来基本上不做“英国学派”研究，也有的学者前后变换过工作单位。我们只能通过相关研究成果的统计数据，来大致了解这方面的情况。在过去 20 多年里，我一直关注中国学界的相关研究状况，读过大部分的研究成果，而且最近也专门查询中国知网 1995—2005 年间有关“英国学派”的中文文章题目及其作者相关信息。根据我个人的筛选与不完整统计，中国学者(包括个别在国外求学或工作的中国籍学者)在这 20 年间发表

的有关“英国学派”的中文期刊学术论文共123篇,作者共79人。[16]但是,发表过3篇以上相关主题中文期刊论文的中国学者(合写论文只统计第一作者)仅有9人(章前明8篇、刘波5篇、苗红妮5篇、张小明5篇、任东波4篇、徐雅丽4篇、唐小松3篇、王存刚3篇、马国林3篇);发表过2篇以上相关主题中文期刊论文的中国学者(合写论文只统计第一作者)总共也只有24人(除了前面9个作者之外,还有15位发表过2篇期刊论文,他们是时殷弘、庞中英、任晓、郭树勇、石斌、周桂银、吴征宇、刘德斌、王秋彬、张乃和、鲁鹏、刘涵、孙丽萍、孙兴杰和张云)。除中文期刊论文外,同时期中国学者出版有关“英国学派”的专著和编著也能为我们提供一些中国学界的相关研究状况。截至2015年底,中国学者出版有关“英国学派”的个人研究专著共4部,作者共4人(苗红妮、章前明、张小明和马国林);中国学者主编或共同主编的有关“英国学派”的著作共3部,主编者5人(陈志瑞、周桂银、石斌、许嘉和刘德斌)。另外,一些“英国学派”代表著作的中文译者(比如刘德斌、张小明和秦治来等)同时也是研究“英国学派”的学者。

从这些学者的地区分布来看,长春、北京、南京、杭州、上海和广州相对来说人数比较多,更集中一些。长春地区有吉林大学的刘德斌、任东波、张乃和、王秋彬、孙丽萍和孙兴杰等。北京地区有中国人民大学的时殷弘、庞中英、吴征宇、房乐宪,北京大学的张小明,中国传媒大学的苗红妮,中共中央党校的秦治来、韩爱勇,外交学院的陈志瑞,北京市社会科学院的刘波等。南京地区有南京大学的石斌和郑先武,南京解放军国际关系学院的周桂银和宋德星等。杭州地区有浙江大学的章前明、崔顺姬和王江丽等。上海地区有复旦大学的任晓和彭召昌,上海外国语大学的郭树勇(原来在上海交通大学)等。广州地区有广东外语外贸大学的唐小松,暨南大学的张振江等。此外,还有天津师范大学的王存刚,洛阳解放军外国语学院的许嘉,厦门大学的徐崇利和刘志云,兰州大学的马国林,以及在海外的鲁鹏和张云等学者。

如前所述,自 20 世纪 90 年代中后期以来,中国国际关系学界逐渐出现一批在不同程度上认同“英国学派”理论观点与研究方法的学者,但对“英国学派”国际社会理论的研究并没有导致在中国形成全国性的、制度化的学术网络与学术共同体。然而据我所知,从事相关主题研究的中国学者之间有很多交流,彼此也很熟悉,有一些学术合作关系。其中在某些高校或高校之间,已经形成有一定人数且相互协作的研究“英国学派”的学者群体,具有学术网络与学术共同体的雏形,我把它们称为“英国学派”研究的“吉大系”“南大系”及“浙大系”。

首先是“吉大系”。最近十多年来,在吉林大学以刘德斌教授为代表,有一个研究“英国学派”的学者群体。刘德斌曾经在英国华威大学师从巴里·布赞教授并获硕士学位,后在吉林大学任教。他在吉林大学学术团队的主要成员包括任东波、张乃和、王秋彬、孙丽萍、孙兴杰和王文奇等人。这个团队的一些成员合作翻译了当代“英国学派”重要著作《世界历史中的国际体系:国际关系研究的再构建》,并在《吉林大学学报》和《史学集刊》上开辟“英国学派”研究专栏。此外,吉林大学国际关系研究所自 2003 年以来先后多次举办以“英国学派”为主题的国际学术研讨会,邀请国内外相关学者参加,并于 2011 年在北京大学出版社出版了由刘德斌主编的会议论文集《英国学派理论与国际关系史研究》。

其次是“南大系”。众所周知,南京大学的国际关系史研究与教学一直在国内很出名,南京大学历史系的王绳祖教授是中国国际关系史学界的泰斗,我 20 世纪 80 年代初在北京大学国际政治系学习时就读他主编的国际关系史教科书。据我了解,现在国内不少研究“英国学派”或者发表过英国学派著述的学者都和南京大学历史系有关系,他们或在南京大学工作,或曾经在南京大学学习、工作过,其中包括现在南京大学任教的朱瀛泉、石斌和郑先武,南京解放军国际关系学院的周桂银,中国人民大学的时殷弘,外交学院的陈志瑞,暨南大学的张振江,浙江大学的章前明,以及现在军队供职的徐雅丽等,都发表过与“英国学派”有关的文章或著作。作为南京大学曾经的同窗及后来的学术伙伴,陈志瑞、周桂银和石斌共同主编过一本“英国学派”读本,题为《开放的国际社会:国际关系研究中的英国学派》,该书于 2006 年由北京大学出版社出版。

最后是“浙大系”。在浙江大学也有一个从事“英国学派”研究的学者群体,其中包括章前明、崔顺姬、王江丽及约翰・佩拉等人,他们都发表过相关研究主题的著作或者论文。其中,章前明是迄今为止发表有关“英国学派”中文期刊论文数量最多(仅仅根据中国知网的查询)的中国学者,并出版过一部研究专著。章前明既是“浙大系”的成员,也属于“南大系”。崔顺姬曾经在伦敦政治经济学院国际关系师从巴里・布赞教授并获博士学位,她和刘德斌一样,也是布赞的嫡系弟子。王江丽在伦敦政治经济学院访学过,并同巴里・布赞教授合写并发表过英文论文。来自美国的约翰・佩拉曾经在英国布里斯托尔大学师从理查德・利特尔教授,并获博士学位。他先在复旦大学做博士后研究,后来到浙江大学任教,但他不久前已经从浙江大学离职回美国。《浙江大学学报》(哲学社会科学版)已经发表过多篇有关“英国学派”的论文。在我的印象中,《浙江大学学报》和《吉林大学学报》是迄今为止发表这一研究主题学术论文数量最多的国内高校学报。

国内其他从事“英国学派”研究的学者则分散在北京大学、人民大学、外交学院、中国传媒大学、中央党校、北京市社会科学院、天津师范大学、复旦大学、上海交通大学、上海外国语大学、暨南大学、中山大学、厦门大学和兰州大学等多个单位,似乎都没有形成类似吉林大学、南京大学和浙江大学那样的学者群体。其中,在北京大学国际关系学院,目前只有我一个人较长时间持续从事“英国学派”的研究。我指导的硕士研究生郝妍和博士研究生马国林曾经先后在《世界经济与政治》等国内核心期刊上发表过有关“英国学派”的论文,其中马国林现在兰州大学任教,他的博士学位论文《社会·制度·秩序:赫德利·布尔的世界秩序思想研究》已经于2015年由中国社会科学出版社出版。

此外,中国一些从事“英国学派”研究的学者与国外著名的“英国学派”学者(比如巴里·布赞、张勇进、理查德·利特尔、亚当·罗伯茨、安德鲁·赫里尔、伊恩·克拉克、尼古拉斯·惠勒、蒂姆·邓恩和罗杰·埃尔伯等)也有很多交往,并定期参加在中国或海外召开的相关研讨会,如国际研究学会(ISA)年会和世界国际研究大会(WISC)有关“英国学派”的专题讨论会,或在国外英文期刊发表文章,他们实际上是全球性“英国学派”学术网络与学术共同体的成员。

刘:您如何评估当前中国的国际社会理论各类前沿议题及研究进展?

张:评估当前中国的国际社会理论研究议题及其研究进展,

这属于个人主观判断问题,没有一个客观标准,不同的研究者一定会有不同的看法。我在这里只能谈谈自己读过同行研究成果后的一些不成熟想法。当前,中国学界有关“英国学派”国际社会理论研究的主要议题,我认为主要有三个。但是,有的研究成果实际上涉及两个或两个以上议题。

第一个研究议题是对“英国学派”国际社会理论和研究方法本身的研究,包括对该学派主要代表人物有关国际社会理论观点和研究方法的评介、“英国学派”国际社会理论与美国主流国际关系理论的比较,等等。有关这个议题的学术成果数量最多,大部分已有的“英国学派”中文研究成果都属于这一类,而且介绍性与评论性文章(包括书评)居多。该研究议题除了介绍“英国学派”学者最新理论思考之外,基本上不属于前沿研究范畴,研究深度也参差不齐。

第二个研究议题是试图从“英国学派”有关国际社会理论的思考中获得启示,探讨构建国际关系理论中国学派的路径。这个研究议题无疑属于前沿研究,而且难度很大,相关研究成果比较少。我读过秦亚青、任晓、庞中英和鲁鹏等人的论文,它们都有一定的研究深度,提出了具有启发性的观点。

第三个议题是通过批评性地借鉴“英国学派”国际社会理论,探讨中国与当代国际社会关系的历史、现实与未来,包括中国崛起与全球和地区国际秩序的关系。这个研究议题也属于前沿研究范畴,难度也很大,现有研究成果很少,但我估计今后这类成果的数量会越来越多,而且研究质量与深度也会不断提高。我从 2009 年开始承担一个研究项目,研究主题与此相关,探讨近代以来中国与国际规范的变迁。我在 2013 年春天已经完成一部书稿初稿写作和办理课题结项,但是由于研究问题时间跨度和探索难度都太大，再加上近年来中国本身与外部世界关系正在发生很大变化，因此，书稿修改和补充工作一直到现在还没有完成，一些前期研究成果已经以中英文论文形式分别发表在《外交评论》《世界经济与政治》及英国杜伦大学编辑的英文期刊《东亚》(*East Asian*: *An International Journal*)。我争取早日把书稿修改完并申请正式出版。

三、国内学界关于“英国学派”研究的缺失

刘：关于国际社会理论，当前“英国学派”本土学者面临的主要问题与中国国内对“英国学派”的研究情况是否存在差异？

张：你提到的“‘英国学派’本土学者”一说容易产生歧义。“英国学派”不是英国的学派，也不是英国人的学派。不管是早期的“英国学派”学者，还是当代的“英国学派”学者，他们中有很多人其实并不是英国人，尽管“英国学派”的主要学者大多在英国学习或工作过。所以，我觉得使用“在英国的‘英国学派’学者”或者“在英联邦国家(主要是加拿大、澳大利亚和新西兰)的‘英国学派’学者”的提法，都比“‘英国学派’本土学者”要好。同时，我也想说，在英国和英联邦国家之外，比如，在美国和欧洲其他国家，也有不少“英国学派”学者。我在这里主要谈在英国和英联邦国家的“英国学派”学者所关注的主要问题，并和中国学者的关注点相对照。

我认为，当前英国和英联邦国家的“英国学派”学者及中国的“英国学派”学者在思考国际社会理论时，所面临的主要问题

其实有共同点。也就是说,大家生活在同一个世界、同一个时代,面对的国际背景是相同的。众所周知,进入21世纪之后,国际社会或者国际体系在发生着重大变迁,其最主要的表现在于,包括中国在内的一系列非西方国家快速崛起,并推动西方主导的国际秩序发生变革。这种变革,不能不促使相关学者们思考或反思有关国际社会的理论观点,探索国际社会的未来发展。因此,国际社会的演进及其未来,是当前及今后一段时间里英国和英联邦国家的"英国学派"学者及中国的"英国学派"学者们共同关注,并进行相关理论探索的主要问题。

然而,两类学者之间的不同点也是显而易见的。当前英国和英联邦国家的"英国学派"学者的主要关注点是西方国家主导的国际社会正在遭遇非西方大国崛起的挑战,国际社会及其变迁是其理论思考的主体,而中国只是他们思考该问题的一个重要个案或者参照物。而中国的"英国学派"学者的主要关注点则是正在崛起的中国如何处理与国际社会的关系,中国是其理论思考的主体。当前,中国的"英国学派"学者在进行国际社会理论研究中,重点关注的问题是中国与国际社会或国际体系的关系。实际上,这是中国国际关系学界共同关注的一个问题,这也是正在崛起的中国所面临的一个重大问题,会在今后相当长的时间里影响中国学者的理论探索。

此外,还有一个不同点也值得注意。如前面所提到过的,"英国学派"学者对国际社会性质的认识,始终存在着多元主义者与社会连带主义者之间的争论,前者强调主权和不干涉内政等原则,后者则强调人权和人道主义干涉(或"保护的责任")等价值。经典"英国学派"学者一般强调主权和不干涉内政等原则在维持国际秩序中的重要作用,属于多元主义者。而当代"英国学派"学者中的大部分人，都在不同程度上认同人权、人道主义干涉（或"保护的责任"）及民主等价值在当今国际社会中的作用日益重要，认为国际社会的规范结构已经或者正在发生变化，他们属于社会连带主义者。特别是像尼古拉斯·惠勒（Nicholas Wheeler）和蒂姆·邓恩（Tim Dunne）等比较年轻的"英国学派"连带主义者或激进派，他们明确认为在当今国际社会中，人权具有普世性，尊重和保护人权是国家在国际社会中合法性之重要来源，人权已经成为"新的合法性标准"，应当支持人道主义干涉。而中国研究"英国学派"的学者，虽然也十分关注并讨论人权和人道主义干涉问题，但是其中大部分人的"学术立场"似乎更接近经典"英国学派"学者，或者多元主义者，只有少部分人公开认同社会连带主义者的立场。其实，这并不是纯粹"学术立场"的问题，而是价值观或信仰问题，它同目前中国的对外关系理念及中国在国际社会中所处的地位有着极大的关系。这是我目前正在修改的书稿中所探讨的一个重要问题。

刘：您刚才提到有关"英国学派"与"英格兰学派"的名称问题，当前学界对这一问题的理解是否存在误区？

张：这是一个国内有关"英国学派"的指称问题，源于对"English School"的中文翻译。"English School"是英国学者罗伊·琼斯在 1981 年发表的一篇著名论文中，对以伦敦政治经济学院为共同学术发源地、从事国际关系研究的学者群体冠以的学派名字。琼斯认为，查尔·曼宁、马丁·怀特、赫德利·布尔、迈克尔·多尼兰（Michael Donelan）、弗雷德·诺西奇（F.S. Northedge）和罗伯特·蒲耐尔（Robert Purnell）等学者构成了一个国际关系学派，他们的共同学术理念是：将国际关系视为独立学科；将世界视为整体，并以此为前提探讨由主权国家组成的国际社会如何得以维持;排斥数理统计、几何学、数学等科学研究方法;较少关心经济类问题。我曾认真阅读过琼斯的这篇文章并发现,他明确把位于英国英格兰地区伦敦政治经济学院的这批学者称为“英格兰学派”(English School),并认为他们不配“英国学派”(British School)的称号。

也就是说,琼斯当初所说的“English School”的准确中文译名应该为“英格兰学派”,而非“英国学派”。但遗憾的是,自20世纪90年代中后期,中国学者有意识地介绍和评价该学派以来至今,几乎都使用“英国学派”的中译名。本来译名的选择本身没有什么大问题,而且“英国学派”已经在过去的20年里成为约定俗成的提法。但问题在于,“英国学派”的名称容易被简单化地理解为“英国的”学派,或者是“以国别划分”的国际关系理论学派,从而导致部分中国读者和研究者将其与“中国特色的国际关系理论”及“国际关系中国学派”联系起来,试图从“英国学派”那里获取构建本国学派的经验与启示。这显然是一种误解,可能对我们的理论建构产生误导作用。此外,“英国学派”也容易被理解为“英国人的学派”。如前所述,这一学派的确是发源于英国的学术群体,其主要学术阵地在英国,而且很多核心人物是地道的英国人,例如马丁·怀特。但在该学派第一代学者中,有几位核心人物并非英国人或者原籍并非英国。比如,被某些学者称为该学派奠基人的查尔斯·曼宁是南非人,赫德利·布尔则是澳大利亚人。据我所知,布尔一直保留澳大利亚国籍,只是在1964年因为要到英国外交部核裁军研究部门工作,不得不申请加入英国国籍并自动放弃澳大利亚国籍。布尔后来曾在澳大利亚国立大学担任教授十年,其名著《无政府社会:世界政治中的秩序研究》即是他在澳大利亚任教期间完成的。当今,该学派中非英国国民的人更多，尽管大部分来自英联邦国家，基本上都有在英国接受教育或工作的经历。也有某些著名的“英国学派”学者没有在英国接受教育或工作经历，如原来在加拿大英属哥伦比亚大学、目前在美国波士顿大学担任教授的罗伯特·杰克逊。

诚如巴里·布赞2007年在北京大学国际关系学院的主题演讲中提到的，“英国学派”不是英国的，“如果你喜欢的话，可以把它看作英国的学派，但千万别以为它只是有关英国的或者是英国人创立的理论。‘英国学派’并非某个国家的国际关系理论，以‘英国学派’为例证希望发展所谓国际关系中国学派的想法是不对的”[17]。

刘：目前，中国的“英国学派”国际社会理论研究存在哪些不足与缺失？

张：我前面提到，在过去20年里，总共有大约80位中国学者发表过有关“英国学派”的期刊文章或者出版过著作，这些研究成果在研究主题和研究深度等方面有所不同，我们很难笼统地判断它们的不足与缺失。我只结合自己所读过的相关研究成果及自身的研究体会，谈三点看法，供学界同行参考。

第一，研究“英国学派”的国际关系思想，一定要下大力气认真研读数量较多的第一手材料。这是因为和美国学派相比，“英国学派”除了前面提到的理论特色和方法特色之外，我认为还有第三个特色，即人员特色，因为该学派是一个人数很多的学者群体。美国国际关系理论主流学派都有一个代表人物，如古典现实主义者摩根索、新现实主义者华尔兹、新自由制度主义者基欧汉和建构主义者温特等，所以我们往往只要认真研读一个人的代表作，就可以知晓他所代表的理论流派之基本内容了。而“英国学派”却不是这样的,其主要代表人物有多位,包括查尔斯·曼宁、马丁·怀特、赫伯特·巴特菲尔德、赫德利·布尔、亚当·沃森、约翰·文森特、詹姆斯·梅奥尔、江文汉、亚当·罗伯茨、安德鲁·赫里尔、理查德·利特尔、巴里·布赞、尼古拉斯·惠勒、蒂姆·邓恩、伊恩·克拉克和张勇进等很多人。仅在国际社会理论建构和发展上起着关键作用的人物也至少有查尔斯·曼宁、马丁·怀特、赫德利·布尔及约翰·文森特等人,其中怀特和布尔的著述最受关注,怀特被视为“英国学派的教父”,布尔则有“英国学派最大的理论家”称号。不仅如此,在“英国学派”的主要代表人物中,有很多学者相互之间还存在着同事、师生等关系,既有学派思想传承,也有学派思想的创新与发展。由于这个原因,我们研究“英国学派”不能只研读一个代表人物的著述,而是要尽可能多地阅读不同时期主要代表人物的著述,并且最好是能够使用有关这个学派的第一手资料,包括主要代表人物的著述及马丁·怀特和赫德利·布尔等人的个人档案文献。很遗憾,一些中国学者发表的相关著述,或者只是基于个别“英国学派”学者的著述,或者严重依赖第二手材料(即某些研究“英国学派”的著述),对该学派的评介明显带有很大的缺陷。我读过的个别著述,甚至没能把“英国学派”主要人物之间的关系搞清楚。2007—2008年,我在英国访学一年,所花的时间主要是用于阅读“英国学派”主要代表人物的著述、怀特和布尔的个人档案文献,采访一些“英国学派”学者,包括赫德利·布尔教授的夫人,耗用大量气力才对该学派的历史和理论有了一个大致了解,并最后得以完成专著《国际关系英国学派:历史、理论与中国观》的撰写、修改与定稿。我记得当时仅仅为了搞清楚布尔改变国籍的时间,我就先后采访过布尔的同事、学生和夫人等,还多次查阅在牛津大学图书馆的布尔个人档案。

第二，我们在努力学习“英国学派”理论建构方式的时候，一定要避免误解“英国学派”。“英国学派”有关国际社会理论的构建及其发展，无疑能够对中国学界的国际关系理论构建提供有益的启示，这的确是“英国学派”值得中国国际关系学界学习的一个重要方面。然而，我们应该清楚，所谓“国际关系英国学派”只是一位批评家给一群以英格兰地区的伦敦政治经济学院国际关系系为共同学术发源地的学者群体所起的名字而已，它不属于一个“以国别划分”的国际关系理论学派。因此，我们不能望文生义，从中推导出应该和可能建立起“中国特色的国际关系理论”或者“国际关系中国学派”的结论。与此同时，我个人以为，我们也不应该过于强调 1959 年成立的英国国际政治理论委员会在建构国际社会理论方面所扮演的角色，并由此推导出中国学界也应该通过建立类似的学术组织或者学术共同体来促进理论构建的结论。毫无疑问，英国国际政治理论委员会和“英国学派”的产生有重要关系，但是在我看来，在国际社会理论的构建过程中，只是该委员会的个别成员（主要是怀特和布尔）起到关键性作用，还有一些在该理论构建中扮演关键作用的“英国学派”学者（比如曼宁）自始至终都没有参加这个委员会。相反，我们应该多关注相关学者个人的学术素养和创新精神等因素在国际社会理论建构中的作用。

第三，中国学术界对“英国学派”研究的深入，有赖于学术积累与研究的持续性。如我在前面所提到的，在过去 20 年里，发表过有关“英国学派”期刊文章的中国学者人数大约有 80 人，但是其中绝大部分人只发表过一篇文章，而发表过 3 篇以上文章的不足 10 人，发表 2 篇文章以上的也只有 20 多人。

这在一定程度上说明一个问题,即在中国国际关系学界,只有数量较少的学者在较长时间里持续从事有关"英国学派"的研究,相关的学术积累显然是很不够的,研究也有待于进一步深入。当然,这并不是说,发表文章数量多的中国学者的研究水平就一定比发表一篇文章的中国学者要高。我只是认为,探讨同一个研究主题需要一定时间的学术积累和研究的持续性。此外还需要更多考虑如何保持研究的后续动力,包括寻找更多可能的创新空间。

四、"英国学派"对中国国际关系研究的启示

刘:您如何认识"英国学派"对当代中国国际关系研究的启示意义?

张:这是一个很难回答的问题,其实很多人也曾经问过我类似的问题。对于有关"英国学派"对当代中国国际关系研究的启示意义这一问题,每个人都会有自己的理解或领悟。中国的国际关系理论研究真正起步于改革开放之后,至今才只有30多年的历史,尚未形成自己的、比较成熟的理论,尽管已经有一些学者(比如秦亚青、唐世平和阎学通等人)在朝着构建理论的方向努力。从其他国家的学者所建构的理论学派中吸取知识、经验和启示,应该能够对中国的国际关系理论研究产生积极的推动作用。学术研究不能闭门造车,相互学习与借鉴是一种共识。按照我自己的理解,"英国学派"对当今中国国际关系理论研究的启示意义主要有如下三个。

第一,"英国学派"的理性主义思想传统与中国的传统思想可能有共通的地方。谈到理性主义,人们往往就会想到理性选择,即国家如同市场中的"经济人"一样,以追求利益最大化为目的。实际上,理性选择模式已经成为美国主流国际关系学者的基本研究思路。其实,"英国学派"也把理性主义作为自己的思想传统。但是,"英国学派"所说的理性主义与上述的理性主义(有人称之为"工具理性主义")有很大不同,它源于欧洲的自然法传统,认为人具有认识自然法及其规定的义务之理智,强调国家可以组成国际社会或者格劳秀斯所说的"半无政府状态的国际社会",并受一系列行为规范与制度的约束,从而使得国际秩序得以存在和维持,有人称之为价值理性主义或目的理性主义。"英国学派"坚持理性主义传统的做法,其实具有走中间道路的倾向。按照马丁·怀特的说法,国际理论具有三个思想传统,即现实主义、理性主义与革命主义,现实主义者和革命主义者都不承认存在着国际社会,只有介于现实主义和革命主义之间的理性主义者认为存在着国际社会。"英国学派"学者大体上都认同或者倾向于理性主义传统,并把它同国际社会理论联系在一起。"英国学派"遵从的这种理性主义同中国的思想传统是否有共同之处呢?我目前还没有看到中国学者专门论述这个问题的文章或著作。我十年前在阅读马丁·怀特著作《国际理论:三个传统》时,看到过怀特在书中一处有关中国思想传统的论述,觉得很有意思,也许对我们有所启发。他说,中国古代政治思想也可以分为三种传统:儒家思想强调伦理或道义,属于理性主义传统;道家思想强调和谐,属于革命主义传统;法家思想强调法律和奖惩制度,属于现实主义传统。也就是说,在怀特看来,中国的儒家思想传统与"英国学派"的思想传统是一样的,都属于理性主义。从这个意义上说,两者之间具有共通的地方。这对于中国的国际关系理论建构是否具有启示意义呢?我认为,"英国学派"的三分法(三种传统)、走"中间道路"和包容性强的研究思路,与很多美国学者通常所采用的两分法、黑白分明和爱走极端的研究思想相比,可能更接近中国传统思维,也可能更符合国际关系的复杂现实。

第二,"英国学派"坚持传统主义研究方法,特别是重视历史研究方法,强调理论建构与历史研究之间的密切关系,或许也是值得我们借鉴的。实际上,"英国学派"这种传统主义研究思路,即关注国际社会中的价值、规范和规则等问题,可能和中国传统人文思想或人文精神也是相吻合的。当然,研究方法的选择本身并不会自然导致理论的建构,传统主义研究方法与科学主义研究方法今后应该会继续共存并相互促进和补充。

第三,"英国学派"反对"政策相关性"的学术倾向,或许有助于克服在中国学界盛行的"学以致用"的学术倾向,从而助推理论建构。不追求"政策相关性"、不以理论指导实践为宗旨、反对为现实政策服务和关注历史而非当前事务,始终是绝大部分"英国学派"学者遵循的学术传统。1959 年成立的英国国际政治委员会,就是一批志同道合的学者定期聚集在一起探讨诸如国际社会的性质、国际社会的形成与扩展、国际关系研究方法等诸如此类的"不实用"问题之平台,并在很大程度上导致了国际社会理论的建构与"英国学派"的形成。与此相反,在当今的中国国际关系学界,追求"政策相关性"或者政策研究与学术研究的结合,则是一种好像很时髦且影响力巨大的学术倾向,这有可能会阻碍理论建构。政策研究无疑是十分重要的,但并非研究国际关系的人都要去做对策研究。我们从国际关系理论研究的历史发展中可以发现，创立某种理论或学派的国际关系学者，大多与政策研究保持一定距离，不以追求“政策相关性”为目的。我认为，“英国学派”此种学术倾向，也许能给中国的国际关系研究理论以某种启示意义。

刘：您如何理解“英国学派”国际社会理论在中国的发展前景？

张：学术研究的发展前景与进步空间是难以预测的，我无法准确回答这样的问题，最多只能提供某些猜想而已。随着中国的崛起，中国与国际社会的关系已经成为中国国际关系学界重点关注的议题之一，而且它很可能在未来相当长的一段时间里将是最有理论与现实意义的研究问题之一。“英国学派”的国际社会理论至少可以为我们提供一种有参考价值的、诠释中国与国际社会关系的分析框架，尽管它的西方中心主义或者欧洲中心主义色彩很浓厚。

未来中国的国际社会理论研究在如何批判性地借鉴“英国学派”的理论观点来理解和诠释中国与国际社会的关系，进而发展出某种更适用于解释此种关系的理论框架方面，或许能为我们开辟出一个有意义的理论发展前景与进步空间。需要指出的是，国际社会理论是“英国学派”构建出来并不断得以传承与发展的一种西方国际关系理论，它对中国国际关系学者的理论构建无疑会提供一些启示，比如前面提到过的理性主义思想传统、传统主义研究方法及不追求政策相关性，加上核心概念的确定和关键学者的创新精神等。但是，这种理论本身不太可能成为所谓“国际关系中国学派”的特定构成内容，否则“国际关系中国学派”就没有中国特色了。我希望而且相信，未来会产生由中国学者构建起来的、富有独创性且具有普世影响的国际关系理论流派。在此过程中,包括“英国学派”在内的世界上所有有关的国际关系理论及其探索经验都值得中国学界的关注、研究与借鉴,学习与创新的结合可能是中国国际关系理论研究知识进步的路径。

然而,未来也还有一种可能性,即中国学界经过一段时间之后,对“英国学派”的国际社会理论之兴趣逐渐减弱,甚至消退,最后转向其他更新、更有意义、对国际关系现实更具解释力的理论流派。最近一些年来,建构主义理论在中国的命运或许就是前车之鉴。这实际上取决于“英国学派”的国际社会理论今后是否能够随着国际社会的变迁与人类知识的进步而不断发展与创新。

注　释

1. Marin Wight, "Why Is There Not International Theory?" in Herbert Butterfield and Martin Wight, eds., *Diplomatic Investigations: Essays in the Theory of International Politics*, London: George Allen & Unwin, 1966, pp.17—34.

2. Hedley Bull, *Anarchical Society: A Study of Order in World Politics*, London: Macmillan, 1977.

3. Kenneth N.Waltz, *Theory of International Politics*, Mass.: Addison-Wesley, 1979; Robert Keohane, *After Hegemony: Cooperation and Discord in the World Political Economy*, Princeton: Princeton University Press, 1984; Alexander Wendt, *Social Theory of International Politics*, New York: Cambridge University Press, 1999.

4. R.J.Vincent, *Human Rights and International Relations*, Cambridge: Cambridge University Press, 1986.

5. Barry Buzan, "From International System to International Society: Structural Realism and Regime Theory Meet the English School," *International Organization*, Vol.47, No.3, 1993, pp.327—352.

6. Ibid.

7. Adam Roberts, “A New Age in International Relations?” *International Affairs*, Vol.67, No.3, July 1991, pp.509—525.

8. 袁明主编:《跨世纪的挑战:中国国际关系学科的发展》,重庆人民出版社 1993 年版。

9. 时殷弘、叶凤丽:《现实主义、理性主义和革命主义:国际关系思想及其当代典型表现》,载《欧洲》1995 年第 3 期。

10. 王逸舟:《西方国际政治学:历史与理论》,上海人民出版社 1998 年版。

11. 张小明:《国际关系英国学派:历史、理论与中国观》,人民出版社 2010 年版。

12. Barry Buzan and Richard little, *International Systems in World History: Remaking the Study of International Relationas*, Oxford: Oxford University Press, 2000; James Mayall, *Nationalism and International Society*, Cambridge: Cambridge University Press, 1990; Nicholas Wheeler, *Saving Strangers: Humanitarian Intervention in International Society*, Oxford: Oxford University Press, 2000.

13. Martha Finnemore, *National Interests in International Society*, Ithaca: Cornell University Press, 1996.

14. Hedley Bull, “International Theory: The Case for a Classical Approach,” *World Politics*, Vol.18, No.3, 1966, pp.361—377.

15. Xiaoming Zhang, “China in the Conception of International Society: The English School's Engagements with China,” *Review of International Studies*, Vol.37, No.2, 2011, pp.763—786.

16. 查询时间为 2016 年 3 月 1 日。

17. [英]巴里・布赞:《英国学派及其当下发展》,载《国际政治研究》2007 年第 2 期,第 101—102 页。

编者按 20世纪中后期,心理学与国际政治相互融合产生了国际政治心理学这一独立的交叉性学科,政治心理学理论成为研究国际政治现象的路径之一。21世纪以来,国际政治心理学有了新发展,中国的国际政治心理学理论与实践研究也取得了一定进展,中国学者的研究成果和中国经验开始受到重视。由于中国国际政治心理学研究起步较晚,也存在一些问题和局限。那么,国际政治心理学研究的基本状况如何?如何评价中国国际政治心理学研究的进展与问题?如何看待此研究的未来发展?《国际政治研究》编辑部王海媚专访中国人民大学国际关系学院尹继武教授,他的主要研究领域是国际关系理论、政治心理学和国际安全与中国外交,著有《政治心理学》《社会认知与联盟信任形成》《战略心理与国际政治》等。

中国国际政治心理学理论与实践研究的进展与问题

——尹继武教授访谈

王海媚

一、国际政治心理学研究的基本状况

王海媚(以下简称"王"):在一些学者看来,心理学路径似乎不是国际政治研究的主流,您能谈一下国际政治心理学研究的起源和演变吗?

尹继武(以下简称"尹"):首先要厘清国际政治心理学的含义。政治心理学是政治学下面一个独立的交叉性学科,国际政治心理学一般是指心理学或者政治心理学在国际政治/国际关系研究中的运用,该学科的研究路径较为宽泛,包括很多不同的流派,尚未形成统一的国际政治心理学理论。[1]国际政治心理学学者运用心理学理论和方法对国际政治议题进行一种比较微观的研究,这些议题包括国际安全问题、领导人与外交决策(决策心理学)、国际冲突、恐怖主义(国内恐怖主义和国际恐怖主义)、国际战略互动等。比如,20 世纪 50—60 年代,美国经济学家托马斯·谢林(Thomas Schelling)在《冲突的战略》一书中论述了可信承诺(credible commitment)在谈判中的重要作用,[2]就是运用心理学理论分析战略互动的成果。同一时期,美国学者肯尼思·华尔兹(Kenneth Waltz)在《人、国家与战争》一书中分析了战争发生原因的三个意象(images),第一个意象就是人性,[3]而人性一直是国际政治心理学研究的核心议题。"9·11"事件以来,对恐怖主义、美国与中东等国家关系的研究也成为关注的重点。

有人认为,国际政治心理学作为一个交叉性学科,不是国际政治研究的主流,但在我看来,国际政治心理学关注和研究的理论和现实问题,都是与主流的国际关系研究紧密联系的,比如,现实主义者强调的国际安全问题,包括战争的起源、和平条件和非传统安全研究等;还有与建构主义相联系的社会化研究,包括国际社会化研究和政治学习研究等,都是传统国际关系理论关注的重点;[4]在对外决策研究中,决策心理学也是该领域很重要的研究路径之一。从国际政治心理学研究的议题来看,比如,战争的起源、决策中的认知偏差、领导人的政治心理学、战略互动的心理学、恐怖主义治理、国际冲突、族群冲突等,都是国际关系研究领域最经典或者最新的命题。可以说,国际政治心理学研究是主流路径,具有很强的西方国际政治/国际关系研究传统,与此同时,国际政治心理学具有较强的交叉性,强调微观路径,这是该学科独有的专业性特点。

关于国际政治心理学研究的起源,一般认为,政治心理学在第一次世界大战前后正式奠基,国际政治心理学起源于第二次世界大战前后,该学科的产生有以下四个背景。第一,与现实主义的对话。现实主义者强调物质、结构等确定性因素,对人性等因素没有进行精确地研究和科学归纳,国际政治心理学强调人格、信念、认知、情感等因素,是对现实主义的一种补充与对话。[5]第二,外交决策心理学的兴起。外交决策分析是第二次世界大战前后在欧美兴起的,包含很多分析模式和路径,比如心理学路径、官僚政治路径和文化路径等,在这些模式的竞争之中,研究领导人性格、认知和情感的外交决策心理学成为一个重要分支。[6]第三,与理性选择理论的对话。1957 年,理性选择理论鼻祖、美国学者安东尼·唐斯(Anthony Downs)在《民主的经济理论》一书中提出"理性人"或者"经济人"假说,奠定了理性选择理论的基本框架和核心概念,[7]国际政治心理学的研究将"经济人"推进到"心理人",从理性假定演进到有限理性假定,这是对理性主义的挑战,也是对理性选择理论的一种推进。第四,政治心理学的发展。在第二次世界大战后,政治心理学在研究路径方面经历了阶段性演进,20 世纪 40—50 年代主要进行人格理论(精神分析学)研究,60—70 年代占主导的是政治态度与投票行为研究,80—90 年代开始进行社会认知、政治信念与决策研究,[8]

作为政治心理学的次领域，国际政治心理学的发展演变与之相适应。

王：在引介西方国际关系理论的过程中，中国学者注意到建构主义很重视观念的作用，因此，有人认为政治心理学与建构主义很相似，请您谈谈这两者的关系。

尹：中国学术界很容易混淆政治心理学与建构主义（这里所说的主要是亚历山大·温特的建构主义[9]），认为两者非常接近，但两者存在异同。

从共同点来看，两者都可以被称作国际关系理论研究中的理念主义研究，强调软性变量的作用，强调因果作用或者建构作用，而非物质主义的世界观。这个共同点是人们容易把两者混为一谈的主要原因。

但是，两者有很大区别，主要体现在三个方面：第一，理论流派不同。从现实主义、自由主义、建构主义这三大理论流派的政治谱系来看，政治心理学属于现实主义理论流派。一方面，以罗伯特·杰维斯（Robert Jervis）为代表的政治心理学学者运用心理学路径，研究心理学变量的作用，为现实主义提供了微观的基础和论证，所以人们一般将杰维斯归为防御性现实主义学者。另一方面，随着学科的演进与发展，一些现实主义学者也开始关注心理因素，20 世纪 90 年代以来兴起的新古典现实主义就把国内政治，尤其是领导的认知心理因素纳入到经典的现实主义理论框架之中进行研究。[10]因此，政治心理学位列现实主义的政治谱系之下，而后者属于建构主义理论流派。同时，两者的核心概念也有所差别，国际政治心理学的核心概念是心理学中的基础性概念，包括领导人的人格、领导风格、世界观、认知偏差、情感和认同等，强调领导人和社会民众的心理因素在国际政治中起到的作用,而温特的建构主义强调的观念是社会学概念,并不是严谨的、基础性的心理学概念。

第二,世界观不同。不同的理论流派对政治本质的看法是不同的,同现实主义者一样,国际政治心理学学者在研究国际安全、国际冲突和战争起源等问题时大多持悲观冲突论,比如,杰维斯在解决为什么战争在本可以避免的情况下依旧发生这样的问题时,首先是接受冲突的出现,然后讨论避免冲突的方法。[11]建构主义者大多持温和合作论或者历史进化论,强调合作的可能,认为历史是不断演进的,比如,温特在《国际政治的社会理论》一书中分析了无政府体系中霍布斯文化、洛克文化和康德文化这三种文化,认为这些文化是基于不同的角色关系,即敌人、竞争对手和朋友,纵观国际关系史,温特推论无政府文化会向着进步的方向不断演进。[12]

第三,研究方法的差异。国际政治心理学借鉴心理学的方法,遵循科学实证主义,主张通过经验观察和测量得出数据,对假设进行验证,是一种自然科学化的研究方法,比如,对历史案例进行比较分析、对对外政策的文本或者话语进行定量分析、引入编码技术测试和考察领导人的人格特质、政治偏好等。[13]建构主义虽然坚持科学实在论,认为世界是客观存在的、可以认知的,但从对建构主义的批评观点来看,建构主义的观点很难通过案例或者实证进行检验,即使是温特的建构主义也是强调建构关系,同样很难因果验证,批判性建构主义和后现代建构主义的研究方法则更偏向于批判、解构和话语分析,也不是一种科学实在的研究方式。

王:中国学界一般谈到国际政治心理学,就会想到罗伯特·杰维斯及其研究成果,您能谈谈欧美学界在国际政治心理学研究中的流派和进展吗？

尹：首先，罗伯特·杰维斯的确是国际政治心理学领域最知名的学者之一，因为他在认知领域的研究具有奠基性和开创性。但是，如前所述，国际政治心理学的核心议题和流派非常多元，这个学科经历了阶段性的历史演变，可以看作多个理论流派的集合。我认为，欧美国际政治心理学的发展可以大致分为三个阶段：

第一阶段是国际政治心理学人格分析阶段。第二次世界大战前后，在欧美国际关系学界，对外政策的心理学分析和国家领导人研究开始兴起，这属于国际政治心理学研究的起步阶段。这个阶段心理学研究的主流路径是精神分析学说和行为主义研究，国际政治心理学学者主要借鉴精神分析学说对重大的国际政治变迁和重要领导人的人格特质进行研究。这一时期的代表作品较为分散，但也不乏经典之作。1956 年，亚历山大·乔治（Alexander George）和他的妻子朱丽叶·乔治（Juliette George）出版了《总统人格：伍德罗·威尔逊的精神分析》一书，乔治夫妇认为威尔逊的幼年成长经历对其性格的形成产生了重要影响，父亲的严厉导致威尔逊的自信不足，需要通过追逐权力来弥补这种自卑感，而在获得权力后，他会变得固执己见、毫不妥协，这种性格特点在威尔逊个人发展和政治生涯中反复出现，对他个人及美国的国家政治和对外关系都产生了重大影响。比如，在担任普林斯顿大学校长和新泽西州州长期间，威尔逊固执的个性曾使他遇到挫折，在担任总统期间，由于没有处理好与国会的关系，导致他提出的国际联盟方案没有获得美国国会的通过。[14]《总统人格：伍德罗·威尔逊的精神分析》一书试图从威尔逊的人格特质中解读他在政治生涯中的行为模式，是迄今为止最知名和最有影响的心理传记学研究。美国学者詹姆士·巴伯(James Barber)和弗雷德·格林斯坦(Fred Greens)所著的《总统的性格》和《总统风格》都是研究领导人个性的作品；[15]美国精神分析学家埃里克·埃里克森(Erik Erikson)在著作《甘地的真理：好战的非暴力根源》中对印度领导人甘地进行精神分析，探析他如何在精神上和政治上成功动员印度人民。[16]1935 年，美国政治心理学家哈罗德·拉斯韦尔(Harold Lasswell)出版了《世界政治与个体不安全感》，[17]从精神分析角度探讨战争爆发前整个世界政治中的个体焦虑和社会心理，这本书虽然没有直接分析战争起源等问题，但反观当前"特朗普现象""英国脱欧"等问题的出现，拉斯韦尔的思想对研究当今世界的社会心理变化具有一定参考价值。

第二阶段是国际政治心理学的认知研究阶段。从 20 世纪 60—70 年代起，以杰维斯为代表的学者们借鉴认知心理学理论，研究国际政治中的错误知觉或者认知偏差。杰维斯对知觉与战略互动的开创性研究对国际政治心理学认知流派具有奠基性作用，他有两本代表作，第一本是 1970 年在他的博士论文基础上修改出版的《信号与欺骗：国际关系中的形象逻辑》，借鉴了 20 世纪 50—60 年代托马斯·谢林的理论精华，以及美国社会学家欧文·戈夫曼(Erving Goffman)的印象管理理论，结合第二次世界大战和冷战期间丰富的历史案例，研究国家间的战略互动问题，以及在战略互动中一国如何向别国投射真实或者虚假的形象，影响别国对该国看法，[18]这项研究非常具有理论性和启发性。第二本是 1976 年出版的《国际政治中的知觉与错误知觉》，也是国际政治心理学领域最为知名的作品，这本著作研究的是与第一本书紧密相关的另一个战略过程，即接收别国投射的形象，产生对别国看法的过程。作者在书中分析了领导人的认知心理及领导人知觉形成的动力机制，详细论述了错误知觉的类型及产生这些错误知觉的原因。[19]两本书研究战略互动的两个紧密相连的过程，即信号表达及其解读。这一阶段还有一些代表性学者，比如，英属哥伦比亚大学奥利·霍尔斯蒂(Ole Holsti)教授在《危机、升级与战争》一书中分析了在危机情况下作出外交决策时会发生哪些错误判断，并在《认知动力和敌人形象：一项案例研究》中基于认知相符理论，分析为何杜勒斯持有对苏联"内在邪恶"的信念无法改变；[20]哈佛大学卡尔·多伊奇(Karl Deutsch)教授将计量方法引入行为主义政治学研究，注重研究政治系统中的决策活动和信息沟通。亚历山大·乔治在这一阶段也有理论创新，1951 年，兰登公司的内森·莱特(Nathan Leites)研究员研究苏联布尔什维主义的政治信仰时提出了操作码(operational code)，但并未得到重视，乔治使用操作码分析苏联的政治信仰和领导人的政治风格，使操作码更加概括化和系统化，进一步丰富和完善了这个新的心理学研究路径。[21]此外，乔治的研究涉猎非常广泛，还包括领导人如何利用政府内部的信息系统作出政治判断，以及冷战期间美国对威慑政策的使用等。由于乔治在政治心理学领域贡献突出，1994 年，美国《政治心理学》刊发了亚历山大·乔治研究成果专刊，2004 年国际政治心理学学会设立了"亚历山大·乔治图书奖"，颁发给上一年度政治心理学领域最优秀的图书。[22]除领导人个体的错误知觉，决策小团体的思维特性及其危害受到关注，心理学家贾尼斯的研究是这一领域的经典。[23]

第三阶段是国际政治心理学中的情感研究阶段。从 20 世纪 70—80 年代起，一些学者开始研究情感与情绪等心理因素，这属于国际政治心理学最新的、也是最前沿的研究阶段。这个阶段又可以分为两个不同的时期。

第一,情绪(情感)的非理性研究时期。这一时期,国际政治心理学学者认为,情绪和情感是非理性或者有限理性的因素会对国家领导人的决策产生负面作用,匹兹堡大学理查德·勒博(Richard Lebow)教授、耶鲁大学欧文·贾尼斯(Irving Janis)教授等学者引入情绪的变量来分析认知偏差,解释了认知偏差为什么会产生。1977 年,贾尼斯在《决策》一书中指出,自满、消极回避和焦虑等情绪会影响人们作出决策;1981 年,勒博在《和平与战争之间:国际危机的特性》一书中分析了很多国际危机的起源和政治过程,并讨论了防御机制、压力和情绪是如何影响国际危机的起源和升级。[24]这个时期的主要特点是集中讨论情绪作为非理性或者有限理性因素对认知产生的负面作用,而在杰维斯的研究里面基本没有涉及情绪和情感对于错误知觉的作用,2004 年,杰维斯在回顾自己的学术研究时提到,令他遗憾的是在当时没有意识到情绪和情感的重要性。[25]

第二,情绪(情感)的理性研究时期。冷战结束以来,人们开始对情绪和情感的作用进行再思考,同时,借助认知神经科学或情感神经科学的先进实验技术,人们了解到大脑的内部结构和工作机理,国际政治心理学学界得以重新讨论情感和认知的关系,解决了从亚里士多德到笛卡尔等哲学家一直试图解决的情绪与理智的关系问题。[26]该时期,对于情感与理性的关系有两个基本观点:其一,情绪是理性产生的必须要素;其二,情绪可以发挥战略性作用。比如,有的病人大脑受到损伤,丧失了产生情感的能力,他们的理性决策判断也会受到很大伤害。对负面情感的战略性作用,复旦大学唐世平教授分析了恐惧的进化作用,并在国际政治中进行系统的论证，认为负面情绪对于个人的生存和国家安全是必需的，而这种恐惧必然导致国家之间的不信任，对别国意图存在猜疑，所以，国家间合作的可能性不大。[27]愤怒、内疚等情感也有重要作用，比如，愤怒可以传递某国的政治敏感性及其偏好；德国向以色列的道歉和赔偿表达的是一种内疚的情绪，这种内疚并不符合德国的利益，但从长期来看，这改善了两国的关系，使他们从历史上的敌对关系转变为现在的盟友关系。[28]还有学者对国际政治领域的情感进行系统说明和分类，比如，将情感分为积极情感（团结、友爱、信任等）与消极情感（仇恨、恐惧、愤怒等），或者将情感分为个体情感（领导人的情感）和集体情感（决策团体、民族国家、社会公众以及国际体系的情感文化等）。牛津大学郝拓德（Todd Hall）副教授等人借助于情感心理学、音乐等领域的划分，将国际政治中的情感区分为状态情感和基调情感，状态情感是即时性的情感，基调情感是固定性的情感，状态情感经过长期累积和沉淀，可以转化成基调情感。[29]

情感的理性研究与一些传统核心议题相结合，使威慑、信念和信任等概念得以重构，具体包括：国际危机、和解问题、人道主义救援、道歉外交和领导人首脑外交（面对面外交）等。总的来说，这一时期主要强调情感的理性与战略作用，对国际关系中如何研究情感进行了系统的理论说明，代表性人物有杰维斯的两位学生：华盛顿大学乔纳森·默瑟（Jonathan Mercer）教授和布朗大学罗斯·麦克德莫特（Rose Mcdermott）教授，[30]他们将神经科学的前沿研究引入国际政治心理学研究，还有更为年轻的国际关系学者郝拓德和俄亥俄大学安德鲁·罗斯（Andrew Ross）副教授等。

二、中国国际政治心理学的研究进展和创新

王:请您介绍一下,政治心理学在中国国际关系研究中是如何兴起和发展的?

尹:冷战结束以来,政治心理学在中国国际关系研究中逐渐兴起,这是中国国际关系学科不断深化和制度化的结果。中国国际政治心理学的兴起背景大致有四个方面:

第一,中国国际关系学科发展成熟的推动。冷战结束后,中国的国际关系理论研究对西方国际关系的主要流派有了基本的了解和认知,中国的国际政治心理学作为其中一个分支发展起来。

第二,国际社会现实的驱动。中国的国际政治心理学研究不仅是理论上的研究,还与国际社会现实紧密相关,国际政治谱系传承下来的经典问题和当今国际社会重大问题,以及突发性事件,包括恐怖主义的爆发、冷战后地区性的国际冲突、领土争端、民族主义高涨、大国之间战略信任的建构、国际冲突中的信号表达和首脑外交等,都需要从微观的政治心理学角度进行剖析。中国学界研究比较多的公共外交也与政治心理学有密切联系。

第三,中国国际关系研究路径的多元化需求。中国的国际关系研究在引进和消化阶段主要聚焦于主流的理论范式(现实主义、自由主义和建构主义),存在一定的局限,这为政治心理学、社会学、经济学等研究路径的引入提供了可能性。

第四，中国国际政治心理学自身发展的要求。在王逸舟、张清敏、秦亚青等学者和我本人引介西方学界国际政治心理学的主要流派、代表人物和代表作的基础上，[31]经过一定的消化和吸收，中国的国际政治心理学进入了发展和创新阶段。近十年来，西方主流学界关注的议题，比如情感和情绪的战略作用等议题，中国学界也在普遍关注。[32]

王：中国的国际政治心理学研究有哪些特点？中国学者对此有哪些贡献？

尹：中国国际政治心理学从兴起发展到现在已历经30多年，在我看来，这项研究主要有四个方面的特点。[33]

第一，与主流国际关系理论紧密结合。这是近十年来中国国际政治心理学研究中的重要特色，比如，外交学院的师生长期将温特的建构主义与政治心理学联系起来进行研究，实现了理论研究和案例分析的结合。中国学者在这方面实现了一定的理论创新，比如，重构了情感与身份的关系，身份是建构主义理论中的概念，但从国际关系理论方面考量，建构主义中对身份的研究存在不足，而中国学者将身份与关系、情感等因素相互结合开展研究，拓展了原有的建构主义理论。[34]身份政治的讨论成为政治心理学与主流建构主义结合的核心路径，陆军航空兵学院景晓强副教授等人对比了社会化理论和社会身份理论对于行为体身份建构的不同路径，也进一步分析了情感驱动身份稳定，推动国家制定合理的身份管理对外政策。[35]另有研究将面子、身份与情感作为中国对外关系的动力，并考察了晚清中国外交变迁的案例。[36]秦亚青将“过程”和“关系”这两个中国社会文化中的重要理念进行概念化处理，将过程定义为运动中的关系，并强调过程的自在性及对国际规范、国家身份和认同的建构作用。[37]中国学界还重新探讨了规范传播与情感之间的关系。西方建构主义对于规范研究很深入,但没有将情感因素考虑进去,有中国学者将二者联系起来,探讨其中的逻辑关系。外交学院聂文娟副教授在《非盟与东盟人权规范的比较研究》中对非盟和东盟地区的规范建构案例进行对比研究,指出“非盟和东盟不同的怨恨情感影响了二者各自的人权规范认知进程和集体身份建构进程,最终二者形成了不同的人权规范认同”[38]。近些年,情感与身份是中国国际政治心理学研究的一个热点议题,这既与建构主义实现了紧密结合,又创新了传统策略与决策分析的微观基础,比如情感动员及其策略是恐怖主义、选举政治中的核心议题。[39]

第二,对传统国际政治研究的核心概念进行重构。唐世平在《安全困境:一个概念性的分析》一文中对安全困境概念进行深入整合和系统梳理,创造性地提出安全困境所必须具备的八个特征,这是唐世平整合了西方学者对安全困境的不同理解,运用系统理论提出的一种综合性解析。[40]唐世平还对其他一些政治心理学核心概念,比如声誉、信任、战略保证,以及秩序、权力等社会科学概念进行系统的概念梳理和创新。[41]我本人在《共识的国际战略效应:一项理论性探讨》一文中对战略默契和共识概念进行重新解析,综合建构主义和社会心理学、认知心理学关于默契的综合性理论,提出了虚假(部分)共识和真实(完全)共识;消极共识和积极共识等概念,并进一步分析了这些共识的国际效应。[42]另外,我对盟友信任的类型进行划分,分为工具性信任、情感性信任和混合性信任三种类型,并讨论联盟形成过程中信任形成的理性主义机制和社会归因机制。[43]

第三,跨学科借鉴较为丰富。中国学者从中国传统文化和社会心理学中寻找理论资源,发掘中国传统文化关于家国天下的逻辑与西方国际秩序的逻辑之间的不同,结合中国传统文化的“关系”“面子”和“人情”等概念等重构西方的情感政治逻辑。比如,秦亚青将“关系”置于动态的理论框架之中进行研究,提出国际政治关系理论;阎学通借鉴先秦国时期的政治思想,研究政治影响力和“道义”感召力对中国获得世界主导权的重要意义,提出了道义现实主义;尚会鹏系统研究了人类学家许烺光(Francis L.K.Hsu)的理论学说,“认为中国国际关系理论具有不同于西方的理论体系,诸如伦人对外关系模式、‘服国’的国家政治形式以及包括‘亲人文化’‘熟人文化’和‘生人文化’的天下体制世界秩序观……提出了国际关系理论的心理文化学路径”[44]。唐世平运用演化心理学的理论,系统考察了人类几千年的文明与战争及制度的起源,综合提出了国际政治的动态社会进化理论,在其理论中展现了国际社会从进攻性现实主义到防御性现实主义世界的转变。[45]跨学科研究的成果包括秦亚青的《国际政治的关系理论》、[46]阎学通的《借鉴先秦思想创新国际关系理论》、[47]唐世平运用进化心理学系统构建了国际政治的社会演化理论、[48]尚会鹏和游国龙的《心理文化学:许烺光学说的研究与应用》、[49]张清敏等人的《中国对外行为的思想根源探析》、[50]黄光国的《儒家文化与国际政治中的“脸面”动力》[51]和蒲晓宇的《霸权的印象管理:地位信号、地位困境与美国亚太再平衡战略》[52]等。

第四,十分关注中国的外交实践与经验。西方国际政治心理学学者基本上是“西方中心主义”,主要研究美国的对外政策或者西方的近现代国际关系史,中国学者聚焦于古代和近现代中国的对外政策与实践,研究中国领导人的个性和领导风格。比如,北京大学国际关系学院张清敏教授在《领导人人格特点与中国外交研究》一文中通过对比毛泽东和邓小平的人格特点,剖析两位领导人的人格差异在中国对外政策的转型和演变中起到的巨大作用,分析人格理论与中国外交研究结合的可能性和意义;[53]格里菲斯大学冯惠云副教授通过操作码分析批判了美国哈佛大学江忆恩教授关于毛泽东是强势的现实主义者而非儒家领导人的观点,她同时认为,毛泽东的行为受到外部环境与威胁的影响:在战争或危机形势下,他的政治信念更为敌对并更易用武;在非危机与非战争时期,他的政治信念本质上是非进攻性的。[54]复旦大学林民旺教授运用前景理论和观众成本理论,解释在损失心理下的战争决策行为,并以中国抗美援朝作为案例分析,而王栋以杰维斯的错误知觉理论为基础,讨论了国家利益并不能解释中美在危机中的冲突行为。[55]在运用中国经验/中国案例时,对于究竟是中国案例和中国知识到底是普适性还是独特性,尚未形成共识。“文化差异论”者试图讨论中国文化政治及其国际政治效应的独特性,而“普世论”者认为中国知识反映了一般性的政治心理逻辑,前者以尚会鹏对心理文化路径的研究为代表,后者以唐世平对安全困境、进化心理的研究为代表。[56]

王:国际政治心理学研究对中国国际关系理论研究有哪些贡献?

尹:国际政治心理学研究对中国国际关系理论研究的贡献体现在以下四个方面。

第一,国际政治心理学研究为中国的国际关系理论研究增加了微观视角。中国的国际关系/国际政治研究比较重视宏观视角，但在中观理论和微观理论研究两方面存在不足，而国际政治心理学将人和人性纳入国际政治研究，有助于弥补这一不足。[57]同时，中国学界对中国外交决策的研究，这也是对西方国际关系理论研究的一种补充。[58]

第二，国际政治心理学学者借助文化心理学等理论进行研究，有助于实现中国国际关系研究的理论创新。中国学者能够在中国的传统文化和中国外交政策实践经验之中吸收理论营养，中国国际关系理论研究领域具有创新性的代表正是吸收了文化心理学、中国传统政治思想、中国传统文化价值的营养，提出了不同于西方的理论观点。

第三，国际政治心理学研究重构了中国国际关系理论研究的核心概念，这也是中国国际关系理论研究的一种创新。从国际政治心理学的谱系来看，西方学者从理性假定推演到有限理性假定，再到情感理性假定，最后到中国国际关系学者提出的关系理性假定，中国学者引入“面子”和“关系”等概念所开展的研究是对西方理性假定研究的批判与推进。[59]中国学者对于安全困境、信任和共识等核心概念的重构，有助于中国国际关系理论的前端创新。[60]

第四，国际政治心理学研究丰富了中国国际关系的行动导向理论。秦亚青曾将国际关系理论区分为知识导向理论和行动导向理论，“知识导向的定义是指‘理论’的意义在于它是知识的积累、生产和再生产。行动导向的定义是指‘理论’的意义在于它能够指导行动”[61]。中国学者在中国的对外政策和对外战略研究中形成的政治心理学理论，对于中国对外关系和中国战略互动具有一定的指导意义，可以应用于中国处理与周边国家关系，解决东亚安全问题等方面。[62]

三、中国国际政治心理学研究的问题和不足

王:国际政治心理学存在两种研究取向,一种是政治学和国际政治方法取向,另一种是心理学方法取向,您如何看待心理学方法在中国国际政治心理学的研究中的地位?

尹:这两种政治心理学方法取向是长期存在的,有的偏向政治学,有的偏向心理学,但在不同时期,这两种取向的地位不同。西方国际政治心理学界早期较多使用政治和历史的研究方法来研究外交史或冷战史案例,[63]而目前心理学方法得到更多的使用,包括领导人的数据库、政策偏好测试等。中国学者对于历史案例分析运用政治学方法较多,对于计量心理学、实验心理学等心理学方法运用不多。两种研究方法取向的选取与研究对象的不同有关,在研究集体政治行为等国内政治现象时,或者对领导人的对外决策等文本进行分析时,由于研究样本能够直接接触到,因此,更适合运用心理学的实验、定量和文本内容分析方法进行微观研究。在研究国际关系案例或者冷战史时,研究样本是很难直接接触到的,所以,更多采用历史案例方法进行宏观研究,相关外交决策、国际危机案例数量较少,因而更多是对领导人话语、外交政策文本进行定量内容分析。对领导人的政治心理学研究,传统上案例研究较多,[64]随着领导人人格测量技术的发展和运用,像操作码研究、人格的内容分析方法和专家问卷测试法都得到一些应用,比如关于毛泽东等国家领导人的操作码分析和特朗普的人格特质分析等。[65]

目前,国际政治心理学的趋势之一是将定量心理学和实验心理学等方法引入国际政治研究,在涉及政治行为的研究中尤为如此。中国国际政治心理学总体上处于政治学实证主义研究阶段,偏向于传统政治学的案例研究,而标准的心理学实验、测量等方法使用相对较少,不过,也有中国学者采用调查问卷等方法研究社会舆论与民意等。[66]

王:中国国际政治心理学的研究存在哪些不足?

尹:从方法论角度来看,中国的国际政治心理学研究存在以下四个方面的不足。

第一,中国学者在案例研究方面投入大量精力,比如研究外交史案例、领导人个体案例、重大国际性事件和国别比较案例等,采用的多为传统的政治学研究方法,而在比较案例研究的设计、变量控制等方面存在不足,对于外交史文献档案一手材料的使用不充分,访谈和田野调查力度不够。

第二,受制于交叉学科的特性,中国学者多为政治学背景,对于实验心理学和测量心理学等知识了解不多,在研究中对于心理学研究方法运用不足。但人性、性格和情感属于心理学中的隐性变量,而非经济等物质性显性变量,对于心理学变量的测量、收集、整理和分析,需要科学的心理学方法作为支持,不然将会导致研究的精确性和科学性不足。[67]

第三,中国学界的大部分研究仍停留在传统案例研究阶段,比如外交史的研究等,属于定性研究,对当前西方比较前沿性的定量研究跟进不足,比如在实验心理学、测量心理学和领导人政治风格的操作码研究领域,中国学者缺乏科学方法和手段的运用,更没有去发明或创设特定的研究技术和方法。[68]

第四,在大数据时代,政治心理学研究开始从高级政治向低级政治扩散,而中国学者大多集中研究高级政治问题,比如国家战略安全、领导人个性、外交决策和领土争端等,对于社会舆论、精英和民众的政治心理研究也有待于进一步深入。信息化和全球化使得国际政治深入到社会之中,普通民众也可以通过网络等多种方式影响国际政治,比如,与“一带一路”相关的国家社会精英在互联网平台上持何种政治态度,就值得研究和引入新的大数据分析技术。此外,相关的政治心理学数据库并没有受到学术研究的重视。雪城大学玛格丽特·赫尔曼(Margaret Hermann)教授建立了系统的领导人政治心理学数据库,也发展了相应的远距离领导人人格测试方法,中国学者在数据库和分析工具的研究和创造方面显然是需要更大的投入。[69]

王:除方法论外,中国国际政治心理学研究还有哪些问题?

尹:中国国际政治心理学研究存在三个方面问题。

第一,缺乏对国际政治心理学知识谱系的系统了解,难以在知识谱系中找到自己的坐标。比如,相关国别与区域研究学者提出研究领导人人格的议题,更多从现实角度出发,但不了解之前的人格理论是怎样的,也没有系统运用人格研究方法进行测试,更多是感想和经验式概括,不能对自己的研究进行准确定位,知识创新意识不够。清晰准确的定位,与西方既有理论进行对话,对于理论发展是非常重要的,仅有个案式研究不足以构建完整的知识体系。

第二,中国外交研究中运用政治心理学存在困难。中国国际政治心理学需要回应中国对外关系所面临的重大现实问题,对中国的对外决策和战略互动进行微观研究和分析,但由于中国的决策材料比较离散、不够系统,并且存在政治敏感性的问题,使得这方面的研究存在一定困难。中国学者将中国传统文化因素引入国际政治研究，并对中国经验和西方经验之间的关系进行系统分析，实现了理论创新，但对中国经验的普适性缺乏理论论证。比如，关于“面子”等中国传统文化因素是否具有独特性，有学者提出意见，认为“面子”是一种基本的人性，其在不同的社会中有不同表达方式，而不能说它是人性的根本差异；同时，中国经验是否同时适用于东西方世界，也有待论证和说明。[70]

第三，中国国际政治心理学研究与主流国际关系研究的对话不足。这个问题与前两个问题是联系在一起的。中国学者的研究较为离散，多为问题解决式的案例分析，在与西方主流学界的理论对话和研究议题对话方面存在提升空间，比如，在当今中国面临的重要对外战略、周边国家领土争端问题、地区安全问题等热点问题上，政治心理学需要进一步介入，并提供理论解释和政策预测。

四、对中国国际政治心理学研究的基本评估与未来发展方向

王：您认为，与国际学术界相比，中国国际政治心理学研究目前处于怎样的阶段？

尹：从总体上看，中国国际政治心理学研究起步较晚，但研究议题和理论进步很快。中国学者的研究横跨了西方不同阶段的议题，覆盖了从人格、认知到情感等各个方面。中国学者从引进和消化西方国际政治心理学理论到实现理论创新，只用了大

约 20 年时间，中国学者提出国际政治的演化心理学理论等已经得到国际学界的认可。[71]

中国国际政治心理学研究所运用的国际关系理论和心理学理论相对集中，既与经典的国际关系理论相结合，同时也对战略决策、外交决策理论有所呼应；在心理学理论上，对于人格理论、情感理论、认知理论、群体关系理论和身份理论研究比较多，但研究议题较为分散，对战略互动、对外政策、领土争端，以及中国与其他国家的关系等问题均有涉猎，并没有形成较为系统的热点研究问题集合。

从研究趋势来看，随着越来越多的心理学学者和有心理学教育背景的国际政治学者的加入，中国的国际政治心理学研究也将越来越多地引入心理学研究方法和路径。

王：您认为未来中国国际政治心理学研究需要在哪些方面拓展和加强？

尹：我认为主要有四个方面。第一，要对西方国际政治心理学知识体系进行完整介绍，使中国学者能够了解自己的研究在知识谱系中的定位，加强对前沿理论的追踪和对话，提高创新意识，为搭建中国国际政治心理学学科提供基础。对于当下中国政治学界和国际关系学界热议的中国话语和理论问题，我个人倾向于理论的普适性和文化的独特性相结合。如果基于强烈的差异和独特目的，去创设一个非要与国际主流理论不同的话语体系，这过于受到价值偏见的引导，反而不利于理论创新。基于人性是相通的，人性差异只是程度差异而非本质差异的假定，中国国际政治心理学的理论研究和实践方法，均需遵循人性与政治差异本身的逻辑。第二，提高国际政治心理学研究者的心理学知识储备，推广心理学实验、定量分析等必要的研究方法，吸引更多有心理学背景的研究人员加入该领域，促进中国国际政治心理学研究实现精确化和科学化。第三，中国国际政治心理学研究的议题较为松散，应该向相关研究议题聚拢，形成一些核心议题，比如中国对外政策研究、恐怖主义研究和国际冲突与战争研究等，同时，应该深入探讨中国经验/中国案例在国际政治心理学研究中的普适性问题。[72]第四，加强学科的制度性建设，建立中国国际政治心理学研究的常设机制，在课程建设、学生培养等方面加大投入力度、通过召开中国国际政治心理学论坛、编制中国国际政治心理学年鉴、开展国际交流等方式促进中国国际政治心理学的学科发展。

注　释

1. 关于国际政治心理学更为一般性的理论知识评述，参见张清敏：《国际政治心理学的流派》，载《国际政治科学》2008 年第 3 期；尹继武：《国际政治心理学的知识谱系》，载《世界经济与政治》2011 年第 4 期；Rose Mcdermott, *Political Psychology in International Politics*, Ann Arbor: University of Michigan Press, 2004。

2. 参见[美]托马斯·谢林：《冲突的战略》，郑志刚、王勇译，华夏出版社 2011 年版。

3. 参见[美]肯尼思·华尔兹：《人、国家和战争》，信强译，上海人民出版社 2012 年版。

4. Alastair Iain Johnston, *Social States: China in International Institutions, 1980—2000*, Princeton: Princeton University Press, 2007.

5. 政治心理学与现实主义的关系，体现为两个维度，其一是以杰维斯为代表的防御性现实主义一般被称为心理现实主义，而新古典现实主义将领导人的知觉因素纳入进来，强调单元层次的现实主义理论建构。在"社会认同冲突"辩论中，政治心理学为现实主义提供了微观基础。Jonathan Mercer, "Anarchy and Identity," in *International Organization*, Vol.49, No.2, 1995, pp.229—252.

6. 张清敏：《外交政策分析的认知视角：理论与方法》，载《国际论坛》2003 年第 1 期，第 74—78 页。

7. 参见[美]安东尼·唐斯:《民主的经济理论》,姚洋等译,上海世纪出版集团 2010 年版。

8. 参见尹继武:《政治心理学的争辩议题评述》,载《心理科学进展》2011 年第 11 期,第 1713—1720 页。

9. [美]亚历山大·温特:《国际政治的社会理论》,秦亚青译,上海人民出版社 2012 年版。

10. [美]兰德尔·施韦勒:《没有应答的威胁》,刘丰、陈永译,北京大学出版社 2015 年版。

11. [美]罗伯特·杰维斯:《国际政治中的知觉与错误知觉》,秦亚青译,上海人民出版社 2016 年版。

12. 参见[美]亚历山大·温特:《国际政治的社会理论》。

13. 关于政治心理学的研究方法,参见石之瑜:《当代政治心理学的教材与方法:文献简介》,《政治科学论丛》(台湾)1999 年第 10 期,第 27—58 页;蒲晓宇:《政治心理学》,华世平主编:《西方人文社科前沿述评:政治学》,中国人民大学出版社 2007 年版,第 180—205 页。

14. 参见[美]亚历山大·乔治、朱丽叶·乔治:《总统人格:伍德罗·威尔逊的精神分析》,张清敏译,中央编译出版社 2014 年版。

15. 参见[美]詹姆斯·巴伯:《总统的性格》,赵广成译,中国人民大学出版社 2015 年版。[美]弗雷德·格林斯坦:《总统风格》,李永成译,中国人民大学出版社 2013 年版。

16. [美]埃里克·埃里克森:《甘地的真理:好战的非暴力起源》,中央编译出版社 2010 年版。中央编译出版社推出了“心理传记译丛”,并组织了多期心理传记学年鉴。关于心理传记学更为一般性的理论和方法问题,参见[美]舒尔茨主编:《心理传记学手册》,郑建虹等译,暨南大学出版社 2011 年版。

17. [美]哈罗德·拉斯韦尔:《世界政治与个体不安全感》,王菲易译,中央编译出版社 2017 年版。

18. 参见[美]罗伯特·杰维斯:《信号与欺骗:国际关系中的形象逻辑》,徐进译,中央编译出版社 2017 年版。

19. 参见[美]罗伯特·杰维斯:《国际政治中的知觉与错误知觉》,秦亚青译,世界知识出版社 2003 年版。

20. Ole R. Holsti, *Crisis*, *Escalation*, *War*, Montreal and London: McGill-Queen's University Press, 1972. Ole R.Holsti, “The Belief System and National Images: A Case Study,” in *The Journal of Conflict Resolution*, Vol.6, No.3, 1962, pp.244—252.

21. 参见尹继武:《认知心理学之于国际关系研究:进步及其问题》,中国国际关系学会编:《国际关系理论:前沿与热点》(中国国际关系学会第一届博士论坛),世界知识出版社 2006 年版,第 95—96 页;Alexander L. George, "*The 'Operational Code': A Neglected Approach to the Study of Political Leaders and Decision-Making*," in *International Studies Quarterly*, Vol.13, No.2, Jun. 1969, pp.190—222.

22. 张清敏:《政治心理学研究的里程碑:评〈总统人格:伍德罗·威尔逊的精神分析〉》,《美国研究》2014 年第 2 期,第 121 页。

23. [美]欧文·贾尼斯:《小集团思维:决策及其失败的心理学研究》,张清敏等译,中央编译出版社 2016 年版。

24. Irving Janis and Leon Mann, *Decision Making: A Psychological Analysis of Conflict, Choice, and Commitment*, New York: Free Press, 1977; Richard Ned Lebow, *Between Peace and War: The Nature of International Crisis*, Baltimore, MD: Johns Hopkins University Press, 1981. 勒博后期对于前景理论的逻辑有些推进,参见[美]理查德·内德·勒博:《国际关系的文化理论》,陈锴译,上海社会科学院出版社 2012 年版。

25. Thierry Balzacq and Robert Jervis, "Logics of Mind and International System: A Journey with Robert Jervis," in *Review of International Studies*, Vol.30, No.4, 2004, pp.564—565.

26. [美]安东尼奥·R·达马西奥:《笛卡尔的错误:情绪、推理和人脑》,毛彩凤译,教育科学出版社 2007 年版。Joseph LeDoux, *The Emotional Brain: The Mysterious Underpinings of Emotional Life*, New York: Simon and Schuster, 1996.

27. 参见唐世平:《一个新的国际关系归因理论:不确定性的维度及其认知挑战》,载《国际安全研究》2014 年第 2 期,第 3—41 页;唐世平:《国际政治的社会演化》,董杰旻、朱鸣译,中信出版社 2017 年版。

28. Todd Hall, *Emotional Diplomacy: Official Emotion on the International Stage*, Ithaca and London: Cornell University Press, 2015.

29. 关于情感的类型学分析参见[加]郝拓德、[美]安德鲁·罗斯:《情感转向:情感的类型及其国际关系影响》,柳思思译,载《外交评论》2011 年第 4 期,第 40—56 页。方鹿敏、尹继武:《情感与国际关系研究:主要路径与发展趋势》,载《中国社会科学报》2013 年 1 月 16 日。

30. 相关代表性作品参见 Rose Mcdermott, "The Feeling of Rationality: The Meaning of Neuroscientific Advances for Political Science," in *Perspectives on Politics*, Vol.2, No.4, 2004, pp.695—696; Jonathan Mercer, "Emotional Beliefs," in *International Organization*, Vol.64, No.1, 2010,

pp.1—31。

31. 参见晓端:《人性与国际关系》系列文章,《世界经济与政治》2000 年第 4、5、6 期;秦亚青:《罗伯特·杰维斯及其国际政治心理学研究》,秦亚青:《权力·制度·文化:国际关系理论与方法研究文集》,北京大学出版社 2005 年版,第 200—217 页;石之瑜:《当代政治心理学的教材与方法:文献简介》,载《政治科学论丛》(台湾)1999 年第 10 期,第 27—58 页;张清敏:《外交政策分析的认知视角:理论与方法》,载《国际论坛》2003 年第 1 期,第 39—45 页;张清敏:《外交政策分析的三个流派》,载《世界经济与政治》2001 年第 9 期,第 18—23 页;张清敏:《"小集团思维":外交政策分析的特殊模式》,载《国际论坛》2004 年第 2 期,第 74—78 页;李存娜:《国际关系研究中的心理分析》,载《国际论坛》2006 年第 3 期,第 1—6 页;林民旺:《前景理论与外交决策》,载《外交评论》2006 年第 5 期,第 62—68 页;蒲晓宇:《政治心理学》,华世平主编:《西方人文社科前沿述评:政治学》,中国人民大学出版社 2007 年版,第 180—205 页。

32. 在学科知识译介中,除了秦亚青早年将杰维斯的《国际政治中的知觉与错误知觉》翻译并由世界知识出版社 2003 年出版之外,其他大部分作品都在中国人民大学出版社推出的"政治心理学前沿译丛"和中央编译出版社推出的"政治心理学经典译丛"中得以向国内学界译介的。

33. 在此,我对中国学术界的主要研究及其贡献进行评述,或许会遗漏一些方向的研究。在主流的国际关系理论创新方面,比如国际政治关系理论、道义现实主义等,实际上均借鉴了中国传统文化/社会心理的核心概念,但它们均不是政治心理学研究。

34. 季玲:《国际关系中的情感与身份》,中国社会科学出版社 2015 年版。

35. 景晓强、景晓娟:《身份建构过程中的行为体施动者:基于社会化理论和社会身份理论的比较分析》,载《外交评论》2010 年第 1 期,第 101—110 页。景晓强:《身份、情感与对外政策:以本体安全为中心的讨论》,载《外交评论》2011 年第 4 期,第 57—68 页。

36. 景晓强:《身份危机、面子与对外政策》,外交学院 2010 年博士学位论文。

37. 秦亚青:《关系本位与过程建构:将中国理念植入国际关系理论》,载《中国社会科学》2009 年第 3 期,第 69—86 页。

38. 聂文娟:《非盟与东盟人权规范的比较研究》,世界知识出版社 2014 年版,第 i 页。

39. 柳思思:《公众情感引导机制研究:塔利班与美国对阿富汗的公众情感引导比较研究》,载《世界经济与政治》2013 年第 2 期,第 58—76 页。

40. 参见 Shiping Tang,"The Security Dilemma: A Conceptual Analysis,"

Security Studies, Vol.18, No.3, 2009, pp.587—623。

41. 相关著作(包括未发表的工作论文等),可参见唐世平的个人主页:http://www.sirpa.fudan.edu.cn/?p=9385。

42. 参见尹继武:《共识的国际战略效应:一项理论性探讨》,《国际安全研究》2016年第1期,第33—55页。

43. 尹继武:《社会认知与联盟信任形成》,上海人民出版社2009年版;尹继武:《文化与国际信任:基于东亚信任形成的比较分析》,载《外交评论》2011年第4期,第21—39页。

44. 尹继武:《国际关系理论创新的心理文化学路径:评〈心理文化学:许烺光学说的研究与应用〉》,载《世界经济与政治》2012年第2期,第146页。

45. 唐世平:《国际政治的社会演化》。

46. 秦亚青:《国际政治的关系理论》,载《世界经济与政治》2015年第2期,第4—10页。

47. 阎学通:《借鉴先秦思想创新国际关系理论》,载《国际政治科学》2009年第3期,第150—165页。

48. 唐世平:《国际政治的社会演化》。

49. 尚会鹏、游国龙:《心理文化学:许烺光学说的研究与应用》,南天书局2010年版。

50. 张清敏、李敃窥:《中国对外行为的思想根源探析》,载《外交评论》2011年第4期,第3—20页。

51. 黄光国:《儒家文化与国际政治中的"脸面"动力》,载《国际政治研究》2013年第4期,第20—34页。

52. 蒲晓宇:《霸权的印象管理:地位信号、地位困境与美国亚太再平衡战略》,载《世界经济与政治》2014年第9期,第34—49页。

53. 张清敏:《领导人人格特点与中国外交研究》,载《世界经济与政治》2014年第6期,第93—119页。

54. 冯惠云、李小舒:《防御性抑或进攻性现实主义者:毛泽东的行为代码分析》,载《湖南科技大学学报》(社会科学版)2010年第6期,第33—40页;冯惠云:《防御性的中国战略文化》,载《国际政治科学》2005年第4期,第1—23页。

55. 林民旺:《选择战争:基于损失规避的战争决策理论》,世界知识出版社2010年版;王栋:《超越国家利益:探寻对20世纪90年代中美关系的知觉性解释》,载《美国研究》2001年第3期,第27—46页。实际上,运用政治心理学的理论来解释现实问题,是中国国际政治心理学研究的重要内容。韩召颖、宋晓丽:《美国发动伊拉克战争决策探析:小集团思维理论的视角》,载《外交评论》

2013 年第 2 期,第 62—77 页。

56. 关于文化差异与政治心理学和国际关系理论知识生产的关系思考,参见尹继武:《国际关系理论创新的心理文化学路径:评〈心理文化学:许烺光学说的研究与应用〉》。

57. 政治心理学一直参与了西方主流国际关系理论的辩论,比如“社会认同冲突辩论”以及建构主义关于身份政治的讨论等。

58. 政治心理学对于战略行为、战略互动的心理学讨论,使得战略研究得以细致化,谢林、杰维斯等的研究也是这种路径。

59. 秦亚青提出了“关系理性”的假定,参见秦亚青:《国际政治的关系理论》,载《世界经济与政治》2015 年第 2 期,第 4—10 页。中国台湾学者在吸收中国文化心理的基础上,提出了“关系平衡”理论。Chiung-Chiu Huang and Chih-Yu Shih, *Harmonious Intervention: China's Quest for Relational Security*, Burlington, VT: Ashgate, 2014.

60. 前端创新与后段创新,是我对中国国际关系理论研究创新类型的区分。前端创新更多在核心假定层面的创新,而后段创新更多是用竞争性的实证和中层理论解释建构。

61. 秦亚青:《国际关系理论中国学派生成的可能和必然》,载《世界经济与政治》2006 年第 3 期,第 7—13 页。

62. 国际政治心理学的研究非常注重对于实践问题解决的意义,比如领导人交往、民族主义冲突、外交决策、恐怖主义、国际战略互动、领土争端等。关于政治心理学的研究议题,可参见[美]戴维·霍顿:《政治心理学:情境、个人与案例》,尹继武、林民旺译,北京:中央编译出版社 2013 年版。

63. 初期的领导人人格研究,都是历史案例研究方法。冷战时期的代表性著作和学者,大多是运用历史案例研究方法。参见 Deborah Welch Larson, *Origins of Containment: A Psychological Explanation*, Princeton, New Jersey: Princeton University Press, 1985。

64. 张清敏对于中国领导人的个性及其国际关系影响,属于定性的内容归纳法。张清敏、潘丽君:《类比、认知与毛泽东的对外政策》,载《世界经济与政治》2010 年第 11 期,第 54—72 页;张清敏:《隐喻、问题表征与毛泽东的对外政策》,载《国际政治研究》2011 年第 2 期,第 81—100 页;张清敏:《领导人人格特点与中国外交研究》,载《世界经济与政治》2014 年第 6 期,第 93—119 页。

65. 冯慧云:《中国是现状改变国吗? 基于信念体系操作码的解读》,载《国际政治科学》2009 年第 3 期,第 36—58 页;冯惠云:《防御性的中国战略文化》,载《国际政治科学》2005 年第 4 期,第 1—23 页;尹继武、郑建君和李宏洲:《特朗普的政治人格特质及其政策偏好分析》,载《现代国际关系》2017 年第 2 期,第15—22页。

66. 韩冬临:《想象的世界:中国公众的国际观》,社会科学文献出版社2012年版;谢韬:《从民意调查看中国的对美外交和中美关系》,载《外交评论》2011年第5期,第63—75页;张传杰:《中国对外政策舆论研究现状的思考》,载《外交评论》2011年第5期,第49—58页。

67. 当前在民意、舆论和态度调查研究中,有较为系统的科学方法和测试,但在人格、认知、情感、认同等与国际关系的研究中,心理学方法运用得并不多。中国国际关系学界,注重宏观而忽视微观的研究传统,加剧了这种对于微观方法和技术的忽视,反而认为过于心理学化,会导致研究解释力下降。这一方面来自学科传统,也来自研究者对于方法掌握不足而采取的认知平衡。

68. 关于政策偏好分析、定量文本内容分析,参见 Göran Broström, *Event History Analysis with R*, New York: CRC Press, 2012; Janet M. Box-Steffensmeier and Bradford S. Jones, *Event History Modeling: A Guide for Social Scientists*, Cambridge: Cambridge University Press, 2004; Hans-Peter Blossfeld, et al., eds., *Event History Analysis with Stata*, New York: Lawrence Erlbaum Associates, 2007。

69. 参见 Jerrold M.Post, ed., *The Psychological Assessment of Political Leaders*, Ann Arbor: The University of Michigan Press, 2001。

70. 我个人的一些思考,参见尹继武:《国际关系理论创新的心理文化学路径:评〈心理文化学:许烺光学说的研究与应用〉》。

71. 唐世平对于演化心理学的理论构建以及国际安全的社会心理学的讨论,均取得了相应的英文学术成果,并获得国际学界的高度认可。Shiping Tang, *The Social Evolution of International Politics*, Oxford: Oxford University Press, 2013. 在大理论建设方面,尚会鹏运用心理文化学进行的国际关系理论思考,体现了中国文化的独特贡献,而张清敏对于政治心理学与中国外交的系统研究,为理解中国外交创造了独特的微观视角。

72. 其实,一个更具现实的问题是,中国国际政治心理学的理论和政策研究,应该对当今国际政治中的重大问题,以及中国对外关系所面临的重大问题有深入的介入和回应。从政治心理学的学术研究属性来看,其实它的理论创新是来源于基于现实问题的学理研究。所以,政治心理学不是不关注现实问题,恰恰对于分析和理解现实、政策和对策分析应对有着重要的价值,比如当今全球的独特领导人、选举心理、恐怖主义、国际争端和安全热点问题中的战略决策和互动,都有着应用的空间和政策启发。

编者按 国际关系理论是学科的思想积淀和知识根基，其研究状况直接反映出中国国际关系学科的整体发展面貌和水平。进入21世纪以来，在国际政治经济格局发生深刻变化、中国国家实力和地位显著提升等外部力量推动下，中国国际关系学科进入了快速发展的阶段，对理论创新的需求和呼声愈发强烈。最近几年，中国学者构建原创性国际关系理论的努力已经产生了一些初步成果，受到国内外学术界的关注和讨论。那么，在中国国际关系学界，理论研究经历了哪几个发展阶段？出现过哪些重大理论争鸣？当前中国国际关系理论研究取得了哪些新进展？存在着哪些缺陷和不足？如何看待有关国际关系理论的中国学派的主张？中国国际关系理论研究的发展前景如何？为此，南开大学周恩来政府管理学院博士研究生马骦专访南开大学周恩来政府管理学院刘丰教授，他的主要研究领域是国际关系理论、国际安全和东亚国际关系，专著有《制衡的逻辑：结构压力、霸权正当性与大国行为》，译著有《现实主义与国际政治》《没有应答的威胁》《新古典现实主义国际政治理论》等。

中国国际关系理论的发展与创新
——刘丰教授访谈

马　骦

一、中国国际关系理论研究的起步和发展

马骦（以下简称“马”）：中国国际关系理论研究的发展经历

了哪几个阶段？各有何特点？

刘丰(以下简称“刘”)：探讨中国国际关系理论研究的发展，首先需要区分三个相关但有差异的问题：一是国际关系研究，二是国际关系学科发展，三是国际关系理论研究。从学术史的角度看，对国际关系现象的分析和探讨往往要早于正式学科建制的形成，无论中国和外国都是如此。1919 年以后，国际关系学科建制在英国和美国相继形成和发展，比较系统的理论研究也就随之展开。在我国，20 世纪 60 年代初才正式形成国际关系学科建制，有了系统的国际关系教学和科研活动，也有一些初步的理论探讨，比较系统的理论研究是随着 1978 年改革开放进程展开的。[1]结合已有的讨论，我倾向于将中国国际关系理论研究划分为四个阶段。[2]

第一，20 世纪六七十年代是前理论阶段，中国学界尚未形成明确的学科意识，对国际关系理论的认识具有鲜明的意识形态色彩。在冷战和两大阵营对立的大背景下，中国学者从马克思主义经典作家和中国领导人提出的理论出发，对无产阶级世界革命、国家主权原则、“三个世界”理论等进行了较多探讨，对帝国主义和霸权主义进行系统批判。[3]这一时期，中国国际关系学界特别重视苏联和其他社会主义国家理论思潮的引进和评述，也翻译了一些有关西方国际关系思潮的著述。[4]

第二，20 世纪 80 年代是起步探索阶段，在我国进行改革开放的时代背景下，中国学界萌生出探索构建具有自主性的国际关系学科的诉求，并开始引进、介绍西方国际关系理论流派。1978 年以后，伴随改革开放的进程，中国开始注重与外部世界的交往互动，在此背景下，国家对国际关系研究的需求非常迫切。1979 年春，邓小平在中共中央召开的理论工作务虚会上指出,“政治学、法学、社会学以及世界政治的研究,我们过去多年忽视了,现在也需要赶快补课”[5]。此后,国际关系研究的学术氛围日趋浓厚,相关学术研讨会也逐渐增多,为开展理论研究提供了契机。1980 年 12 月,在中国国际关系学会的前身中国国际关系史研究会成立的大会上,一些学者开始从学理上探讨国际关系学的研究对象和研究方法问题。[6]陈乐民先生 1981 年发表的《当代西方国际关系理论简介》是国内第一篇系统介绍西方国际关系理论成果的文章。[7]1985 年,陈汉文的《在国际舞台上:西方现代国际关系学浅说》和 1987 年倪世雄、金应忠合著的《当代美国国际关系理论流派文选》两部著作,是国内最早介绍评析西方国际关系理论著述。[8]除了中国学者撰写的评介文章和著作外,《争论中的国际关系理论》等理论原著和教材也被翻译过来。[9]与引进西方理论同时发展的趋势是,中国学者也提出了国际关系理论研究的本土性问题。1987 年 8 月,“国际关系理论研讨会”在上海召开,提出了创建中国国际关系理论、建设有中国特色的国际关系学体系的问题。[10]这些发展表明,中国国际关系学界有了初步的学科意识,开始注重学理研究。但总体上,这一时期对国际关系学科的研究对象、范围和方法的理解还处在摸索阶段,对西方理论成果的引介也比较零散。

第三,1990 年至 2004 年是引进学习阶段,这一时期中国学界对西方国际关系理论成果开始进行比较系统的翻译、介绍和评价,基本厘清了国际关系理论的脉络和逻辑,同时产生了少数运用理论逻辑和思维方式开展经验研究的成果。20 世纪 90 年代初,中国学者开始系统地引介外国理论成果,主要关注的是国际学术界之前几十年间积累的成果。这一时期,中国学者发表了一些反映西方国际关系理论发展脉络和流派分野的著述。王逸舟 1998 年出版的《西方国际政治学:历史与理论》一书是中国学者系统引进西方理论的代表性著作。[11] 围绕文明冲突论、民主和平论等当时国际学界流行一些理论思潮,中国学者进行了集中探讨。[12] 进入 21 世纪后,理论引进愈发及时和深入,国际学术界的最新发展动态也受到关注,引起国内的同步讨论。比如,米尔斯海默的进攻性现实主义、温特的建构主义理论以及约瑟夫·奈的软实力理论在提出后不久就在中国学界引起讨论热潮。中国学者不仅关注现实主义、自由主义和建构主义等美国学界流行的理论,也开始关注英国学派、世界体系论、批判理论、女性主义、后现代理论等其他理论流派。这些成果集中体现在,一些中青年学者以系统梳理和评价某一个理论流派或其代表性人物思想为主题的博士论文或专著中。与此同时,这一阶段的成果也不完全是对理论的梳理评介,也有一些学者开始借鉴国际关系理论的逻辑和方法开展经验研究,比如王正毅从世界体系理论的视角分析了东南亚国家的发展路径,[13] 张小明运用层次分析法解释了冷战的缘起与终结。[14]

第四,2005 年至今是消化吸收和初步的理论构建阶段。从消化吸收的角度看,中国学者仍然高度关注国际学界的理论动态,但是突破了"美国中心"的窠臼,而是关注到英国、欧洲大陆及其他地区的国际关系理论发展。同时,在对这些理论流派进行更加深入的批判性探讨基础上,也更加注重系统地理论借鉴和创造性运用。这一时期成长起来的一批中青年学者已经不再单纯以梳理评介某一理论作为博士论文的主题,而是更多地运用某一或某些理论搭建分析模型,来解释或诠释一些经验现象。在这一趋势不断深入的同时,一些学者在熟悉西方国际关系理论的概念、逻辑和方法基础上,开始寻求从其他来源获取构建理论的资源,特别是发掘中国的传统文化、理念和历史经验。2005年,秦亚青提出,中国国际关系理论的构建应以中国和平融入国际社会作为核心问题,探索将中国传统文化和经验与建构主义理论相结合,为后来提出过程建构主义和关系理论做了铺垫。[15]同年,阎学通带领的清华大学研究团队着手整理先秦国家间政治思想,并以此为基础逐步发展出道义现实主义理论。[16]这些理论构建的努力已经产生了一些初步的成果,引起了学术界的关注和讨论。[17]

马:西方国际关系理论有现实主义、自由主义和建构主义等主要理论流派。比较而言,中国学界是否形成了不同的流派分野以及重大争鸣?

刘:理论流派之间的分野、对立和辩论是西方国际关系理论发展的一个鲜明特征,也是理论不断向前发展的一个重要推动力。这是因为,辩论可以让理论的漏洞得以展示,也提供了修补缺陷的机会,使得原本模糊的概念变得清晰,原本不够严密的逻辑变得连贯,原本被忽略的重要驱动因素的作用得以发掘。正因为理论辩论的突出作用,“大辩论”成为一种流行的国际关系学科史叙事方式。当然,在这些大的理论范式之间的辩论之外,各个理论内部的分支也存在明显的分歧和争论。

中国国际关系理论学界的一些辩论,更多是围绕一些具体现实议题展开集中的、参与范围较广的探讨,尤其涉及中国如何处理与外部世界的关系这一主题。在讨论过程中,各方或是对某种国际关系理论进行反驳和批判,或是援引了某些理论作为支撑。这些争论可以分为几大类议题:一是对国际格局和国际环境的判断,比如“和平与发展”是不是时代主题?冷战后国际格局到底是单极还是多极化?全球化是有利还是不利?二是对中国外交战略和政策的评估，比如中国是否需要调整韬光养晦的战略？中国如何增强自身的软实力？中国外交的重点方向是中美关系还是周边外交？三是中国在国际体系中发挥多大的作用，比如中国要不要做负责任大国？中国能不能承担领导角色？尽管具有高度的实践导向，但围绕上述问题的讨论不乏具有理论深度和启发的思考。[18]由于一些讨论的持续时间较短，另一些则有很长的时间跨度，很难说有几次或几波辩论。在此，我想重点回顾四个彼此关联、兼具理论和现实意义的争论。

第一场争论涉及国家利益的判断，主要集中在20世纪90年代中期。在传统马克思主义意识形态的指导下，学术界长期认为国家的阶级属性导致其没有整体的、独立的国家利益。1996年，阎学通的《中国国家利益分析》出版。阎学通的核心观点是，国家利益没有阶级性，而是全民性的；同时，一个国家的利益主要取决于面对的国际环境和自身实力，可以进行客观的排序。[19]这部著作引发了围绕如何定义国家利益、国家利益是否具有阶级性、国家利益的客观性与主观性以及国家利益的决定因素等问题展开的热烈讨论，有学者对该书的现实主义理论立场和客观主义方法提出质疑或补充。[20]这场辩论开启了关于中国国家利益以及更广泛的外交政策制定的学术讨论，使其摆脱了传统的阶级分析范畴，也为后来关于中国在参与国际社会过程中如何制定、维护自身利益的更深入研究作了铺垫。

第二场争论从21世纪初开始延续至今，焦点是中国是否可能实现和平崛起。进入21世纪，中国的国家实力不断增长，也更多地参与到国际事务中，“中国崛起”成为国内外学术界普遍关注的现象。在国际上，不少人援引权力转移理论、进攻性现实主义等悲观看待大国崛起前景的理论，认为中国的崛起过程会对国际体系造成剧烈冲击,甚至可能引发体系性战争。[21]这场讨论涉及的议题包括,如何准确定义崛起和评估中国崛起的阶段,暴力崛起与和平崛起所依赖的条件是什么,为了实现和平崛起中国应该采取怎样的战略选择。[22]近年来,随着国际力量对比朝着对中国有利的方向发展,关于中国崛起的讨论又有延续,争论的问题包括权力转移是否会导致中美关系落入"修昔底德陷阱"。

第三场争论的主题是中国的国际定位及其与国际体系之间的关系,这是一场时间跨度较大的讨论,讨论焦点问题也随着中国自身实力和国际地位的变化而转移。[23]20世纪90年代,由于中国从一个长期的体系外力量转向改革开放,学者们关心的主要问题是中国在多大程度上融入西方特别是美国主导的国际体系,如何应对全球化进程,尤其是90年代末围绕中国要不要加入世界贸易组织的争论。[24]21世纪初,中国已经比较全面地融入现存国际秩序之中,这个时期的焦点问题是中国应该发挥大多的作用,尤其是承担多大的国际责任。[25]自2010年世界经济逐渐走出金融危机的阴影以来,中国如何与其他新兴国家一道塑造和改革国际秩序和全球治理架构成为主要议题,最近则兴起了关于中国是否要在国际舞台上发挥领导角色的讨论。[26]

第四场争论涉及中国国际关系理论研究的自主性,即能否建立形成中国特色的国际关系理论或中国学派。从20世纪80年代中国学者开始萌发出对国际关系理论的兴趣开始,中国特色、中国化、中国学派、中国探索、中国视角等主张逐渐涌现。[27]20世纪90年代,学术界主要讨论的是中国特色国际关系理论的必要性和可能性。[28]21世纪以来,关于中国学派的讨论成为主流。[29]上述概念所指向的内容不尽一致,尤其是在多大程度上学习、借鉴和容纳西方的国际关系理论,但出发点和目标是相似的，都主张构建具有自主性和反映中国特质的理论体系。反对的观点认为，科学知识应该是普遍性的，本身没有国家性。[30]这些主张及其所引起的争论表明，学者们对于国际关系理论是地方性知识还是普适性知识存在分歧。

从上述争论可以发现，中国国际关系理论界的辩论问题具有高度的实践导向，大多围绕国家在改革开放和融入国际社会过程中遇到的现实问题展开。在这些辩论中，学者们或多或少会寻求理论支撑，但落脚点还是国家的现实政策选择。由于上述讨论发生在国际关系理论引进高潮之中，现实主义、自由主义、建构主义和英国学派等或明确或暗含的理论偏好也对辩论中的立场有所影响。[31]另一个值得注意的特点是，在中国崛起已经产生巨大国际影响的背景下，许多讨论的话题从输入转向输出，讨论已经不再局限于中国学界内部，而是形成了与国际学术界的对话，最近兴起的关于国际秩序的讨论尤为如此。

二、21世纪的中国国际关系学科建设与理论创新

马：21世纪以来，中国国际关系理论研究取得了哪些新的进展？

刘：与理论有关的研究可以划分为理论评介、理论运用和理论创造三种活动，21世纪以来中国国际关系理论的研究成果可以大致归入这三类。

第一类是对各种现有的国际关系理论范式及其分支进行阐

释和批判的研究,这是对此前十几年研究取向的延续,但更加系统、及时和深入。[32]通过检索十本中文学术期刊上有关主要理论流派的讨论可以发现,[33]现实主义、自由主义、建构主义和英国学派是关注度最高的几种理论流派,对它们的梳理和探讨在2000—2009年期间尤为集中。[34]

从发文总量看,有关现实主义的论文最多,但相当一部分以批判为主。就现实主义内部分支而言,中国学者曾经对结构现实主义有较多批评,尤其是结构概念及其适用性,近年来对新古典现实主义的讨论明显增多。[35]对于自由主义理论,20世纪90年代关注较多的是与地区一体化相关的理论发展,最近十多年则聚焦于新制度自由主义这一分支。[36]约瑟夫·奈提出的软实力概念引发了大量讨论,特别是有关中国如何提升软实力的思考。就建构主义而言,亚历山大·温特的体系层次建构主义无疑是中国学者着墨最多的,但也兼顾了彼得·卡赞斯坦、江忆恩等人国内建构主义路径,以及尼古拉斯·奥努夫、弗里德里希·克拉托赫维尔等人的规范建构主义。[37]英国学派受到中国学者的青睐,这一时期出版的多部专著厘清了该学派的发展脉络、核心命题、主要特色及其与中国之间的关联。

这些梳理评介类成果集中反映了一批专著之中。许嘉、吴征宇、唐世平等分别讨论了古典现实主义、结构现实主义和防御性现实主义等现实主义的理论分支,[38]秦亚青、白云真梳理了自由主义理论内部的流派变迁,[39]方长平、郭树勇、袁正清等评析了建构主义理论的发展,[40]苗红妮、章前明、张小明、马国林等分别探讨了英国学派的发展脉络与理论特色。[41]此外,关于世界体系论、女性主义、地区主义、非传统安全、政治心理学等都有专著进行系统梳理,这些成果表明中国学者对国际关系理论发展的认识更加全面、多元和平衡。[42]

第二类是运用现有国际关系理论的知识进行经验实证研究，特别是搭建一个模型来解释某一个经验现象。在理论梳理已经比较充分的基础上，一批学者较多地运用理论进行实证研究，在大国崛起战略、国家战略行为、国际制度的作用、国际规范的演化以及地区一体化等一系列议题上提出了不少具有理论深度和实践导向的命题。

新兴大国实现崛起的战略选择是中国学者关注较多的一个问题。孙学峰在批判传统现实主义有关权力转移的理论基础上提出，新兴大国需要根据崛起阶段选择恰当的策略来缓解"崛起困境"，他根据大国崛起的历史经验，在崛起阶段、策略选择与崛起成败三者之间建立了因果关系。[43]郭树勇从国际政治社会学视角出发，分析了西方大国成长的历史经验，认为大国成长需要将物质性成长与社会性成长统一起来，在与国际社会的互动中解决合法性问题。[44]杨原以大国无战争的时代作为前提，分析了利益交换作为崛起国与主导国竞争的核心机制如何影响联盟的维持和影响力的拓展。[45]

国家在制衡、追随和对冲等策略之间的选择是冷战后国际学界关注的一个理论焦点。冷战后主要大国并未对美国霸权形成有效制衡，从而引起学者们对肯尼思·华尔兹的均势理论的质疑。陈琪建立了一个关于经济相互依赖如何影响维持现状国家制衡反应的分析模型，强调均势政治是一个信号-博弈过程，现状国家的行为偏好、信号解读和偏好识别受到大国间经济相互依赖类型的影响。[46]韦宗友考察了国家在面临明显的外部威胁时为何采取偏离均势理论预测的行为，他探讨了无政府状态、极的数量、权力对比、地理位置和决策者观念五个因素如何影响国家在制衡、追随和不介入之间的选择。[47]刘丰则尝试对结构现实主义进行改进，考察了结构压力和霸权正当性两个变量的组合对制衡霸权行为的影响。[48]

关于国际制度在当代国际政治中的作用，苏长和从新制度经济学视角探讨了国际制度在无政府状态下对解决全球公共问题、维持国际合作的作用，尤其是不同博弈情形如何影响制度的选择及其变化。[49]门洪华讨论了美国运用国际制度进行霸权护持的行为，并且试图探讨中国如何通过参与国际制度来保障自身崛起。[50]田野从交易成本和理性选择的角度探讨了国际制度的形式与设计。[51]李巍以分析折中主义为路径，尝试将现实主义和自由制度主义相结合，构建了一个关于大国间制度竞争的现实制度主义分析框架。[52]另外，有不少研究关注了制度设计、国内政治与国际制度以及中国参与国际制度等议题。[53]

国际规范的作用在建构主义兴起的背景下广受关注，但随着研究的深入，分析视角也并不局限于建构主义的单一范畴。聂文娟比较了非盟和东盟两个地区人权规范建构的差异，强调历史怨恨情感在建构集体身份并进而影响人权规范认同中的作用。[54]陈拯分析了新兴国家主动参与并积极影响国际人权规范的历程，将对积极身份的承认追求作为新兴大国推进人权规范建设的首要动机，而运用说辞策略的水平是倡导规范成功的条件。[55]吴文成认为，组织偏好是不同类型的国际组织发挥规范倡导者作用存在差异的关键因素。[56]

观念、情绪和话语等非物质力量对国际政治结果和外交政策行为的影响也得到揭示。尹继武将理性选择理论与社会认知理论结合起来，考察了信任对于联盟形成和维持的作用。[57]林民旺综合运用前景理论和观众成本理论，解释了大国在规避损失偏好下作出的战争决策行为。[58]孙吉胜、刘永涛各自从语言学的角度探讨了话语对美国外交政策制定的影响。[59]

除了以上较为集中的议题，一些学者还在全球化与全球治理、[60]地区一体化、[61]非国家行为体的作用、[62]联盟行为、[63]国家安全政策、[64]国内经济决策[65]等议题上运用国际安全、国际政治经济学或对外政策分析等领域的分析工具，开展了理论分析与经验实证相结合的研究。这些理论运用性成果有几个特点：一是除了少数成熟学者的贡献外，大多数成果是一批活跃的中青年学者在博士论文基础上发展而成的著作。二是在运用理论分析某个具体经验现象时，中国学者的理论立场并不局限于现实主义、自由主义和建构主义等主流理论，而是广泛借鉴英国学派、世界体系论、后现代主义等其他理论，以及经济学、心理学和语言学等不同学科的知识。三是理论运用并不一个机械照搬的过程，而是需要对原有的理论做必要的逻辑延伸、扩展和修正，也体现出较强的创新性，尤其是在对现有理论进行批判性思考基础上提出一些创新性概念。四是许多问题与中国崛起背景下的战略需求相关，学者们理论立场各异，分析视角有别，但或多或少体现出中国的视角和偏好，或是以中国自身的发展及其外部世界的互动作为关照，或是希望借助其他大国的经验对中国的选择有所启发。

当然，上文仅列出了已经发展成书的一些理论应用型成果。实际上，这类成果还体现在大量的学术论文中，其中一些学者在某一问题上发表了系列论文，作了比较系统的阐述。大量应用型成果的涌现是中国国际关系理论研究从引进学习向消化吸收和自主发展转化的标志，也为理论创造作了积累和铺垫。此外，在学科发展进入常规化阶段后，围绕具体的经验问题构建分析框架成为通行的研究方式。

第三类则是在借鉴西方国际关系理论并吸收其他思想资源的基础上尝试构建出新的理论体系，这类成果主要以秦亚青的“关系理论”、阎学通的“道义现实主义”，以及唐世平的“社会演化理论”为代表。其中，“关系理论”较多地吸收了中国传统观念和哲学，试图将关系性(relationality)提升为与理性并列的驱动因素。“道义现实主义”主要借鉴了先秦思想家关于国家间争霸的思想，将道义概念植入现实主义理论，作为崛起国与主导国竞争的核心。“社会演化理论”体现了对进攻性现实主义、防御性现实主义和自由制度主义理论的综合，并借鉴了生物学的进化论。考察这些理论成果推出的历程可以发现，几位代表性学者长期追踪西方国际关系理论的发展，运用理论进行实证研究，在大量前期积累基础上提出有创新性的成果。

从上述发展看，21 世纪以来中国国际关系理论研究经过了一个从理论阐释到运用的过程，目前出现了一些理论构建的努力。中国学者对国际关系理论的理解更加多元，知识的来源更加多样，有学者在现有的国际关系话语体系下开展更加扎实而深入的经验研究，也有学者希望另辟蹊径，试图在借鉴中国传统文化、思想和经验的基础上有所超越。

马:您提到中国学者开始提出一些原创性理论成果，这些成果的提出是否意味着中国国际关系学科已经进入了一个理论创新期?

刘:这类成果的推出表明，中国学者不再满足于追踪国外理论发展，或是运用已有理论成果，试图提出新的理论概念或具有一定系统性的原创性理论。这些理论积聚了其开创者的学术积累和长期探索。

“关系理论”是秦亚青将中国传统理念与建构主义的思维方法相结合提出的成果，由“过程建构主义”发展而来。秦亚青认为，西方国际关系理论以理性假定为基础，忽视了国际体系的过程和国际社会中的复杂关系。他将“过程”与“关系”两个中国传统文化中的重要理念移植到了国际关系理论的研究中，在2012年的《关系与过程》一书中详细阐述了过程建构主义的理论模型。秦亚青将过程定义为运动中的关系，并论证了过程的自在性、过程动力以及过程在国际关系中发挥的作用。[66]2015年，秦亚青在《国际政治的关系理论》一文中将以关系性为理论硬核的过程建构主义更名为“关系理论”，强调关系是任何社会人作出决定和采取行动的基本依据。秦亚青强调，关系理论虽然带有明显的中华文化色彩，但又具有普适性意义，因为关系性在人类社会中是普遍存在的，它提供了对理性的一种合理补充。[67]

针对关系理论，学术界已经有了初步的讨论。尚会鹏指出，关系与理性并不决然对立，主流国际关系理论也并非忽视关系的作用；作为一种反映中国人生活方式的概念，关系具有忽视人的个体性、忽视普遍性规则的缺点，而强调关系和关系类型对行为体行为的决定作用掩盖了行为体的主体性。同时，将阴阳学说和中庸价值观会导致理论本身变得模糊、难以确定。[68]关系理论补充了理性概念所遮蔽的内容，将关系性上升为中国人行为的核心驱动因素之一。但应该看到，关系类型与理性考量对于行为的塑造和影响并非截然对立、非此即彼的，中国置身于一个整体的国际体系下与其他国家交往互动，因此一个完整的理论需要将二者发挥作用的条件、组合及其对不同类型行为的影响揭示清楚。

“道义现实主义”是阎学通在提炼中国古代国家间政治思想

基础上进行理论创新的尝试,探讨的核心内容是“道义”在大国崛起中的作用,属于新古典现实主义理论的范畴。2005年,阎学通带领清华团队开始对中国先秦国家间政治思想的发掘,希望能够丰富国际关系理论体系并为中国崛起提供政策建议,前期成果集中体现在2011年的《古代中国思想与现代中国权力》一书中。[69] 2014年,阎学通提出道义现实主义理论,并在《世界权力的转移:政治领导与战略竞争》一书中加以系统阐述。[70]这一理论在肯定现实主义关于实力、权力和国家利益假定的前提下,把政治领导类型和国家实力视为影响国家对外战略取向的两个核心要素,又把政治领导类型分为争斗、进取、守成、无为,将国家实力类型分为小国、地区大国、崛起国和主导国四类。阎学通认为,当一国实力达到了主导国或崛起国的水平时,道义的有无及其水平高低将会极大地影响国家战略的效果,因此崛起国应该采取王道的崛起战略。

中国历史上不乏国家间或类国家间互动交往的历史经验,比如争霸、结盟与反结盟等,而古典思想家们关于这些现象的思考也具有启发性,因此在探讨当代国际关系时引入中国古典思想并非没有合理性。但是,这样的尝试需要特别注意古典思想及其依赖的实践基础与当代现实之间的匹配。张锋认为,阎学通及其团队的特色在于将先秦政治思想引入国际关系理论,并运用现代科学方法加以整合。[71]但他同时提醒,这种以当代目的诠释古典思想的做法具有很强的工具性,而以字面意义而非真实意义来解读古典思想家存在一定的方法论问题。[72]许田波认为,“王道”等中国古代思想与中国古代历史之间存在巨大的脱节,缺乏坚实历史支撑,属于理想范畴。[73]应该指出,阎学通的道义现实主义属于规范性或处方性理论的范畴,旨在阐释一种理想的、应然的大国崛起情景，并为中国与美国展开竞争提供政策指南。从现实主义的立场观察，“王道”概念具有主观性和相对性，容易被倡导者根据自己的立场和偏好来诠释。正如肯尼思·华尔兹在批判美国试图占据道德高地的做法时尖锐指出的：“权力强盛的国家总是会，如同美国之所为，把自己想像成以世界和平、正义和福祉的名义行事。然而这些词语总是按照强势国家的喜好来定义的，往往与其他国家的利益和偏好相左。”[74]

唐世平提出的“社会演化理论”，试图从社会演化的视角对传统的国际关系理论进行整合。唐世平认为，用系统的而非进化论的大理论来解释国际政治历史是行不通的。他通过分析从进攻性现实主义世界到防御性现实主义世界进化背后的根本以及辅助机制，得出了国际政治系统始终是一个进化系统的结论。[75]在《国际政治的社会演化》一书中，唐世平将生物学进化论中的“突变-选择-遗传”机制引入到了国际关系理论研究之中，演绎出了一个解释国际政治系统性变迁的社会演化范式。这一理论认为，人类社会在 1648 年以前是一个霍布斯式的进攻性现实主义世界，1648 年至 1945 年间转变成为一个防御性现实主义世界，1945 年之后则转向更加规则化的世界。[76]

唐世平的理论建构工作建立在已有的国际关系理论话语体系之上，并引入了“社会演化理论”的视角。这一理论覆盖的范围相当广泛——从公元前 8000 年直至未来。作者的理论抱负也十分宏大，试图从根本上解决现实主义内部围绕进攻性与防御性展开的争论，以及现实主义与制度主义之间的争论。然而，正如已经有学者指出的，社会演化理论的叙事过于宏大，内在逻辑还需要完善，特别是体系演化的线性特征、演化标准的单一性以及评估攻防能力的准确性等。另外，这一理论还需要进行更细致的经验检验。[77]应该看到,社会演化理论中的几种理想世界之间的时间尺度极不相同——从几千年(进攻性现实主义世界)、几百年(防御性现实主义世界)再到几十年(更加规则化的世界),而空间范围也存在着从次地区到全球的变动,如何容纳时间发展不同步和地理空间变化所导致的结果差异是一个有待探讨的问题。

总体上讲,上述几种理论提出时间不长,引起的讨论只是初步的。从国际关系学科史的角度看,许多理论是在学术界的评价和批判过程中得以命名、成型和发展,那些有生命力的理论往往能够引发广泛讨论,理论倡导者对此不断修正与完善,并且有一批追随者能够加以运用和扩展,从而在核心理论基础上发展出一个覆盖的经验事实更加广泛、内部分支不断延展的研究纲领。从这个意义上说,中国学者提出的一些原创性成果要得到学术界的认可,一方面还需要完善理论的内在逻辑,另一方面还需要围绕它们开展大量的实证研究工作。

马:如此看来,中国国际关系理论研究起步晚,基础薄弱,但也取得了较大的成绩。那么,推动国际关系理论发展的动力和机制是什么?

刘:从知识社会学的角度来看,社会科学理论的发展是内在动力与外在动力共同作用下的结果。国际关系学科同样如此,外部动力主要是国际政治现实的变迁、来自政府或其他机构的需求以及技术的发展等,内在动力则包括学科内部对学科化和专业化的需求、跨学科知识的引入、理论之间和理论内部的争鸣等。具体到中国国际关系理论的发展,也可以从外在和内在两个方面的动力来考虑。

谈到外在动力,就不得不提中国自 1979 年以来实施的改革开放战略，这既是中国融入世界、走向世界的起点，又是中国国际关系研究“开眼看世界”、向西方国家学习的开端。总体上看，改革开放，尤其是对外开放的基本国策，为中国国际关系理论发展提供的动力主要有两点：其一，20 世纪 80 年代至今，中国经历了由开放到发展再到崛起的过程。在这一过程中，中国与外部世界的互动日益加深，遇到的国际问题也越来越多，自然而然地产生了对国际问题研究的强烈需求。之前提到的四次辩论也主要是为了回应这种需求而展开的，在为国家提供政策参考的同时，也让更多的人开始重视理论研究。其二，随着中国对外开放的不断深入，中国学者有了更多的与外国学者交流的机会，西方国际关系理论范式和研究方法也被大量引入进来，推进了理论研究的规范化。学者们对西方理论的态度也从最初的了解和模仿，到现在具备了批判和创新意识。此外，冷战结束后，国际体系中不断涌现的各种新现象、新议题也为中国国际关系理论的发展提供了更多空间，学者们的研究方向开始细化，延伸到了国际安全、全球治理、国际制度与规范等诸多具体的议题领域。

理论往往被视为学科体系中最为核心的内容，体现了学科发展的水平，但理论又无法脱离学科而单独发展的。因此，中国国际关系理论研究之所以能够得到推进，在于从国际关系学科自身的发展与完善中，获取了强大的内在动力。从学科发展的角度看，理论研究是国际关系知识生产的基础，是学科建设和发展的核心构成部分，而理论研究水平也受到学科发展状况的高度制约。一个学科的发展依托于一系列学术制度安排，包括在大学里设置专业、开设课程，建立专门研究机构，成立专业的学术期刊，由此这个学科才会被当作一个相对独立的领域，研究和传授。1949 年新中国成立以后，中国才出现这样的发展历程。

1964年,中国人民大学、北京大学和复旦大学先后设立了国际政治系,开始进行系统而规范的国际问题教学和研究。相关专业和学位点在高校设立,标志着国际关系在中国发展成为一门独立的学科,并带动了更多机构的成立。

理论研究至少受到三方面学术制度的支撑和推动。一是人才培养机制的支持,主要是高校和研究机构从事正规的国际关系教学,培养了一批有志于从事学理研究的人才。20世纪80年代以前,由于外在环境的制约,国际关系学者并没有进行深入的理论探讨,但有一批学者保持着紧密的国际学术联系,了解国外理论动态,为后来的理论引进作了准备。20世纪90年代,由于国内学者出国交流访问更加频繁、便利,也由于一批在国外接受学术训练的学者回国任教,国内不少高校都能够建立比较规范的国际关系教学体系,开展更加系统和正规的训练,培养出一批对国际关系理论感兴趣的人才。21世纪以来,中国高校已经形成了较为系统的学科点设置,不仅越来越多的综合性大学建立了与国际关系相关的院系所,成立了专门进行国际关系研究的单位,并且招生人数、硕士博士点数量以及相关项目培养计划都呈现出了逐年递增的趋势。北京大学、清华大学、中国人民大学、复旦大学、外交学院以及其他高校培养了一批非常活跃的理论人才,构成了中国国际关系理论研究的中坚力量。

二是学术交流机制和平台的搭建,尤其是全国性学术行会和教学科研机构举办的大量与理论探讨有关的论坛、研讨会和培训活动。梳理国际关系学科发展脉络可以发现,在理论发展的各个阶段,都有一些有重要影响的学术会议作为支撑,并通过发表专题讨论或出版会议论文集的形式推动了有关理论问题的进一步研讨。比较有影响的会议有，1987 年 8 月在上海召开的全国国际关系理论讨论会、1991 年 6 月北京大学主办的“跨世纪的挑战：中国国际关系学科的发展”国际学术研讨会[78]、2003 年 9 月《中国社会科学》与《世界经济与政治》联合举办的“国际关系研究方法”学术研讨会[79]、中国社会科学院世界经济与政治研究所分别于 2004 年召开的“国际关系主流理论及其批评”研讨会和 2005 年召开的“国际关系理论‘非主流’学派研讨会”等。[80]此外，中国国际关系学会、北京大学国际关系学院，以及其他学术机构每年举办博士生论坛，为青年学子开展理论交流和提升搭建了平台。

三是学术出版机制的保障，尤其是专业期刊的推动以及大量与国际关系理论有关的著作的出版。过去十几年间，《世界经济与政治》《外交评论》《当代亚太》《国际政治科学》《国际政治研究》和《欧洲研究》等期刊或创刊或改版，不断强化刊发论文的学术性和理论性，成为了学者们发布理论研究成果和进行思想交锋的阵地。在不同时期，一些重要的理论译丛推动了我们对国际学界理论发展的认识，比如 20 世纪 80 年代至 90 年代初中国社会科学出版社的“国际关系理论译丛”、中国人民公安大学出版社的“国际政治学汉译名著”和上海译文出版社的“现代政治学译丛”。进入 21 世纪，先后涌现出上海人民出版社的“东方编译所译丛”、浙江人民出版社的“国际关系学当代名著译丛”、北京大学出版社的“国际关系理论前沿译丛”和“世界政治与国际关系译丛”、世界知识出版社的“国际关系学名著系列”等众多译丛，涵盖了各个理论流派的代表性著作。上海人民出版社的“当代国际政治丛书”出版了 28 部中国学者的著作，其中不少都涉及对理论的评介、运用和构建，是中国国际关系学者进行理论探索的集中展示。

马：目前，国际关系学界出现了“理论无用论”“学科终结论”等论调，您是如何认识的？这种讨论对中国的国际关系理论研究有什么影响？

刘：国际关系学界有关理论无用、学科终结的讨论，针对的是21世纪以来“范式间辩论”销声匿迹，重大理论鲜有突破和创新的现象，主要兴起于国际学术界，但也有很多中国学者对此发表了自己的看法。[81] 从国内外学术期刊的发表情况看，有关范式、主义、学派和理论的探讨与十年前相比确实有较大的下降。根据一项国际期刊统计数据，1990年至2000年间，在12本主流政治学期刊上发表的国际关系理论论文占所有论文的11.18%；2001—2010年期间则下降到了5.64%。[82] 国内学术期刊也呈现类似的情况，近年来国际关系理论类论文有所减少。在10本主要中国国际关系期刊上，1990—1999年期间与范式、理论、主义和学派有关的论文占总发文数的5.9%，2000—2009年上升到11.9%，2010—2017年则下降至8.8%。

必须承认，国际关系研究的确面临一些困境，比如理论创新趋于缓慢、理论融合程度低、理论研究与政策研究脱节以及政策需求的冲击等。但是，从学术发展规律的角度来看，我们要客观认识出现这种现象的原因。首先，在冷战结束以来的近30年里，国际体系一直处在转型之中，并没有出现一个结构性的重大变化。理论不是凭空的思想创造，也不是一味的标新立异，理论创新的目的在于为国际政治现实中出现的新问题、新现象提供解释。而事实却是，一方面并没有足够多的现实素材为理论创新提供动力，另一方面既有理论对现实国际政治仍然具有相当大的解释力，并没有到束手无策的境地。其次，就理论研究工作本身而言，可以根据研究的性质，将其分为构建理论、应用理论和评论理论三种工作。其中，构建理论工作的原创性最高，却也最为艰难，需要很长的周期和精力。尤其是在今天，各个理论范式及其分支的发展已经非常成熟，新理论产生的空间被压缩得很小，理论创新只会愈发困难。再者，构建理论的工作看似位于学术分工的顶端，实际从事这一工作的学者却是少之又少。特别是在中国，现实发展和政策需求也在很大程度上冲击理论研究的空间，许多原本从事理论研究的学者发生了学术兴趣的转向。

国际关系理论创新趋于缓慢是学科发展过程中的一个现实，但如果由此断言理论无用，甚至学科已经衰落，则是一种不太准确的认知。最近几年，国际关系理论研究仍在发展之中，有几个趋势值得关注。一是阿米塔·阿查亚和巴里·布赞等学者主张将亚洲、非洲和拉美等各个地区的历史经验和思想资源纳入到国际关系理论研究中，打破美国和西方在知识生产中的霸权地位，推动非西方理论的发展和国际关系学科的全球化。[83]二是在具体议题领域开发中层理论的构建，比如外交政策领域兴起的新古典现实主义得到了广泛应用。[84]三是淡化理论流派的分野和独立，推动不同学派的学者围绕特定的理论概念展开对话，甚至尝试理论之间的融合。[85]总体上，国际关系研究处于一个常规科学阶段，而不是科学革命阶段。这个相对沉寂的阶段既是理论创新的平淡期，也是一个理论复兴的孕育期。尽管还存在种种不足，但应当看到，只要坚持开展严谨的理论探索工作，勇于提出创新性的成果，中国学者的努力还是会产生有益的成果。[86]

三、对中国国际关系理论研究的展望

马:一直以来,中国国际关系学界都存在着构建“中国特色的国际关系理论”和“中国学派”的主张。如何看待这些主张?如何理解国际关系理论的国别性和普遍性?

刘:理论创造的确存在着国别性与普遍性之间的矛盾和权衡取舍。就国别性的一面来看,自己所在国家的国际地位、外部环境和现实需求可能成为学者们进行理论思考的出发点。秦亚青指出,美国国际关系理论的核心问题是如何维护美国霸权,英国国际关系理论的核心问题是国际社会的形成和发展,而中国国际关系理论的核心问题应该是中国如何和平融入国际社会。[87]这意味着,一个国家在国际社会中的地位及其对外政策所面临的主要问题确实会成为该国学者关注的重点。一个国家的学术传统和思维方式会使学术研究具有一定的鲜明特征,比如有些国家的学术界比较流行科学和数量化研究,有的国家则有较强的文化历史研究特征,还有的国家会呈现很强的逻辑思辨和哲学色彩。但是,理论也有其普遍性,至少是有一定限度的一般性。如果理论家只是根据自己所处国家的经验来构建理论,忽视更广泛的现实,构建出来的理论就会失之偏颇,难以经受检验。另外,评价理论的标准是普遍的,就是理论所使用的概念是否准确,逻辑是否严密,是否经得起现实的检验,以及是否产生了新的知识贡献。

中国特色和中国学派等主张都强调了学科自主性和理论自

觉性，与此同时，即使中国学者能够根据中国的思想观念、历史经验和当代实践构建出国际关系理论，我们不会只有一种来自中国的国际关系理论，更不会有一个统一的中国学派。正如目前活跃的一批理论研究者的倾向所呈现的，中国的理论家会归属于不同的思想流派。在这个意义上，我认为，“国际关系理论的中国贡献”是一种更加准确、合理且可能的表述。

近年来，不少学者开始主张，应该将不同地区和国家的知识纳入国际关系理论的构建之中，使它从一个西方中心的学科转向一个开放、包容和全球性的知识体系。[88]在这种背景下，中国学者要作为国际学术共同体的一份子参与到知识生产和理论构建之中，要以开放的态度让自己的理论接受国际学术界的讨论和批判，从而得到认可和接受。

马：您谈到，现实需求的牵引使得理论研究的关注度在下降。理论研究与政策研究是对立的吗？如何看待理论研究与政策研究之间的关系？

刘：在大多数社会科学学科，理论研究和应用研究都是两种基本的研究取向。在国际关系领域，理论研究的成果主要体现为对国际关系领域的核心概念、基本规律和重大命题的探讨，比如解释战争的原因、国家间安全互动的动力和机制、相互依赖的影响等。应用研究针对的是现实的国际关系问题的解决和应对，尤其体现为政策性研究，立足于分析国际形势和事件的发展，提供政策选项和建议。在中国国际关系学科发展的不同阶段，理论研究和应用研究的比重有明显的变化。在理论萌芽阶段之前，中国国际关系研究主要是对国际形势的评估，对对象国情况的介绍和分析，理论研究的比重较小。在国际关系理论的引进大潮中，与理论相关的成果数量呈现出非常大的增长。最近几年,一个明显的趋势是,从事理论研究和应用研究的学者定位逐渐清晰,分工日益明确。

虽然从事理论研究和政策研究的学者所从事的具体工作有所不同,但二者并无高下优劣之分,都是国际关系学科发展必不可少的部分,因此也不存在对立一说。改革开放以来,中国在参与国际事务过程中产生的困惑和政策需求,为国际政治研究提供了充足动力和良好环境,但也让许多决策者、公众甚至学者过分地期待理论能够及时解决现实问题,从而将理论研究与政策研究混为一谈。[89]

理论研究与政策研究的差异体现在研究目标、时间尺度、价值关怀和评判标准等诸多方面。首先,从研究目标来看,理论研究是知识导向型的,它旨在为我们提供一个解释社会运行的简化框架,来帮助我们认识复杂的世界。由于理论是对现实的高度抽象,因此再完美的理论也不可能还原全部事实,但它却能将现实中最重要的部分裁剪出来呈现给大众;而政策研究是行动导向型的,它往往是为了帮助决策者解决当下最为紧迫的现实问题,为他们提供行动指南。在此过程中,政策研究者不可避免要按照国家偏好或个人意志去塑造甚至改变某些事实。其次,从时间尺度来看,理论研究关注的是长期的普遍性现象,这是因为任何现象和事物都只有在表现出经常性、系统性的特征之后,才能从理论上加以概括;而政策研究大多关注的是短期的应急性现象。再次,从价值关怀来看,理论研究需要尽可能地保持客观和价值中立,才能够科学地揭示出国际关系最为本质的内容,这也是经典理论得以长期保持生命力和解释力的原因;而政策研究服务于不同国家、不同位置的具体决策者,需要研究者根据环境、目标等因素设身处地地为他们提供量身定制的对策建议。

最后，从评判标准来看，好的理论往往能够用较少的要素去解释国际社会中那些最重要、最广泛的事实，并能够吸引更多的学者围绕这一理论展开研究，进而形成一个系统的研究纲领。[90] 而评判一项政策研究成果的标准则在于是否能够帮助决策者解决燃眉之急，实现他们所设定的最优或次优目标。

马：您能否对当前中国国际关系理论研究的情况作一整体评价？特别是谈谈当前还存在着哪些不足。

刘：中国的国力增长和国际地位提升是不争的事实，但是国家的崛起不只是经济、科技和军事等物质实力的强盛，更意味着知识上的崛起和贡献。尽管有了上面谈到的一些进展，但中国学者贡献的高质量、原创性理论成果并不多，在国际学术界的话语还相对较小，问题主要具体表现在以下方面。

第一，学术研究整体的实用化导向不利于理论研究。理论创造上的突破需要一批学者静下心探索学理性问题，以创造和积累知识为导向，而不是以适应外在需求为导向。在当前的学术环境下，不论是社会科学研究的整体氛围还是各个机构的评价标准都鼓励短期的应用性研究，导致学术界倾向于追逐现实世界的热点话题。上面已经谈到了理论研究和政策研究的差异，尽管二者在学科体系内并不完全对立，但由于开展不同研究的关注焦点和时间周期存在差异，这就要求每位研究者树立明确的研究取向和目标，有所取舍。好的应用性研究对于一个国家和学科来说当然十分重要，但如果仅仅以实用性和政策相关性来评判知识的价值，忽略理论在学术上的支撑性作用，就会导致学术研究的功利性，这样显然无益于学科的良性发展。[91]

第二，国际关系学者的整体学术训练和知识结构还不能适应理论构建的需求。20 世纪 90 年代以前，中国的国际关系研究者主要来自历史、哲学和外国语言文学等其他学科。90年代开始,一批海外获得博士学位的学者回国,再加上本土国际关系专业人才培养的正规化和专业化,中国国际关系学者越来越多地出自“科班训练”。不过,就培养过程而言,国际关系研究生在理论知识和研究方法上的严格训练还比较欠缺,走上学术研究道路的年轻学者大多凭着个人兴趣和志向涉猎专业领域的文献。与此同时,尽管人才培养更加强调专业化,但过于注重本学科也会导致学术人才出现知识面狭窄、结构不合理的缺点。如果考察那些著名国际关系理论家的经历可以发现,他们除了对国际关系本身的理解,还普遍掌握了科学哲学、经济学、社会学和外交史等领域的知识。

第三,对国际关系理论本身的认识还不准确,难以开展有的放矢的批判,也制约着有效的理论构建。我们已经在理论引进方面走过了很长时间,也基本覆盖了国际学术界为人所知的理论成果。但是,对许多理论的理解还停留在表层,在评估和批判时没有深入其内在逻辑。比如,对理论创新本身的理解停留在提出新概念、新标签的层次,而忽视了这个概念与国际关系理论中的通行术语之间的联系,以及这个概念是否指向新的事实、带来新的知识。在评价理论时,我们经常指出某一个理论无法解释某一个经验现实,而没有考虑这个事实是否在该理论所预测的范围之内。实际上,理论构建就意味着对经验现实的简化和取舍,每一种理论都必须主张自己能够解释的对象的领域和范围,不存在无所不包的理论。另外,在批判理论时,经常从政治立场和个人偏好出发,而不是以理论的逻辑严谨性和经验有效性为标准。从知识体系上看,理论创新不会是完全割裂的,而是通过对既有理论的有效批判建立更加合理论断和主张,解决现实中遇到的问题和疑惑。

第四，与国际学术界开展的高质量学术对话和辩论还不够。中国的发展越来越受到外界关注，既为中国学者走出去参与国际交流提供了更多机会，又使得国际学术界对中国学者的知识贡献有很大期待。在这种背景下，我们需要推出高质量的理论成果，参与到国际学术辩论之中，由此才能争取中国国际关系理论研究在国际上的话语权。应该说，中外学者共同探讨政策性议题的机会已经很多，但在理论上与国际一流学者进行同台对话和辩论的机会较为有限。根据我的统计，1980—2017 年，中国学者被“社会科学引文索引”收录的国际关系论文约为 350 篇，这大大少于日本、韩国、新加坡等亚洲其他国家学者的发文数量，也少于国内政治学和公共管理学者的发文数量。[92] 这表明，中国国际关系学者在争取国际学术话语权上还有很大的努力空间。显然，我们不仅要产生高质量理论成果，还需要把这些成果推出去接受国际同行的讨论和批评，这对中国学者的理论知识储备和语言表达能力都提出了更高要求。在理论建构的过程中，要用通行的学术概念和话语将自己对国际关系的理解和看法阐释出来，不是闭门造车、自说自话，而是在沟通交流之间完善对理论的思考。

马：您如何看待中国国际关系理论的未来发展前景？有哪些理论突破的重点和方向？

刘：理论归根到底是一套关于现实世界的逻辑叙事，通过思维工具的抽象、简化和重构，将纷繁复杂、不易理解的经验现象转化得容易被人们所观察和认知。好的理论抓住了现实世界中最根本、最重要的内容和要素，具有较为广泛的适用性和解释力，从而能够成为学术界普遍使用的分析工具。国际政治现实的发展始终是理论创建的基础和源泉,因此我们还是要更加细致地观察历史和当下的国际关系,通过比较发现一些有意义的模式和规律,结合现实世界的变化来发展、修正和完善理论。

从现实发展看,一些重要的现象和事实需要在理论上进行更好的解释。首先,国际秩序及其所依赖的规则、制度的调整变化。当前关于国际秩序的讨论已经很多,国内外学术期刊发表了不少以国际秩序为主题的专题研讨,文集、专著也有不少。但是,从成果的系统性和影响力来看,在这个问题上的探讨较少能够超越罗伯特·吉尔平的《世界政治中的战争与变革》一书。实际上,在一些基本问题上学术界仍然没有达成共识。比如,如何对秩序做更加合理的定义和分类,如何判断秩序的成型和衰败,如何解释秩序变化的方向和动力,这些问题都还需要在理论上作更好的回答,从而为我们理解当今的国际秩序变迁提供支撑。

其次,全球与地区层次国际关系模式的差异性。学术界以往较多关注全球体系层次,比如整体国际格局变化、全球化趋势和大国战略互动。但是,每个具体地区的力量对比、秩序安排和行为模式存在着差异,许多重要的议题发生在地区或次地区层次,这种现象要求我们在构建理论时更多考虑各个地区国际关系运行方式的差异,同时通过跨地区的比较形成整体性知识。

再次,大国之间关系重组正在加剧国家行为模式的变化。过去20多年,学术界经常争论的一个问题是美国单极为何没有遭遇制衡。现在看来,这个问题是在大国竞争强度较低的背景下提出的,抓住了冷战后大国互动的阶段性特征,也催生关于软制衡、制度制衡和对冲等多种多样的国家行为的探讨。但是,在近年来大国竞争加剧的背景下,原本在稳定单极体系下成立的研究问题可能不再适用,不仅是中俄与美国的竞争加剧,美国与盟友之间的关系在发生或显著或微妙的变化。大国之间的分化组合和竞争博弈为下一阶段的理论研究提供了要素，特别是可以作为检验已有理论有效性和预测力的基准。

最后，中国学者特别关心来自中国自身的经验和案例可能对国际关系理论的发展作出什么贡献。中国自身的发展及其在国际政治舞台上扮演越来越重要的作用的确提供了一些值得深入研究的学理问题，在这方面，我们需要考虑中国崛起过程中的哪些行为及其所导致的结果是现有理论可以解释的，哪些确实对既有理论构成有效的质疑和挑战，其中又有哪些可以作为理论构建的素材。

在关注一些重要的现实发展的同时，我们也可以讨论创新理论构建路径的可能性。比如，从理论的分流转向知识的合成是一种可能路径。传统上，国际关系理论的发展呈现出彼此对立和不断分流的模式，各个范式之间彼此竞争和辩论，范式内部则分化出诸多分支。这种分流式理论构建的结果是，范式之间形成了比较森严的壁垒和界限，范式内部也被切割为一个个具体的领域，忽视了分析对象之间或者解释要素之间的有机联系。在未来的理论构建过程中，我们需要探索能否在范式内或范式间进行局部的、有限的合成，在此基础上构建解释力更强、解释范围更广的理论。

理论构建是一项艰巨的任务，只有热情和抱负显然不够，需要学者们有扎实的学术积累、长期的思考钻研以及系统而踏实的科学探索。中国国际关系学者开展原创性理论的构建也不是“平地起高楼”，而必须对现有的国际关系理论进行消化和吸收，对各个理论的优劣得失做出合理批判和反思，注重对不同地区和国家的思想观念、历史实践和现实经验的总结。

注 释

1. 关于中国国际关系研究发展脉络的讨论可参见:王军、但兴悟:《中国国际关系研究四十年》,中央编译出版社 2008 年版;毛维准:《民国时期的国际关系研究》,载《国际政治科学》2011 年第 2 期,第 107—145 页。

2. 如何对中国国际关系理论研究进行分期并没有统一的标准。秦亚青将 1978 年至 2007 年划分为三个时期:(1)1978—1990 年,前理论阶段;(2)1991—2000 年,理论学习阶段初始期;(3)2001—2007 年,理论学习阶段深化期。参见秦亚青:《中国国际关系理论研究的进步与问题》,载《世界经济与政治》2008 年第 11 期,第 15—17 页。门洪华划分的三个阶段是:(1)1978—1989 年是引进西方理论的起始阶段;(2)1989—1999 年是大规模引进西方理论流派著作和尝试创立中国国际政治理论体系的阶段;(3)2000 年以来是中国国际政治理论发展进入理性批判和辩证吸收的时期。参见门洪华:《从中国特色到中国学派:关于中国国际政治理论建构的思考》,载《国际观察》2016 年第 2 期,第 7—8 页。

3. 王军、但兴悟:《中国国际关系研究四十年》,第一章。

4. 比如,20 世纪 60 年代出版的《现代外国哲学社会科学文摘》发表了一些西方国际关系理论家的译文。

5. 邓小平:《邓小平文选》第二卷,人民出版社 1994 年版,第 180—181 页。

6. 参见国际关系史研究会编:《国际关系史论文集》,生活·读书·新知三联书店 1981 年版。

7. 陈乐民:《当代西方国际关系理论简介》,载《国际问题研究》1981 年第 2 期;陈乐民:《国际关系基本方法》,载《理论研究》1982 年第 196 期。

8. 陈汉文:《在国际舞台上:西方现代国际关系学概说》,四川人民出版社 1985 年版;倪世雄、金应忠主编:《当代美国国际关系理论流派文选》,学林出版社 1987 年版。

9. 王建伟、林至敏:《权力政治理论介评》,载《世界经济与政治内参》1983 年第 9 期;宁骚:《论国际关系中的均势问题》,载《北京大学学报》1986 年第 3 期;倪世雄:《西方国际关系理论主要流派简介》,载《世界经济与政治内参》1987 年第 5 期;胡少华:《二十世纪国际关系学的重要著作》,载《世界经济与政治》1988 年第 5 期等;[美]詹姆斯·多尔蒂、小罗伯特·普法尔茨格拉夫:《争论中的国际关系理论》,邵文光译,世界知识出版社 1987 年版;[美]威廉·奥尔森等编:《国际关系的理论与实践》,王沿等译,中国社会科学出版社 1987 年版。

10. 田志立:《国际关系理论讨论会综述》,载《政治学研究》1987 年第 6 期,第 55—59 页;赵玉梁、赵晓春、楚树龙:《关于建立有中国特色的国际关系学体系：上海国际关系理论讨论会纪要》，载《现代国际关系》1987 年第 4 期，第 3—6 页。

11. 王逸舟：《西方国际政治学：历史与理论》，上海人民出版社 1998 年版。

12. 与文明冲突论有关的讨论参见王缉思主编：《文明与国际政治》，上海人民出版社 1995 年版。关于民主和平论的较早讨论包括李少军：《评“民主和平论”》，载《欧洲》1995 年第 4 期，第 4—8 页；王逸舟：《国际关系与国内体制：评“民主和平论”》，载《欧洲》1995 年第 6 期，第 4—13 页。

13. 王正毅：《边缘地带发展论：世界体系与东南亚的发展》，上海人民出版社 1997 年版。

14. 张小明：《冷战及其遗产》，上海人民出版社 1998 年版。

15. 秦亚青：《国际关系理论的核心问题与中国学派的生成》，载《中国社会科学》2005 年第 3 期，第 165—176 页；秦亚青：《国际关系理论中国学派生成的可能和必然》，载《世界经济与政治》2006 年第 3 期，第 7—13 页。

16. 阎学通、徐进编：《中国先秦国家间政治思想选读》，复旦大学出版社 2008 年版；阎学通、徐进等：《王霸天下思想及启迪》，世界知识出版社 2009 年版。

17. 对这些理论构建努力的评价，参见门洪华：《从中国特色到中国学派：关于中国国际政治理论建构的思考》，第 1—13 页；鲁鹏：《理解中国国际关系理论的两种构建途径》，载《世界经济与政治》2018 年第 1 期，第 73—93 页。

18. 相关梳理和讨论可参见，王逸舟、袁正清主编：《中国国际关系研究（1995—2005）》，北京大学出版社 2006 年版；王军、但兴悟：《中国国际关系研究四十年》，中央编译出版社 2008 年版；徐进、李巍：《改革开放以来中国对外政策变迁研究》，社会科学文献出版社 2017 年版。

19. 阎学通：《中国国家利益分析》，天津人民出版社 1996 年版。

20. 这场争论集中刊发于《中国社会科学季刊》（香港）1997 年秋季卷，宋新宁、邓勇、王正毅撰写了书评，王缉思、张小劲、秦亚青、景跃进、金灿荣和许振洲参加了讨论。

21. 朱锋、［美］罗伯特·罗斯主编：《中国崛起：理论与政策的视角》，上海人民出版社 2008 年版。

22. 阎学通、秦亚青、倪乐雄、李强、张文木：《“大国崛起与中国的选择”笔谈》，载《中国社会科学》2004 年第 5 期，第 51—63 页。

23. 在 10 本中文国际关系期刊上，除中美关系、国家安全等政策议题外，2000—2007 年期间“全球化”和“国际制度”是发文量最多的两个议题，2008—2017 年期间则是“全球治理”和“国际/世界秩序”。这种趋势反映了中国与世界关系的变化以及外交议程的调整。

24. 徐进、李巍:《改革开放以来中国对外政策变迁研究》,第八章、第九章。

25. Mao Weizhun, "Debating China's International Responsibility," *Chinese Journal of International Politics*, Vol.10, No.2, 2017, pp.173—210.

26. 陈志敏、周国荣:《国际领导与中国协进型领导角色的构建》,载《世界经济与政治》2017 年第 3 期,第 15—34 页;管传靖、陈琪:《领导权的适应性逻辑与国际经济制度变革》,载《世界经济与政治》2017 年第 3 期,第 35—61 页。

27. 王江丽:《中国国际关系研究的历史转向》,载《浙江大学学报(人文社会科学版)》,2013 年第 4 期,第 79 页。

28. 梁守德是中国特色国际关系理论的倡导者,相关论著有梁守德:《关于中国外交学的中国特色的探讨》,载《外交学院学报》1993 年第 4 期,第 51—55 页;梁守德:《论国际政治学的中国特色》,载《国际政治研究》1994 年第 1 期,第 15—12 页;梁守德:《国际政治学在中国:再谈国际政治学理论的"中国特色"》,载《国际政治研究》1997 年第 1 期,第 1—9 页;梁守德:《论国际政治学理论的"中国特色"》,载《外交学院学报》1997 年第 2 期,第 7 页。

29. 秦亚青是倡导"中国学派"的代表性学者。他认为,社会科学具有明显的地域文化特征,对中国与国际体系关系的根本性辩论和实践必然导致中国学派的生成。参见秦亚青:《国际关系理论的核心问题与中国学派的生成》,载《中国社会科学》2005 年第 3 期,第 165—176 页;秦亚青:《国际关系理论中国学派生成的可能和必然》,载《世界经济与政治》2006 年第 3 期,第 7—13 页。

30. 阎学通:《国际关系理论是普世性的》,载《世界经济与政治》2006 年第 2 期,第 1 页。

31. 苏长和:《中国与国际制度:一项研究议程》,载《世界经济与政治》2002 年第 10 期,第 5—10 页;秦亚青:《国家身份、战略文化和安全利益:关于中国与国际社会关系的三个假设》,载《世界经济与政治》2003 年第 1 期,第 10—15 页。

32. 这一时期,中国学者出版了多部与国际关系理论有关的教材。参见倪世雄等:《当代西方国际关系理论》,复旦大学出版社 2001 年版;楚树龙:《国际关系基本理论》,清华大学出版社 2003 年版;秦亚青:《权力·制度·文化:国际关系理论与方法研究文集》,北京大学出版社 2005 年版;白云真:《国际关系理论流派概论》,浙江人民出版社 2009 年版;赵可金:《中国国际关系理论研究》,复旦大学出版社 2007 年版;胡宗山:《国际关系理论方法论研究》,世界知识出版社 2007 年版;高尚涛:《国际关系理论基础》,时事出版社 2009 年版;许嘉主编:《美国国际关系理论研究》,时事出版社 2008 年版。

33. 这十本期刊是《世界经济与政治》《外交评论》《国际政治研究》《国际观察》《当代亚太》《现代国际关系》《国际问题研究》《国际政治科学》《国际安全研

究》和《欧洲研究》。下文与中文期刊发文数量有关的数据范围相同。通过标题、关键词和摘要检索与这些理论流派有关的概念，在此基础上进行筛选得出发文数量。

34. 根据不同时段划分，与几种主要理论流派相关的发文数量分别是：(1)1990—1999 年，马克思主义，70 篇；现实主义，67 篇；中国特色/中国学派，61 篇；自由主义，51 篇；英国学派，8 篇；建构主义，6 篇。(2)2000—2009 年，现实主义，347 篇；自由主义，246 篇；建构主义，175 篇；中国特色/中国学派，107 篇；英国学派，107 篇；马克思主义，83 篇；(3)2010—2017 年，中国特色/中国学派，130 篇；自由主义，124 篇；现实主义，120 篇；英国学派，57 篇；马克思主义，55 篇；建构主义，55 篇。

35. 陈志瑞、刘丰主编：《国际体系与国内政治：新古典现实主义的探索》，北京大学出版社 2015 年版。

36. 王杰主编：《国际机制论》，新华出版社 2002 年版。

37. 秦亚青主编：《文化与国际社会：建构主义国际关系理论研究》，世界知识出版社 2006 年版；董青岭：《复合构建主义：进化冲突与进化合作》，时事出版社 2012 年版。

38. 许嘉：《权力与国际政治》，长征出版社 2003 年版；吴征宇：《肯尼思·华尔兹国际政治理论研究》，当代世界出版社 2003 年版；陈小鼎：《结构现实主义的理论评估及其发展》，中国社会科学出版社 2013 年版；唐世平：《我们时代的安全战略理论：防御性现实主义》，北京大学出版社 2016 年版；薛力：《结构主义与国际关系理论》，中国社会科学出版社 2016 年版。

39. 秦亚青主编：《理性与国际合作：自由主义国际关系理论研究》，世界知识出版社 2008 年版；白云真：《自由主义国际关系理论的历史变迁》，经济科学出版社 2012 年版。

40. 郭树勇：《建构主义与国际政治》，长征出版社 2001 年版；方长平：《国家利益的建构主义分析》，当代世界出版社 2002 年版；袁正清：《国际政治理论的社会学转向：建构主义研究》，上海人民出版社 2005 年版。

41. 苗红妮：《国际社会理论与英国学派的发展》，中国社会科学出版社 2009 年版；章前明：《英国学派的国际社会理论》，中国社会科学出版社 2009 年版；张小明：《国际关系英国学派：历史、理论与中国观》，人民出版社 2010 年版；马国林：《社会·制度·秩序：赫德利·布尔的世界秩序思想研究》，中国社会科学出版社 2015 年版。关于英国学派还有几本编著，参见陈志瑞、周桂银、石斌主编：《开放的国际社会国际关系研究中的英国学派》，北京大学出版社 2006 年版；许嘉主编：《"英国学派"国际关系理论研究》，时事出版社 2008 年版；刘德斌主编：《英国学派理论与国际关系史研究》，北京大学出版社 2011

年版。

42. 王正毅:《世界体系论与中国》,商务印书馆 2000 年版;郭树勇:《从国际主义到新国际主义:马克思主义国际关系思想发展研究》,时事出版社 2006 年版;肖欢容:《地区主义:理论的历史演进》,北京广播学院出版社 2003 年版;李英桃:《社会性别视角下的国际政治》,上海人民出版社 2003 年版;余潇枫:《非传统安全概论》,杭州:浙江人民出版社 2006 年版;李开盛:《人、国家与安全治理》,中国社会科学出版社 2012 年版;尹继武:《战略心理与国际政治》,北京大学出版社 2016 年版。

43. 孙学峰:《战略选择与崛起成败》,清华大学博士论文,2005 年;孙学峰:《中国崛起困境:理论思考与战略选择》,社会科学文献出版社 2011 年版。

44. 郭树勇:《大国成长的逻辑:西方大国崛起的国际政治社会学分析》,北京大学出版社 2006 年版。

45. 杨原:《大国无战争时代的大国权力竞争》,中国社会科学出版社 2017 年版。

46. 陈琪:《遏制与绥靖:大国制衡行为分析》,陕西人民出版社 2004 年版。

47. 韦宗友:《霸权阴影下的对外战略》,上海人民出版社 2010 年版。

48. 刘丰:《制衡的逻辑》,世界知识出版社 2010 年版。

49. 苏长和:《全球公共问题与国际合作:一种制度的分析》,上海人民出版社 2000 年版。

50. 门洪华:《霸权之翼:美国国际制度战略》,北京大学出版社 2005 年版;《构建中国大战略的框架:国家实力、战略观念与国际制度》,北京大学出版社 2005 年。

51. 田野:《国际关系中的制度选择》,上海人民出版社 2006 年版;《国家的选择:国际制度、国内政治与国家自主性》,上海人民出版社 2014 年版。

52. 李巍:《制度之战:战略竞争时代的中美关系》,社会科学文献出版社 2016 年版。

53. 朱杰进:《国际制度设计:理论与案例》,上海人民出版社 2011 年版;薄燕:《国际谈判与国内政治:美国与〈京都议定书〉谈判的实例》,上海三联书店 2007 年版;王学东:《外交战略中的声誉因素研究:冷战后中国参与国际制度的解释》,天津人民出版社 2007 年版;刘铁娃:《霸权地位与制度开放性:美国的国际组织影响力探析(1945—2010)》,北京大学出版社 2013 年版;田野:《中国参与国际合作的制度设计:一种比较制度分析》,社会科学文献出版社 2017 年版。

54. 聂文娟:《非盟与东盟人权规范的比较研究》,世界知识出版社 2014 年版。

55. 陈拯:《新兴大国建设国际人权规范研究》,上海人民出版社 2017 年版。

56. 吴文成:《选择性治理:国际组织与规范倡导》,上海人民出版社 2017 年版。

57. 尹继武:《社会认知与联盟信任形成》,上海人民出版社 2009 年版。

58. 林民旺:《选择战争:基本规避损失的战争决策理论》,世界知识出版社 2010 年版。

59. 孙吉胜:《语言、意义与国际政治:伊拉克战争解析》,上海人民出版社 2009 年版;刘永涛:《话语政治:符号权力和美国对外政策》,复旦大学出版社 2014 年版。

60. 庞中英:《权力与财富:全球化下的经济民族主义与国际关系》,山东人民出版社 2002 年版;蔡拓:《全球化与政治的转型》,北京大学出版社 2007 年版。

61. 陈玉刚:《国家与超国家:欧洲一体化理论比较研究》,上海人民出版社 2001 年版;魏玲:《规范、网络化与地区主义:第二轨道进程研究》,上海人民出版社 2010 年版;宋伟:《捍卫霸权利益:美国地区一体化战略的演变(1945—2005)》,北京大学出版社 2014 年版。

62. 陈志敏:《次国家政府与对外事务》,长征出版社 2001 年版;刘贞晔:《国际政治领域中的非政府组织:一种互动关系的分析》,天津人民出版社 2005 年版。

63. 孙德刚:《多元平衡与"准联盟"理论研究》,时事出版社 2007 年版;孙德刚:《准联盟外交的理论与实践:基于大国与中东国家关系的实证分析》,世界知识出版社 2012 年版;凌胜利:《分而制胜:冷战时期美国楔子战略研究》,世界知识出版社 2015 年版。

64. 樊吉社:《美国军控政策中的政党政治》,社会科学文献出版社 2014 年版;左希迎:《美国军事制度变迁的逻辑》,社会科学文献出版社 2015 年版。

65. 曲博:《危机下的抉择:国内政治与汇率制度选择》,上海人民出版社 2011 年版;钟飞腾:《管控投资自由化》,社会科学文献出版社 2011 年版。

66. 秦亚青:《关系本位与过程建构:将中国理念植入国际关系理论》,载《中国社会科学》2009 年第 3 期,第 69—86 页;秦亚青:《关系与过程:中国国际关系理论的文化建构》,上海人民出版社 2012 年版。

67. 秦亚青:《国际政治的关系理论》,载《世界经济与政治》2015 年第 2 期,第 4—10 页;秦亚青:《国际政治关系理论的几个假定》,载《世界经济与政治》2016 年第 10 期,第 19—28 页。

68. 尚会鹏:《关于国际政治"关系理论"的几个问题:与秦亚青教授商榷》,

载《国际政治研究》2017 年第 2 期,第 134—143 页。

69. Yan Xuetong, *Ancient Chinese Thought*, *Modern Chinese Power*, Edmund Ryden trans., New Jersey: Princeton University Press, 2011.

70. 阎学通:《道义现实主义的国际关系理论》,载《国际问题研究》2014 年第 5 期,第 102—128 页;阎学通:《世界权力的转移:政治领导与战略竞争》,北京大学出版社 2015 年版。

71. Zhang Feng, "The Tsinghua Approach and the Inception of Chinese Theories of International Relations," *The Chinese Journal of International Politics*, Vol.5, No.1, 2012, p. 75;徐进、孙学峰:《"清华路径"与中国国际关系研究的发展方向》,载《国际展望》2014 年第 6 期,第 19 页。

72. Zhang Feng, "The Tsinghua Approach and the Inception of Chinese Theories of International Relations," p.81.

73. Victoria Tin-bor Hui, "Building Castles in the Sand: A Review of *Ancient Chinese Thought*, *Modern Chinese Power*," *Chinese Journal of International Politics*, Vol.5, No.4, 2011, p.426.

74. [美]肯尼思·华尔兹:《现实主义与国际政治》,张睿壮、刘丰译,北京大学出版社 2012 年版,第 317 页。

75. 唐世平:《国际政治的社会进化:从米尔斯海默到杰维斯》,载《当代亚太》2009 年第 4 期,第 4—31 页。

76. Shiping Tang, *Social Evolution of International Politics*, Oxford: Oxford University Press, 2013;唐世平:《国际政治的社会演化:从公元前 8000 年到未来》,董杰旻、朱鸣译,北京:中信出版社 2017 年版。

77. Zheng Chen, "Ultimate Paradigm or Sand Castle?" *International Studies Review*, Vol.17, No.2, 2015, pp.323—325;唐健:《系统、时间与社会进化:评唐世平〈国际政治的社会进化〉》,载《国际政治科学》2015 年第 2 期,第 118—151 页。需要指出的是,唐世平在较早的文章中使用的是"社会进化"这一通行译法,近来才修改为"社会演化"。

78. 袁明主编:《跨世纪的挑战:中国国际关系学科的发展》,重庆出版社 1993 年版。

79. 参见《中国社会科学》2004 年第 1 期和《世界经济与政治》2004 年第 1 期的相关笔谈文章。

80. 参见《世界经济与政治》2004 年第 7 期和 2005 年第 7 期的相关论文。

81. 周方银、王子昌:《三大主义式论文可以休矣:论国际关系理论的运用与综合》,载《国际政治科学》2009 年第 1 期,第 79—98 页;张建新:《西方国际关系理论范式的终结与"中国学派"成长的困惑》,载《国际观察》2009 年第 5

期，第 9—16 页；胡令远、王高阳：《国际关系理论正在走向终结吗？》，载《国际观察》2015 年第 6 期，第 63—74 页。

82. 美国威廉和玛丽学院的研究团队整理了一份 1980 年至 2014 年期间 12 本政治学期刊论文发表的数据，相关数据可以在以下网址检索：https://trip.wm.edu/charts/＃/fullreport/43。

83. Amitav Acharya, "Global International Relations (IR) and Regional Worlds: A New Agenda for International Studies," *International Studies Quarterly*, Vol.58, No.4, 2014, pp.647—659.

84. Norrin M. Ripsman, Jeffrey W. Taliaferro, and Steven E. Lobell, *Neoclassical Realist Theory of International Politics*, Oxford University Press, 2016.

85. 不同理论立场的学者围绕许多理论概念开展了对话，成果体现在一些文集中。比如可参见 T. V. Paul, Deborah Welch Larson, and William C. Wohlforth, eds., *Status in World Politics*, Cambridge: Cambridge University Press, 2011。

86. 刘丰：《国际关系理论研究的困境、进展与前景》，载《外交评论》2017 年第 1 期，第 23—42 页。

87. 秦亚青：《国际关系理论的核心问题与中国学派的生成》，载《中国社会科学》2005 年第 3 期，第 165—176 页。

88. [加]阿米塔·阿查亚：《全球国际关系学与国际关系理论的中国学派：两者是否兼容》，载《世界经济与政治》2015 年第 2 期，第 10—15 页。

89. 中国学者对理论与政策之间关系的讨论，可参见《国际政治研究》在 2009 年第 3 期中刊发的关于"国际问题研究中的学术性和政策性"的专题研讨。

90. [匈]伊·拉卡托斯：《科学研究纲领方法论》，兰征译，上海译文出版社 1999 年版。

91. 秦亚青：《中国国际关系理论研究的进步与问题》，载《世界经济与政治》2008 年第 11 期，第 22 页。

92. 这一统计结果涵盖了中国国际关系学者在"社会科学引文索引"(SSCI)数据库中"政治学""国际关系"和"区域研究"三个学科分类中的发文，在检索基础上对数据进行了逐条筛选和甄别。

编者按 在当代中国国际关系研究领域,定量研究独树一帜,特色鲜明,与传统定性研究差异明显。研究者在理解中国国际关系定量研究的一般状况及其最新进展时,往往存在一些困惑。例如,我们如何看待定量研究在中国国际关系学界的兴起过程?方法论在国际关系定量研究中的地位是否重要或者有多重要?中国国际关系定量研究存在的主要问题与不足有哪些?是否与美国学界面临相同的问题?国际关系定量研究在当代中国的发展前景如何?存在哪些可能的改进空间?为此,北京大学国际关系学院博士生刘毅专访清华大学国际关系学系庞珣教授。庞教授的主要研究领域是国际政治经济学和国际关系定量研究,目前主要集中于对外援助分析和对外直接投资的政治风险研究,代表作有《霸权与制度:美国如何操控地区开发银行》《国际体系与国内政治:关于国际关系复杂互动的实证研究方法》《体系冲击与空间依赖:具有多因子残差结构的动态等级贝叶斯模型》,等等。

当代中国国际关系定量研究的进展与问题
——庞珣教授访谈

刘 毅

一、当代中国国际关系定量研究的概况

刘毅(以下简称"刘"):您如何理解当代中国国际关系定量

研究的缘起?

庞珣(以下简称“庞”):这个问题不但涉及对中国国际关系定量研究缘起过程的“了解”,还要把这个过程放在当时的情境中去“理解”。在这次访谈中,我会更多地围绕对国际关系定量研究的理解来谈,涉及中国的具体情况,我谈的只是基于文献信息和这两三年中的一些感受,难免有很多疏漏和偏差。我现在就以一个“缘起”过程的局外人的观察和理解来谈中国国际关系定量研究的缘起问题。

从已发表研究成果来看,外交学院的秦亚青教授可能是第一个在国内发表国际关系定量研究的国际关系学者。在《霸权体系与区域冲突》和《霸权体系与国际冲突》两篇文章,以及专著《霸权体系与国际冲突》中,[1]秦教授使用定量研究方法探求霸权体系和国际或地区冲突,但后来秦教授的研究兴趣转移到了建构主义和其他思辨性理论的研究工作上。他早期的定量研究成果应该是对当时或稍后的一些国际关系学者有所影响,但从其他人的研究发表中我没有找到这种影响的清晰形态和脉络。究竟他的定量研究在当时是“孤立”的,还是起到了某种“源头”的作用,我不敢妄加判断。

较早并明确地在中国国际关系学界提倡定量研究的学者,应是清华大学阎学通教授。从研究成果的发表来看,阎教授大约在20世纪90年代末和21世纪初开始推广国际关系研究方法,稍后被称为“科学研究方法”,但他本人并不特别讲定量研究这个词。根据他指导的博士生、博士后发表的著述来看,阎教授应该同时也在倡导甚至从事国际关系的定量研究。另外,十几年前,阎教授就发起了一年一度的“国际关系研究方法讲习班”。因此,阎教授毋庸置疑地提倡和推动了定量研究方法在中国国际关系学研究中的运用,其影响不限于他自己培养的学生,且通过方法讲习班在全国范围内产生影响。

除关键人物所做的工作外,当讲到“缘起”问题的时候,我们也需要谈谈国际关系学科当时的国际、国内大背景。无论是中国国际关系定量研究先行者的秦亚青教授,还是“缘起”的推动者阎学通教授,他们都是留美政治学博士。秦亚青教授于 1994 年获密苏里大学博士学位,阎学通教授于 1992 年获加州大学伯克利分校政治学博士学位。20 世纪 90 年代前期到中期,西方国际关系研究在中国国际关系学界还很新,将“西方”的理论和方法介绍到国内是当时“留洋”学者推动中国国际关系研究发展的重要工作。当时美国国际关系发展最重要的现象和特点是几大范式之间的大辩论和实证主义研究的盛行。定量研究方法作为实证主义研究方法的一种,被介绍到中国有其必然性。不过,定量研究方法在美国的国际关系研究中的重要性也无法和今天相比,当时占主导地位的是定性研究,并存的还有大量的形式模型、博弈论、描述性研究、政策分析研究等。到 20 世纪 90 年代末期,定量研究方法开始与定性研究方法平分秋色,一起成为美国国际关系研究的两大“主流”方法。于是,我们也看到,在 20 世纪 90 年代前期和中期,这些留美学者更多致力于对他们在美国学到的新理论和实证主义方法进行介绍,而对定量研究的兴趣和信心延迟到 20 世纪 90 年代末 21 世纪初才明确表现出来。

因此,尽管定量研究方法作为一种客观的研究方法和工具,其本身并没有国家属性,但从在中国国际关系学界的缘起来看,定量研究的确又是和“美国”这个国家的名字联系在一起的。一些中国学者把定量方法和美国强大的学术话语权相联系,从“缘起”背景来看不难理解,尽管我仍然要强调定量研究没有国籍属性。

刘:您如何看待方法论在当代中国国际关系定量研究中的地位和意义?

庞:这需要把“方法论”“方法研究”和“定量研究”这几个经常混用的概念进行区分和比较,然后才能回答这个问题。

方法论研究落脚点是“论”,是关于方法背后的理论、关于知识本身的理论,以及如何获得知识的理论。“方法研究”的研究目的和成果是“方法”,是对研究工具的发明、发展和改进。而“定量研究”的出发点和落脚点是“研究问题”,是要对国际关系具体问题进行回答,得到对国际关系新的理解和发现,只不过在这个研究过程中运用了定量方法。

如果“方法论”是指关于方法的认识和理解,那么任何研究,包括定量研究、定性研究、思辨研究、历史研究等,都需要一定的方法论指导,尽管研究者本人并不一定要去专门学习这些“论”,但各种研究方法的背后都是“如何追求知识”的方法论,有些看似不同的方法背后的方法论是一样的,比如定量研究和定性研究;但有些方法背后的方法论、认识论和本体论相差很大,比如说,实证主义研究方法和批判性研究方法。但“方法论”在各种类型的研究中都是有地位和意义的,不仅仅是定量研究背后才有“方法论”支撑。

中国的国际关系学者有时候所说的“方法论”可能是对方法的研究,比如对方法进行发展、改进和发明的工作。我所做的一部分研究工作,就是根据国际关系研究需求,去探求更好的实证方法及研究某种方法的统计特征。我把这种研究称为“方法研究”而不是“方法论”,这一研究领域并非对方法本身的本体论和认识论基础进行研究,而是研究如何发展、改进和甄选研究方法，其目的在于解决实证研究中概念测度、数据生成和清理，以及提供在数据分析的基础上对理论进行检验的方法和工具。目前，在政治学研究领域中，“方法研究”常为“定量方法研究”的简称，不是说别的方法就没有人在专门研究，而是因为只有定量方法研究的专门研究人员在规模上和分工上达到了形成一个研究领域的程度。

刘：既然定量方法实际就是测度方法、统计方法、计量方法，那么，国际关系学者从别的学科直接借来用即可，为什么还需要有部分政治学家和国际关系学者专门从事定量方法研究？

庞：这又回到刚才的问题，即“定量方法研究”在国际关系定量研究中的地位和作用。答案很简单，政治学定量研究方法是根据政治学、国际关系的数据形态和研究目的来发展从别的学科无法借用来的方法，也就是说，定量方法研究是为了在研究工具方面来帮助和促进国际关系定量研究而进行的研究。比如，国际关系学研究者常常面对的研究对象是 N 个国家 T 年的数据，从理论上讲，时间的跨度可以上千年。当然有数据记录的最长也就几百年，而国家的数量并不是那么多，最多不到 200 个，并且，国际关系学者对国际关系动态演变的兴趣可以大于国家之间的横向比较。那么，如果直接从计量经济学借用面板数据分析方法的话，尽管这一方法发展得很成熟，但经济学家研究的是众多微观行为体，比如说消费者、公司等，而这些行为体往往不像国家那样容易进行动态追踪。所以，数据的时间跨度都不大，有时候甚至就两三个时间点，而经济学家主要感兴趣的并非个体的动态演进，而是个体之间的差异性。他们发展的面板数据分析技术好不好？对这个问题的回答取决于面临的数据特征和研究目的。对他们来说非常好，而对国际关系学研究可能非常不好。那我们怎么办？我们需要有专门的研究者来根据国际关系学的研究特点和目的发展我们自己的方法。这些方法可能对经济学家的研究并不比面板分析技术好，但这根本不重要，重要的是它们能够解决国际关系学者面临的实证问题。

刘：那么，“定量方法研究”的主要工作是什么？

庞：概括地说，就是根据数据特征和研究目的设计统计方法、分析统计量的性质和可靠性、进行模型测试和比较、对新方法进行实证运用演示。这些工作通常涉及数理分析、计算机算法设计、机器数据模拟实验测试、实证数据分析测试、应用统计软件开发等。

因此，在中国的国际关系研究领域中，定量方法研究作为一个研究领域尚未出现，而且可以预见，在近期也不太可能出现。在一定时期内，中国的国际关系定量研究还不需建立和发展出自己的“定量方法研究”，因为目前国际上已有或正在进行的定量方法研究已经足够我国的国际关系定量研究者学习一段时间，学习而非创新定量研究方法是我国国际关系定量研究中的重要且必需的任务。

进一步说，定量研究方法本身并不能产生一个好的国际关系定量研究，再好、再先进的定量研究方法都无法拯救一个糟糕的研究——糟糕的问题、糟糕的理论、糟糕的逻辑推理或糟糕的论文写作，任何一点都会让定量研究方法无力回天。相反，一个好的国际关系研究并不一定要运用定量研究方法，甚至不一定要运用“科学研究方法”。牵强地运用定量研究来作为“科学装饰”反而是画蛇添足。为什么？因为国际关系定量研究是不是好的研究，判断的标准是它是否推动了我们对国际关系某一类现象的理解和认识，而不在于它的研究是否被贴上了“科学”“历史”或“思辨”的标签,不在于它处理的信息是定量的还是定性的,以及处理的方式是人工的还是自动的。“国际关系定量研究”决不能是为了使用定量方法而进行的国际关系研究。

二、当代中国国际关系定量研究的进展

刘:目前,中国国际关系定量研究特色是什么,是否存在一些流派?

庞:中国国际关系定量研究一个有趣的特色就是,其议题领域基本上集中在国际安全领域,比如说联盟、战争、国际冲突的调停等。从国内期刊发表的有关定量研究的文章来看,国际政治经济学领域的研究大都来自经济学学者,国际关系学者发表的有关定量研究的文章大部分是安全领域的研究。说这是一个有趣的现象,是对比美国的情况来说的——美国国际关系定量研究最占优势、最活跃的议题领域是国际政治经济领域,如国际贸易、跨国投资、对外援助、全球治理等,相对来说,安全领域的研究使用形式模型、博弈论的更多,而且使用定量研究来回答的研究问题相比国际政治经济学领域研究也要单一得多。这一特点的成因可以从中国国际关系定量研究的“缘起”去理解。此外,这也是由于中国的国际政治经济学在国际关系学科中的地位和影响似乎低于安全研究,这与美国国际关系研究的情况正好相反。

中国国际关系定量研究还没有产生出流派,也不会形成流派。国际关系定量研究不可能形成一个“流派”,主要原因是在

任何一个研究中，定量研究方法本身的概念、假设、公理、定理本身并不影响到国际关系理论的构建、构成和演进，只在理论检验部分发挥作用，从检验的意义上来推动理论的淘汰、修正或发展，而它为之服务的理论并没有特定的内核，它本身不形成“流派”，而且它也不为任何特定的“流派”所享有。

国际关系定量研究也不会因为使用不同的定量研究方法而形成不同的“流派”。没有研究者会无视研究的具体需求而坚持使用某一种或某一类定量研究方法，如面板数据分析技术，从而形成“面板流派”。相反，由于定量研究方法是工具，研究者会根据研究目的和数据形态选取不同的工具，在此研究中运用匹配法（matching），在彼研究中运用“多层模型”，而在另外一个研究中，可能“生存模型”又是最为恰当的工具选择。如果真的形成了国际关系定量研究的“匹配学派”“多层学派”“生存学派”，那就一定是我们犯了研究目的和方法之间“本末倒置”的根本错误了。

刘：如何认识当代中国国际关系定量研究与定性研究的关系？

庞：在中国国际关系学界，二者的关系并不是特别融洽。对定量研究持批评态度的学者往往把定量研究看成美国学术霸权在中国的影响，而把提倡定性研究看成是本土的坚守与反抗。其实，定性研究又何尝不是美国人占据了更大的学术话语权？大量关于定性研究的论著和文章，何尝不是美国学者发表在美国期刊上？更有意思的是，中国国际关系定量研究似乎抢占了“科学研究”这一制高点，让在科学研究方法中本是平分天下的定性研究感到强烈的压迫感，几乎要否定自身的科学本质了，转而强调其思想的深刻和积淀的深厚，甚至转向人文传统。

中国国际关系学界这种定量与定性的关系，与美国是如此相似，在这个意义上，倒是仿佛受了美国“学术霸权”的影响，美国的弯路我们也想照走。更惊人的是，中国这种定量与定性间的关系，与我在美国普林斯顿大学一个系里看到的定量与定性之争，在言论、逻辑和情绪上都竟是如此相互照应，令人惊讶。

美国的定量和定性的竞争与争斗，来自于定量研究对定性研究的“挤出效应”，而这是在中国国际关系学研究中实际上并没有的一种利益竞争。在美国，这种挤出效应表现在定性研究的文章越来越难发表，从事定性研究的博士生越来越难在高水平大学找到工作，定性研究教授在系内对优秀学生的竞争中越来越处于劣势，等等，这些涉及稀缺资源分配的问题，于是两者之间有较深的隔阂和争斗，这是可以理解的。中国国际关系学界理应从一开始就运用我们东方的宽容与智慧，避免这种西方式或美国式的竞争与对抗，走出我们自己的更综合的研究道路。而且，这完全是可能的。定量和定性研究本质是一样的，仅仅是使用范围不同，也无孰优孰劣之分。更重要的是，国际关系研究如今所处的时代已经让定量与定性之分失去了昔日的意义，我们没有理由把美国的弯路再走一遍。

定量定性研究本身没有什么高下之分，也决不应该仅从选择什么样的研究方法去评判一个研究。现在中国的国际关系学者很多都认为美国定量研究方法在国际关系研究中非常“霸道”，但其实很多定量方法的发展者和使用者都把定性研究方法放在一个平等的地位来认识。比如，在 20 世纪 90 年代定量研究方法还没有这么“霸道”的时候，美国哈佛大学的加利 · 金（Gary King）教授就说定量和定性研究没有本质不同和高低之分，他最近的言论更是明确认为定量和定性研究必须携手共进，一起应付复杂现象和信息带来的挑战。又如，普林斯顿大学的安德鲁·莫劳夫奇克（Andrew Moravcsik）教授，他可以算得上美国国际关系学界在定性研究方面的代表性学者，由于他的定性研究方法运用规范而精妙，据我所知，没有任何一个定量研究者无知无畏到去诟病他的研究为什么不使用定量方法。相反，他的同事、美国国际关系学定量研究方法的使用者海伦·米尔纳（Helen V.Milner）教授非常敬重莫劳夫奇克教授的专业意见，她的重要工作论文都希望能够得到后者的阅读和反馈。

当然，这种专业上的相互尊重来之不易，因为它需要双方在相互面对时都有“安全感”。正在成长、试图在学术界占据一席之地，或者正在攀登、希望获得更大名气，或者处于学术生涯后期并感到来自“少壮派”威胁的学者，这些都是较为缺乏安全感的群体，他们之间的争斗与相互否定，与其说是围绕不同研究方法，不如说是生存环境之争。从根本上看，这是因为美国学术界是一个高竞争行业，生存环境严酷，不仅青年学者，即使是终身教授，如果长期不发表文章，虽然饭碗无忧，也将在学术界实际死亡，表现为不再能够吸引到优秀博士生，慢慢的在学术共同体中仅作为一个过去而存在。这种高烈度的竞争，有其积极和高效的方面，但让大部分学者带有强烈的“不安全感”。

从论文发表来看，美国的定性研究的确面临着目标刊物越来越少的问题，而中国国际关系期刊并没有特别倾向于发表定量研究成果，相反，由于可读性较低、排版复杂、难找到合适的评审人等因素，很多期刊实际上并不欢迎定量研究的投稿。

放眼未来，定量和定性两种方法仍然会并行存在，一个研究里只使用其中一种方法的情况会越来越少，这就不仅要求研究者对两种方法都要好好掌握，也要求精通各自方法的研究者之间更多地合作。总之，我觉得不管从现实还是从未来看，定量与定性之间的关系绝对不应该是对立、竞争的，真心希望中国国际关系学界在这一点上不要效仿美国。

三、当代中国国际关系定量研究存在的问题

刘：当代中国国际关系定量研究存在哪些不足与缺失？

庞：中国国际关系定量研究的发展尚处于初始阶段，虽然不少学者已经进行了非常有益的尝试，但也存在一些不足之处，集中体现在以下几点。

第一点是“创新性不足”。这个创新性既指议题创新，又包括方法创新，归根结底还是理论创新不足。这些年我听到很多学者对定量研究的一个非常重要的批评就是，用了一堆术语、数据、回归模型，结果也没有回答什么新问题、得出什么新结论，而且定量研究的文章在理论分析部分显得浅薄，研究者试图用“花哨方法”来弥补甚至掩盖其“学养不足”。面对这样批评的时候，我一方面为定量研究方法本身感到委屈，但同时也不得不承认我们现有的国际关系定量研究存在创新不足和创新误区。

定量研究创新的一个误区是，研究者试图通过使用定量研究方法本身来凸显研究的学术价值。做定量研究方法研究时，方法创新是追求的目标和研究价值的主要所在；而做国际关系研究时，定量研究方法本身并不产生任何新知，而是用于检验新观点、新解释、新理论的可靠与否及其程度。换句话说，一个研

究如果没有回答什么新问题或从理论出发得出新答案，不论它是否运用了定量研究方法、运用了如何先进的定量方法，研究仍然没有值得一提的创新和价值。一个好的国际关系定量研究需要达到的标准是，我们把它的定量研究部分去掉之后，从逻辑上和理论上仍觉得这个研究提供的解释是令人信服的。也就是，研究的解释是否经过了严密的逻辑推理，是否在每一步推理过程中都有理论的支撑，是否谨慎地分析了新解释与已有解释相比的主要创新点，在什么情况和条件下新解释是更好的解释，以及在什么意义上“更好”，这些问题都必须在开展定量研究之前就解决了。

有些人可能会问：“如果前面的部分把创新工作都做完了，再做定量研究还有什么意义，是要‘狗尾续貂’，还是要‘金粉敷面’？这不是印证了一些人对定量研究的看法——那些数据分析、回归结果表格、统计图形等是唬人的装饰，本是可有可无的东西？”其实不然。逻辑层面和思想意义上再好的理论，都必须通过实证检验才是可信的理论。因此，无论是定性研究方法还是定量研究方法，其目的就在于检验理论的可信性。之所以用“可信性”而不是“真谬”，是因为前者可检验而后者无法检验。在科学化程度更高的学科，理论发展和理论检验是分工到不同研究中的，比如，理论物理学家或理论经济学家，一般是不做实证的，但并不等于他们发展的理论超然于实证检验，而是因为有应用物理学家或应用经济学家从事检验理论的工作。国际关系学当前的要求却是同一个研究既需要理论论证又要有实证研究，这是由于我们专门做理论的学者大都在做思辨性理论或缺乏实证操作性“大理论”，于是一个国际关系定量研究往往需要先发展出具有可检验性的国际关系理论解释，再对提出的理论解释进行实证检验。但是,创新性主要体现在前一部分,后一部分的工作意在提供理论的实证可信性评价。

也许还有人会说:"这样的话,看一篇定量研究文章根本没有必要去看那些定量研究的实证结果,因为实证结果肯定是要跟前面理论解释一致的,这跟左右手互搏似的,自己检验自己,检验还能不通过?"没错,能够被发表的定量研究绝大部分都是理论暂时通过了实证检验的研究,但这是因为目前国际关系和政治学界的学术期刊发表文章的一个不成文规定是,没有通过实证检验的研究不予发表,即使"发现没有影响"本身可能是一种重要的"发现"。这和科学化程度高的学科很不一样。因此,我们只看到了通过了实证检验的文章,是因为只有这些文章被发表了,还有很多研究,它们提的解释被自己的实证检验否定掉了,这些文章都需要重新修正理论或重新取得更为可靠的实证证据,在修改并能够通过检验之前,我们是看不到这些文章的。因此,看不到"自我否定"是因为期刊不发表"失败"的研究,并不是这种检验不过是"走一个永不失败的过场"。

至于存在的不足,中国目前国际关系定量研究在前一部分工作——理论分析上——下的功夫不够,从选题、文献回顾到理论解释的发展,都显得薄弱,尤其是理论论述部分过于简化,而这个简化又被误认为是定量研究所要求的简化。如果国际关系定量研究的实践者和评论者有这样的误解,就会形成创新误区——以为创新点在定量研究部分,而不注重理论论证;以为使用了定量研究方法,就可以把理论解释简化到只有输入变量和输出变量,把中间的因果机制和链条处理成一个"黑匣子";以为有了批量的数据分析,就不需要了解历史和现实、掌握理论与逻辑、深入思考理论问题。

总之，国内定量研究的一大缺陷就是在理论、推理和论证部分薄弱，创新性不足或将研究的价值过度系于定量研究方法的运用上。这个不足亟待改变。

第二点在于对数据的了解、理解和使用不足。在中国国际关系学界，不论是已经在使用定量研究方法的学者，或是准备将来运用这种方法的学者，或者并不从事定量研究的学者，一个常见的误解就是认为有关中国的数据“匮乏”“不可靠”“有缺陷”，由此得到的认识就是，大部分中国学者感兴趣的研究问题都无法使用定量研究，而且建立在不可靠或有缺陷的数据基础上的定量分析，不但不能够增加研究的可靠性，反而降低了研究的可信性。甚至有人认为，既然数据不完美，定量研究者就必须“扭曲”数据来支撑他们的理论和观点。

首先，我不能认同有关中国的数据“匮乏”的认识。从数据来源来看，这种认识往往认为官方公布的数据是研究数据的主要来源，但其实国际关系学和其他学科一样，越来越依赖学界根据研究目的搜集生成的数据库和数据项目。目前，已经有大量的此类数据库积累，有综合性的数据项目。这些数据库中有专门关于中国的，有的数据库包含了中国的信息，但需要研究者从这些数据库里提取中国的部分。

由此可见，研究者是解决数据“匮乏”的主体，搜集、生成、整理与研究问题相关数据是研究工作的重要组成部分，也是研究的重要贡献之一。当今世界信息源的多样性、及时性和易得性，其实已经没有数据匮乏的问题，只有信息尚未被提取和数字化、数量化的问题，而这正是研究者有责任、有动力去做的工作。

关于数据不可靠、有缺陷的问题，我在《国际关系研究的定量方法：定义、规则与操作》一文中曾谈到，从来就没有完美的数据,定量研究方法正是为了处理各种数据问题而产生和发展起来的——有的问题能通过统计处理而得到克服,有的问题可能只能被有限地改进,还有一些问题可能定量方法克服和处理不了,但至少定量方法能够把问题明确地摆出来,而不是把它们"藏起来"。[2]

由于对数据和定量方法之间关系的理解不足或存在误解,一些中国国际关系学者把自己的研究局限在已知的、"权威的"、已有的数据范围内,导致了研究选题流于狭窄、使用数据来源过于单一,如世界银行数据、战争相关指数(Correlates of War,COW)数据项目等,而较少根据研究设计的要求去提取和搜集与理论解释更为契合的数据,使得定量研究部分时常和理论部分脱节,导致了数据创新方面的严重不足。中国国际关系定量研究如果能够在国际上产生影响,最有可能的贡献首先是研究者利用自己对中国的了解和身在中国的优势,在信息挖掘、整理和编码等方法上作出中国学者独特的贡献,而这一贡献正是世界各国国际关系学界非常需要且期待的。当然,数据创新非常难,需要根据研究者的研究需求和一系列的测量规范,对概念进行严格分析和界定、概念化、测量和生成数据。对概念在研究中各种语境的深刻理解、遵循系统的概念化过程和标准,运用严格和透明的测量防范并将新测度与已有测度进行比较分析,对数据与概念和现实两端的契合程度来考察数据的可靠性、可信性、可用性等,并且通过高质量的应用性研究展示数据的使用价值等,这一系列繁重而复杂的工作必须一一完成,生成的新数据才能够为学界广泛接受和运用。这个任务虽然艰难,但亟须大量学者长期投入,因为其必要性、重要性和富有前景,这将是我国国际关系定量研究具有世界性影响的最重要途径之一。

第三点是在方法运用上的不足。我之前也提到“定量方法研究”要求方法上的创新，而“国际关系定量研究”不要求方法创新，但它要求方法运用得当，而“得当”的标准不是方法本身的复杂程度或新颖性，而是方法与理论的契合程度，方法是否能够对待检验的理论进行真正的、严格的检验。因此，说目前中国国际关系定量研究在方法运用上还不足，并不是指这些研究里用的分析方法不够复杂、不够多样或没有把最新的方法发展加以利用，而是指在根据理论的需要和数据情况去选择适当的方法，从而去处理假设检验中的基本问题和难题方面，在这个意义上我们的国际关系定量研究还存在不足。

基本问题和难题包括如何将理论“翻译”成统计模型的问题——理论解释中变量之间的关系是线性的还是非线性的，这决定了模型的“方程形状”；与待检验的解释相关的还有什么别的关于同一现象的解释，这决定了模型中的“控制变量”选择；样本是否有选择偏差问题、是系统偏差还是随机偏差，这决定了是否要选用或选用什么样的统计方法来纠正偏差或者来考察偏差的程度；解释变量和被解释变量之间是否有互为因果的可能性，这决定了用什么样的方法来切断其中一个方向的因果关系，如时延变量、工具变量等，从而得到可靠的检验结果；是否存在缺失数据、缺失数据的形态如何，决定了要用多重增广或者样本选择模型来解决缺失数据带来的分析偏差；变量是否具有时间和空间上的相关性，决定了是否需要及如何选择处理时空相关问题的方法，等等。这些问题本身是逻辑和理论问题，不是定量方法本身的问题，需要通过选取恰当的定量方法去处理这些问题。

从目前情况来看，我国的国际关系定量研究在定量方法的选择和运用方面，对这些最为重要的基本问题思考不足，在研究中对面临的理论和数据问题的分析和报告不足,导致定量方法的运用缺少足够的论证。

第四点是规范性不够和评判标准缺失。人们时常谈到并且也大都加以承认的定量研究的一个优势,就是研究的透明性和可重复性,但在中国国际关系界却广泛存在着对定量研究是"唬人的花哨玩意"的看法。应该说,如果一种研究方式或方法是透明的、可被他人所复制的,这种方法就不可能骗人唬人,但为什么却有这样的批评呢?我觉得其中一个重要原因就是,我们虽然有了国际关系定量研究,但尚未具有相应的写作规范和数据公开机制来提供足够的信息让其他研究者可以复制一个定量研究。那么,为了保证研究的透明度和可重复性,国际优秀期刊及研究者个人的做法如何呢?那就是建立数据公开、代码公开、计算过程公开的信息共享平台。期刊要求作者将实证部分的详细补充信息、研究用到的数据、数据编码说明、计算过程的编码等在文章被接收时提交给期刊,期刊在其数据库中进行存储并公布。另外,很多研究者将供研究复制的必要材料在自己的研究网页上公布,供其他研究者无障碍下载。

如果定量研究缺少这样的数据共享平台,就失去了它最大的优势——研究的透明性、可复制性和累进性。只有公开数据、公开代码、公开计算过程,别人才能够在现有的研究基础上发现错误并加以改进,新的研究才可以在现有研究对数据积累和对方法尝试的基础上进一步推进研究。中国的国际关系学定量研究现在需要建立数据公开和共享的规范、机制和平台,否则就无法改变其"花哨唬人"的印象,也无法让定量研究者避免重复性劳动而在别人的工作、成就和基础上推进研究。

刘:美国与中国的国际关系定量研究是否面临同样的困难?

庞：我们可以把你说的困难分为要做一个“好的”国际关系定量研究面临的困难和定量研究发展面临的困难，这是两种不同的困难。我觉得就前一种困难来说，美国与中国的国际关系定量研究面临着一些共同困难，而就第二种困难来说，定量研究在中国国际关系学的发展和在美国面临的困难非常不同。

就做一个好的国际关系定量研究面临的困难来讲，当今研究者面临的数据越来越多、越来越复杂、更新越来越快，新数据新测量以前所未有的速度和规模涌现，这无疑是定量研究的机遇，但任何一个个体的研究者都面临着被数据的海洋和方法的日新月异所淹没的危险。于是，研究者要想单独完成一个前沿性研究需要很长的时间，从理解现象、形成假设、理论推演到采集和分析数据、学习并使用分析方法，这对单个研究者提出了多方面要求，就其精力、时间、资源来看都几乎到了不切实际的程度。这一困难性在美国已经表现得非常明显了。解决这一困难的唯一出路是协作研究、分工合作。定量研究发展到今天的水平，任何一个研究要做好做扎实，都已经成为一个不小的工程。美国解决这一困难的探索表现为，国际关系定量研究合作发表越来越多，合作者的数量也越来越多，一篇文章三四个作者变得越来越常见。

从国际关系定量研究作为一种研究路径和方式面临的发展问题而言，美国和中国所面临的问题有所不同。美国定量研究在国际关系学中的主要问题是“过度发展”的问题，而中国是发展不足的问题。美国国际关系学目前的情况是，定性和定量研究是最主要的研究方法，但就使用两种方法的人群年龄结构、代际结构来看，使用定性方法的研究者年龄偏大，而年轻学者和博士生们几乎普遍使用定量方法，尤其获得高水平大学正式教职的青年学者,几乎都主要使用定量方法。这意味着十年、二十年以后,美国国际关系学中掌握和精通定性研究方法的研究者会非常少,由此带来的后果是,在上面提到的研究分工中,缺少能够承担起用实地观察和经验及对现象有着深刻深入理解的研究者来承担解读复杂数据、解读统计结果的工作,这对于国际关系研究整体、国际关系定量研究,以及如今正在蓬勃发展的计算社会科学国际关系研究来说都会带来严重的障碍和困难。

中国国际关系定量研究发展所面临的问题则非常不同。定量研究如今仍然不是"主流"的研究,从量上和质上的发展均严重不足。进一步发展的困难有一些客观限制,但最重要的困难主要存在于研究者的观念中。从观念方面看,不但有前面提到的对数据分析的重要性和必要性缺乏感受,还有一些对定量方法本身的误解,尤其是把定量方法与美国学术霸权相联系,或与国内某个较早提倡这种方法的人物和机构相联系,而误解了定量方法作为工具的中立性,造成了接受和学习这种方法的一些消极心理。从客观条件来看,国际关系定量研究进一步发展需要克服一些制度和机制上的困难,比如前面提到的数据共享平台让定量研究成果更为透明和可重复使用,与其他学科合作整合定量研究方法的教学资源,形成明确的国际关系定量研究评判标准,建立定性和定量相结合的研究合作机制,等等。

四、当代中国国际关系定量研究的发展前景

刘:您如何看待国际关系定量研究在当代中国的发展潜力?

庞：尽管目前面临着种种不足和困难，国际关系定量研究在中国的发展前景还是很乐观的，发展是必然的，只是向什么方向发展、发展速度的问题。

第一，从社会科学发展的大趋势来看，国际关系定量研究势必是越来越普遍的现象。虽然在中国我们把社会科学和人文学科通称为"文科"，但社科和人文在研究目的和范式上的分野越来越明显。社会科学本质与自然科学并无不同，研究的任务均是要找出一类现象的共同解释，并运用实证信息来检验这一解释的可信度，只不过社会科学研究的现象更为复杂多变，主客体的两分时常显得困难，这使得自然科学中通行的分离研究和还原研究方式在社会科学中只能是近似的方法。

即使是有些学者更倾向认为国际关系学是人文学科，也不能由此而认为这个学科就能够与定量研究方法绝缘，因为人文学科对定量研究方法的使用程度有的甚至不逊于社会科学学科，比如说历史学和文学，现在也大量使用数据分析、回归模型、计算文本分析技术等，研究层次微观化和研究方式实证化，这也是中国人文学科的一个研究发展新动向。

因此，我认为定量研究在中国国际关系研究中普及而成为一种日常研究手段是迟早的事情。当然，这并不意味着每位研究者在每项研究中都会使用定量研究方法，而是说大部分中国国际关系研究者将掌握定量研究方法，从而在实际研究中根据研究目的和实证信息搜集情况，决定选择是否运用、如何运用定量研究方法。

第二，国际关系研究的整体发展趋势也预示了中国国际关系定量研究的乐观前景。传统的国际关系研究议题高度集中于安全领域，研究作为单一行为体的国家在互动中产生的国际关系现象和结果，研究对象具有宏观性导致了作为理论分析基础的核心概念具有宏大性和模糊性，例如，“国家利益”和“大战略”等概念，难以概念化、操作化和实证测量。

随着冷战的结束和全球化的发展，国际关系研究的议题越来越向次国家和超国家层次发展，出现了研究的行为体多样化、多元化，研究的对象和涉及的概念中观化到微观化，研究议题扩展到了与全球治理密切相关的问题领域，而这些领域相比传统的国家间关系研究更具有技术专业性，如国际气候谈判与合作、跨国犯罪及恐怖活动、国际发展援助、对外直接投资的政治风险、城市间跨国扶贫合作、跨国移民对国内政治的冲击、跨境民族与国内冲突，等等。这些议题中涉及的现象、概念和关系比宏观议题更容易测量，同时在这些领域内积累和全球共享的信息也更多，这样的研究对定量研究方法的需求和依赖也更高。

目前，中国国际关系研究还是以国家间关系的宏观性研究为主流，但是，我们也能够看到，越来越多的学者尤其是年轻一代学者开始更多地涉足非国家层次的研究，这些学者不再执着于大国关系整体研究和国际格局的宏大研究，他们因此而对定量研究方法有更多的需求和学习的热情，这也预示了定量研究在中国国际关系学界的未来。

第三，定量研究方法发展的趋势也会使这种方法对中国国际关系研究者的吸引力越来越强。我们大部分人提到定量研究方法想到的就是统计回归模型，一个等式、几个变量、一堆数据，然后做出一些高度简化的结论。对定量研究方法一直以来最大的批评就是“过度简化”——一个复杂的社会现象的成因如何能够用一个简单的数学公式很好地表达出来呢？随着计算模拟技术的发展和数据的日益充足化，大量的定量研究方法不再建立在“数学等式”的简单表达上，图形化模型就是拟合复杂因果系统的一种较新的方法。现代的社会网络分析技术是当今国际关系定量研究中一个常用的工具，而这种方法不再对现象进行“分离”研究，而正是将行为体之间的关系和互动置于整个系统的网络中进行分析。

许多这样的定量研究方法的存在和发展，研究者完全可以利用它们来拟合并系统分析复杂社会现象和过程，分析行动者-结构的关系。定量研究方法的发展早已经超越了简单的统计回归，对社会现象的动态性、系统性、复杂性和关联性分析成为定量研究方法的发展重点。

第四，定量研究方法对政策决策的辅助功能也将是推动中国国际关系定量研究的一大动力。传统上，我们认为定量研究是对现实进行大刀阔斧的简化，因此定量研究没有什么政策价值；而国际关系的定量研究曾几何时也表达了对“纯科学”的追求而对研究的政策决策意义毫不在意。但是，随着定量研究方法的发展和计算社会科学的兴起，定量研究不但要追求对世界的“科学解释”，研究需要服务于实际问题的解决越来越成为国际社会科学研究者的共识。建立在数据分析和计算技术之上的研究成果，早已经成为美国等国家决策的重要支撑。比如，关于国际恐怖主义的定量研究已成为美国政府对外政策的重要科学支撑。

中国政府在关于新型智库建设的指导性文件中特别提到，对政策决策具有实际运用价值的研究应该是能够“及时提供动态监测、实时预警、效果评估和信息反馈。真正具有前瞻性、科学性、实用性的政策建议，必须有厚重的理论、多学科的视角和先进的方法作支撑”。当然，我个人并不认为中国国际关系研究者都要去成为“新型智库人才”,都去做具有直接政策决策应用价值的研究。但不可否认的是,我国的国际关系学者及其研究,对政策的关怀要比美国同行深切得多,更具有服务祖国的情怀,而如何通过切实的研究为政策决策提供坚实的智力支撑,提供思辨性的洞见和实地经验带来的稀缺信息是重要的途径,通过对庞杂信息进行处理而对国际关系现象进行追踪、动态检测、早期预警等定量研究方法所擅长的研究,也是国家对外政策决策所明确需要的研究。

因此,具有强烈现实关怀和政策服务意识的中国国际关系学者,一定会越来越多、越来越好地运用定量研究方法来呼应国家对此类研究的需求和强调,这也预示了国际关系定量研究的美好前景。

注　释

1. 秦亚青:《霸权体系与区域冲突:论美国在重大区域武装冲突中的支持行为》,载《美国研究》1995 年第 4 期;《霸权体系与国际冲突》,载《中国社会科学》1996 年第 4 期;《霸权体系与国际冲突》,上海人民出版社 1999 年版。

2. 庞珣:《国际关系研究的定量方法:定义、规则与操作》,载《世界经济与政治》2014 年第 1 期。

编者按　改革开放以来，中国大陆的国际关系研究取得了长足发展，但也存在一些问题和不足。与此同时，中国台湾地区的国际关系学界也活跃着一批勤勉、富有创新精神的学者，并且成绩斐然。那么，台湾的国际关系研究的整体状况如何？与西方的国际关系学界有着怎样的互动？有哪些理论创新？是否存在国际关系研究的"台北(或台湾)学派"？台湾的国际关系研究存在哪些问题？应采取哪些措施，切实有效地推动两岸国际关系学界之间的对话？为此，北京大学国际关系学院博士研究生黄立志就上述议题专访台湾大学政治系张登及副教授。张教授长期从事国际关系理论、中国古代与当代外交史和外交政策研究，著有《建构中国：不确定世界的大国地位与大国外交》等。

国际关系研究在台湾
——张登及副教授访谈

黄立志

一、个人研究旨趣与台湾的国际关系研究

黄立志(以下简称"黄")：您取得台湾政治大学的博士学位后，又在英国谢菲尔德大学(University of Sheffield)取得另一个博士学位，这么做是否反映出台湾国际关系学界的研究或认

同取向？

张登及（以下简称“张”）：拥有两个博士学位既有偶然因素，也与台湾学界的风气有关。相较而言，拥有美国、欧洲学校的学位在公立大学求职时较有竞争力。12 年前，我从政治大学获得博士学位毕业时，台湾的教职还比较多，博士谋求教职还有较大空间。但这些年来，教职一步步在减少，原因主要在于：第一，台湾地区少子化倾向让学生生源减少；第二，经济不景气，新聘教职职位没有增加；第三，20 世纪 80 年代以来，台湾新建并开放了很多大学，但由于低出生率，这些学校逐渐没有足够的生源，存在“头重脚轻”的危险。

黄：您的硕士论文“中共的世界观与对外政策的演变”是一种历史路径的研究，您在台湾政治大学攻读博士学位时，从事“中国的大国外交”研究；到谢菲尔德大学读攻读第二个博士学位时，您用结构现实主义的理论框架检验中美关系；任教后，您又重新走了一遍由理论到历史路径的过渡。这一研究方法的回溯体现了些什么呢？

张：我觉得自己的研究路径和这些年台湾的大陆外交研究的发展期相呼应。我把台湾的大陆外交研究分为三个时期：古典时期、理论时期及创新时期。古典时期（主要是 20 世纪 80 年代以前）使用的研究方法是历史途径，理论时期使用的是科学途径，目前则处于理论时期末端逐步向创新时期的过渡。1994 年，我从台湾大学学士毕业时，台湾正处在解严初期，那时候外交与政治的研究仍处在古典与理论的对接期，我受到不少历史方法的影响。我的硕士论文写的是中共创建到作为执政党的世界观发展史，从中国共产党建党初期开始写。即便是今天，我依然觉得，要看一个国家的外交史或政治史，“观念史”是其中非常重要的一部分。

长期而言，历史里存在的因子、积淀会发展成一种思维观念和定势，甚至是一种路径依赖(path dependence)，长期影响后人。在政治大学读博士期间(1996—2002 年)，我的论文主要写大陆的“大国外交”的发展。那正是人们目睹中国崛起的初期，“大国外交”的概念开始兴起。到小布什时代，世界银行副行长佐立克提出中国要做世界上“负责任的利益攸关者”：中国在加入了各种国际制度、承担越来越多的责任后，作为现状的受益者，也要提供一部分公共产品。我的博士论文刚好描述了中国从反对现状的角色不断转移并定位的过程。在 1999—2001 年间，在王逸舟、陈岳、李少军、杨洁勉、石之瑜、邱坤玄等多位老师的帮助下，我在北京与上海做了一系列访谈。当时访问了 30 位学者，发现对“大国外交”这个概念赞成或反对的学者各占一半。我首次感觉到，大陆的学术辩论很丰富，观念很多元，甚至争论也很多。这是 90 年代末期，大陆已经开始进行自我认知的调整和对身份的寻求。在此背景下，我完成了在台湾政治大学的博士论文。

到国外求学时，自然需要适应当地的视角与兴趣，所以我开始以争论的视角思考西方国际关系理论与中国外交的关系。当时米尔斯海默提出了大国之间的权力移转必然造成冲突的观点，我的论文就是来与此辩论。但当时我辩论的是米尔斯海默的老师华尔兹的结构现实主义观点，我想验证中美之间的互动是不是真的为结构所决定？我的结论是，理论本身也被历史所决定，理论本身并不是自然科学里不以人们意志为转移的一种规律或客观存在。理论同时也是社会存在，也为历史所形塑。结构现实主义是冷战的产物。如果是这样，怎么能够用冷战的理论产物，一成不变地继续约束现在的中美大国关系研究呢？那是我在谢菲尔德大学求学时的阶段性成果。回来后我发现，历史中很多因素的积淀和思维定式,不管是直接遗传还是隔代遗传,都将对后人产生很大的影响,西方主流理论所不能解决的根源在于每一个行为者都是历史存在。基于自己以前的历史兴趣,我选择了目前这个结合理论与历史、主张两者相互辩证的研究途径。

二、台湾地区的国际关系研究现状

黄:从整体来说,台湾地区的国际关系研究现状如何?

张:按照台湾大学蔡政文教授的说法,也基本是一个共识,台湾地区外交与国际关系研究的整体脉络大致是:从20世纪60年代开始,台湾已经有国际关系的研究;台湾“退出”联合国后,关于国际关系的研究曾一度回落;80年代经济腾飞时期关注更实务的层面;80年代末期,一部分学者被分流到民主化及两岸关系的研究中。这样来看,国际关系的研究队伍还有加强的空间。

实际上,从70年代一直延伸到80年代初,台湾的国际关系研究都还是受到传统学派或历史学派的影响。80年代后,社会氛围宽松起来,传统研究在没落,越来越多人在关注民主研究、比较政治和选举。两岸关系的研究也是分流中的其中一个领域,它很大部分与现实联系在一起。一部分与国际关系有重叠,另外一部分又与政治学的其他领域有联系,由此在台湾形成了一个跨界的、理论层次没有那么深入,与现实政策制定面深刻联系在一起的学科。就国际关系学科而言,20世纪80年代后,历史研究逐渐退潮,科学化逐渐兴起,主要表现就是学习、运用西方国际关系理论。有教授的研究可以作为将西方国家关系理论运用到台湾学科发展的表率。台湾“中研院”吴玉山教授引进现实主义理论中的“抗衡(balancing)与扈从(bandwagoning)理论”。通过分析、总结冷战后原苏东地区国家与俄罗斯之间的关系,吴玉山教授发现,经济力量与域外大国支持是决定小国与大国之间抗衡与扈从关系的关键。吴教授也尝试把这一大小政治实体的理论应用到台海关系的分析当中。

社会开放的过程有利于引进更多的西方研究方法,这个过程进一步冲淡了国民党长期执政时期台湾与大陆相联的历史意识,使得“中立化、客观”的研究方式开始兴起。过去的历史研究常常会受到“反共”意识形态的影响。后来使用科学方法从事研究,有助于学者们超脱意识形态的束缚,这是社会氛围影响的结果,也是学者们想要避免跟政治纠缠的策略性选择,因此,有更多人投入到理论研究中。

台湾的国际关系理论研究学者有超过七成是留学美国,如果加上欧洲海归,大概八成五的学者都是从西方留学归来。因此,台湾的国际关系理论研究紧跟西方的节奏,我记得有资深学者说两者的时间落差一般在五年左右。随着越来越多的学者从西方学成归来,越来越多的方法也被引进。有时这种超脱现实、埋头做理论的研究方式与现实形成了一定的距离,但一旦有机会或现实政治需要时,台湾法政学界的成员也可能进入公职领域。与美国学界近似,由于理论界与现实政治的某些联系,从事理论的研究在台湾同时可以贡献于学术和政策。当形势有需要时,学者可以贡献自己的专业知识,在政策领域服务。

黄:请您介绍一下国际关系、两岸关系与中国外交三个研究领域在台湾学界的相互关系,以及台湾国际关系研究涉及的主要领域。

张:国际关系研究、两岸关系研究、中国外交研究彼此有联系。这是由两岸关系所形成的一种特殊的国际关系研究现象。在台湾,这三个研究领域的人员部分是重叠的,只是学科之间的界限不同而已。除了与上述三个学科重合的部分,在台湾的国际关系研究中,还有纯粹的国际关系理论研究,以及以不同地区与领域划分的研究,如俄罗斯研究、东南亚研究、印度与南亚研究等。由于地理区隔的原因,台湾对欧盟及俄罗斯的研究相对较少。前些年,青云科技大学曾有中亚研究所,后来由于经费等原因限制,最近调整成研究中心;关于伊斯兰等宗教的研究,目前也不属于国际关系学科,而是在宗教学系。在研究区域上,台湾目前还较为缺乏对拉美、非洲及中东地区的研究。

在学术界也有"借船出海"的现象,比如,个别学校在俄罗斯研究上聘请俄籍的学者,东南亚与印度研究也会延请少量的当地人士,但这一现象还不普遍;更多的是利用学术交流或智库会议的形式,实现信息的交换。

比如,在海洋研究方面,早期有台湾海洋大学的专门分析,现在有中山大学海洋研究所、台湾大学海洋研究所相继加入对海洋物理、海洋生态、海洋资源及涉及海洋相关法规的研究队伍。胡念祖、刘复国、王冠雄、姜皇池、高圣惕、蔡季廷等学者在海洋法与热门的南海议题研究,成果具有代表性。

反映特殊的国际处境,台湾国际关系研究界也一直在另辟蹊径,尝试突出台湾特色,像是受限于话语权缺失的极地或者外太空研究,台湾并不着力;但在非传统安全领域,台湾形成了自己的研究特色。比如在人类安全(human security)这一具体领域,研究人员逐渐增加,对全球化时代主权不断弱化分割的情境,如何在民航、国际卫生、环境保护等领域凸显台湾的优势,这些都是学者们热衷的研究。再如，在参与国际政府间与非政府组织上，台湾学者一直在努力提升与增加台湾的能见度。探索“捕鱼实体”(fishing entity)在国际渔业公约的地位与运用，就是一个热门的实例。

其他一些国际关系非主流学说，影响都很小。女性主义在台湾的国际关系研究中是少数，代表性学者是高雄中山大学的黄竞涓。在台湾，女性主义多集中在社会福利和社会学领域。依附理论、马克思主义理论声音也很小。但在培养学生方面，台湾的教科书会将西方理论发展的脉络详细尽展示出来。这里我可以介绍台大包宗和教授编的《国际关系理论》(2011 年)与吴玉山教授等合编的《政治学的回顾与前瞻》(2013 年)，比较全面地概括了台湾国际关系乃至政治学本身涉及的各领域和最新进展。

黄：台湾国际关系理论研究与西方理论学界的关系如何？

张：台湾国际关系理论的研究处于西方国际关系研究的中下游，几乎可以说，对于西方的大多数的主流理论，台湾还处在追随和学习过程中。过去这个时间差是五年，现在是二至三年。西方相关文章出现后，我们会在二至三年后有相关的介绍或讨论。我认为，台湾国际关系理论学界与西方学界还称不上“激荡”，这主要是因为没有辩论。台湾学界还没有采取辩论与挑战的姿态，主要仍是在学习、模仿、追随或应用。石之瑜是与西方争辩最强的学者。他长期从事政治心理学与文化研究在国际关系中的应用，组建了一个视野宏大的关于中国学的知识社群(即知识共同体)的研究体系。近年来，他还提出了“关系平衡”(balance of relations)理论，来与西方国际关系理论中经久不衰的经典理念“权力均衡”(balance of power)辩论。不过，能较全面理解他的思想的人还不多,因此,相对少一些受到关注。台湾的大多数学者还是在学习或追随西方理论。

但从另一个层面来说,似乎又有一些关于争辩与创新的努力,那就是从历史角度审视国际关系。现在有更多的学者去考虑亚洲的古代史与古代外交对国际关系理论的形塑作用。同样使用严谨的西方方法,却试图得出与西方主流成果不同的结论。这个层面的激荡,一方面是受到部分西方非主流研究的影响;另一方面也是受到大陆学者及大陆在客观上崛起形势的影响。但客观说来,解构-后现代途径及追溯历史的历史-亚洲途径(或者说重视历史角度来进行国际关系研究的学者)在整个台湾学术界的声音还较小。

以新自由制度主义及建构主义的应用为例,台湾学者主要是把两岸作为案例与国际关系理论相结合,这反映了对时势的关切。比如,大陆在国际制度中的影响力已经比以往大很多,在某些领域甚至还有一些创新,那么,台湾学者该如何解读与应对?假使西方所建构的现状制度被改变了,台湾学术同行应该如何分析?如果大陆事实上将西方建构的现状游戏规则作了某种改变,这对台湾参与国际社会是否有某种负面影响?在参与国际制度方面,要研究大陆是配合现状还是不配合,是出于绝对利益的考量还是已经内化、社会化(socialization)了这些游戏规则,并承认这些规则是普适的,这里就可以用新自由制度主义的某些观点来加以解读。再比如,如果更多的相互依存(interdependence)使得行为者彼此之间因为利益的纵横交错而使得妥协更能够达成;多次的博弈及信号释放(signaling)也会使彼此之间的合作更倾向于发生;把这个理论运用在大陆和国际制度之间的合作上,看看是否真的更有利于彼此的合作。

有台湾学者倾向于认为大陆被内化到现状规则中，也有学者指出新自由制度主义理论完全没有办法应用。但大陆越来越强大的事实日趋明显，强大所带来的结构性紧张会在某种程度上使得缓解紧张的能力下降。那么，中美相互依存在多大程度上改变中国？学者们一边在试图回答台湾本身十分关切的议题，一边在验证理论。借用新自由制度主义的某些命题和假说，以大陆案例来进行验证，以期得到某种补充主流或修正的结论。

再一个例子，在内化游戏规则的过程中，一些台湾学者以建构主义学说来进行解释。学者们发现，大陆参与国际制度的过程对官僚机制甚至外交学者都有影响，这种参与已经有话语建构的效果。学者想要解决的命题是，中国是不是一个国际关系理论所言的修正主义国家？在大陆不断与国际制度相互建构的过程中，台湾的政治体制如何因应，台湾的现状地位将消失还是被溶解？比如，袁易教授使用建构主义框架，有专著与文章对大陆参与国际导弹机制所带来的影响与后果进行过分析。

台湾的理论研究也存在跨范式的现象。过去，理论被认为是一种美德，但现在的形势与一超多强及两极都有差别，固守某些范式不足以解决这些问题，要根据不同的理论建构不同的模式，因此，需要跨范式进行研究。随着范式之间的辩论越来越形而上，逐渐变得“不食人间烟火”，西方国际关系理论开始出现跨范式的研究，台湾则有郑端耀引介西方较新的复杂体系（complex system）理论。但也有学者如石之瑜从一开始就强调跨范式，强调在范式间进行辩论和对话。他的有关研究，也是台湾少数学者曾在大陆国际关系专门刊物发表的。

黄：国际时势与西方理论的变动对台湾的国际关系研究产生哪些影响？

张：《马斯特里赫特条约》签订后，欧盟开始整合。20 世纪 90 年代中期，台湾也开始盛行整合理论，它来自两个西方理论：一是新自由制度主义，另一个是新功能主义。当两岸开始接触，首次实现“三通”时，新自由主义理论曾部分取代结构现实主义的观点。1997—1998 年时，亨廷顿的“文明冲突论”异军突起，随后温特的建构主义出台，台湾一直在跟随关注。本尼迪克特·安德森的《想象的共同体》也对台湾各界产生了较大影响，它让台湾反思，政治共同体是在建构过程中，产生了共有的价值观念与共享身份。“文明冲突论”则让台湾各界讨论是否存在儒家文明圈，如果存在，基督教文明圈和儒家文明圈的关系将如何演变，台湾的位置又在哪里？

冷战结束前，台大教授明居正从体系层面来研究结构现实主义，包括吴玉山的大小政治实体关系的研究理论。权力移转论也曾产生过一定的影响，人们关切“霸权稳定”如果结束，权力移转会走向何处。“中国威胁论”的盛行也影响到了台湾学术话语的转向，部分台湾学者认为中国模式和“北京共识”正威胁着自冷战结束以来以“华盛顿共识”为主要内容的全球自由主义政经秩序的现状。

这些都是台湾国际关系理论与国际学术界的互动实景。

三、台湾的国际关系研究特色

黄：您谈道台湾有一批学者正在从历史的角度审视西方国际关系理论，这是与西方理论进行激荡、交流的一个方面。比如,您的文章就从唐代与清代的案例中来反思现行国际关系理论的不足,可否请您稍加介绍?

张:现在有更多的海内外学者考察中国古代甚至亚洲前现代的外交史,这有很现实的原因。中国崛起及一批新兴国家的发展,这些亚洲国家的行为模式与西方从自己行为所归纳出来的传统理论不合拍。如果不能从西方理论中预期这些新兴国家的作为,是否就能说亚洲的观念和行为是不理性呢?最简单、最不负责任的观点认为是不理性,或者是“落伍”的,不能被解释就代表不理性。实际上,它的理性来自历史上的合理性,过去有某种历史积淀,使它形成了看待世界的独特视角,这种战略上的计算及偏好与威斯特伐利亚体系下的西方国家不同。前有美国的中国学研究巨擘费正清先生及台北“中研院”余英时院士,冷战结束后,日本学界也沿袭中国研究的传统,深入探讨了东亚王权与朝贡秩序的本质,著名学者有滨下武志、荒野泰典、伊东贵之、渡边信一郎等。

就我个人而言,我看亚洲及中国的历史,不仅停留在20世纪初期,而是追溯到更久之前。当时中国长期担任亚洲体系的枢纽,用西方的说法就是层级体系(hirerarchical system)的主导者、霸主。也许这样的历史审视说不定正好能解释、补充那些现代西方主流理论所不能解释的崛起中的新兴国家,特别是像中国一样有深远历史经验国家的某些行为模式。之所以它不会“国强必霸”,可能是因为古代已经有某种行为模式。今天以西方的经验,“国强而不霸”只有一两个例子,或者国家只要强大就一定是侵略性的。其实,这样的时期与历史经验是相当狭窄而短暂的。考察古代中国与东亚强大时期的对外政策,这些经验会不会有新的突破或启发呢?现在,不仅华人学者,而且一些西方理论家也已看到这些。在费正清时代,西方就开始从文明、历史的角度来研究,现在更多用科学的方法来考察宋朝、明朝或唐朝的外交,这些研究还不少。

我的《国家的现实与天下的想象》一文是以唐朝羁縻制度与清朝的盟旗制度为研究对象,探讨在当时的物质条件也就是国家现实面前,政治精英如何缔造了国际关系史上"中华和平"(Pax Sinica)的国际秩序。它提出的是国际体系在历史上的多样性问题。以羁縻制度和盟旗制度为代表的朝贡体系与天下秩序观,是当时领导单元与接受单元间的主体互动性的体现:对于领导者,它显示了帝国"天下"想象的实践效果,增强了统治与维系国际秩序的正当性。而接受者由于礼仪上所获得的承认,对内有助于治理和稳定,外交上有助于威胁和制衡其他国家。[1]这是异质并存国家体系的历史经验,也是东亚国际秩序的独特之处。

黄:台湾学者运用历史途径的特色是什么?

张:我同意秦亚青的看法,认为研究方法可以科学、有系统。但具有某种特色的理论,就需要有独特的问题意识,问别人没有问过的问题,或者是其他理论没有办法回答的问题。台湾学者使用历史途径的独特之处也在于此。回答问题的灵感不是一时一地的历史经验或已经产生的行为模式,而要从其他的方面去找。也许在近代或现代初期外交史里就能找到这种问题意识,它可以回答现在正在发生,但现在的理论所不能回答的问题。走的虽是历史途径,但方法可以非常现代,比如说访谈法、比较历史学派用的档案法,或者用计量的方式来考察某一些话语、概念重复出现的比例。可以使用非常多的人文社会科学方法,重要的是你的问题意识是过去的理论没有提出过的,或是过去的理论没有办法回答的。例如，阎学通提出中国应该有符合王道的现实主义，这是一个越来越紧迫的议题。当你的影响力开始变大，涉及的利益越来越多，中国的资本、人员、旅客、商品，法律、规范及影响力就会到达过去没有办法保护的地域，当你开始保护时，就是权力的延伸。但这会对原来在那个地方的人产生新影响甚至冲突。在很多时候，中国觉得自己在维权，而其他国家并不这样认为，如何解释这个问题？有学者认为，中国要么融入现有的西方制度，成为其中的一员；要么就设立“金砖国家新开发银行”“亚洲基础建设投资银行”，建立一套新的援助体系，但这将与维持现有秩序的西方国家发生什么样的冲突，将以什么样的方式来收场？如何论证中国的和平发展？在现有理论看来，要么你就遵守游戏规则，按照过去建立的游戏规则来检查你的网络、银行；如果你不遵守，你就被认为是修正主义国家，这也就掉进所谓“国强必霸”的逻辑。但历史途径处理问题的方法是，主流理论的研究方法我们可以使用，但也要把其他案例和历史经验重新发掘出来，在历史的海量资料中，我们有可能找到新的模式（pattern），它同时也是话语权重构的过程。比如，台湾“中研院”近代史研究所的张启雄就开创“宗藩体系 VS 殖民体系”的研究，成功大学陈欣之则结合思想史与建构主义的方法，讨论先秦时期人们对待“无政府状态”的态度演变。我以为，这些研究颇有与大陆赵汀阳“天下秩序”对话的趣味。但张启雄用史料支撑研究，别具意义。

一言蔽之，用西方的方式与西方竞争，没法竞争，好比用软权力的理论来构建软权力，也许永远不可能解释得过西方。这就需要探究理论产生的脉络，历史就是这个土壤。

黄：王逸舟教授曾评述中国的国际关系研究有着中国传统

文化、西方国际关系理论及马克思主义三大底色。台湾国际关系研究呈现出什么样的文化底色呢?

张:美国化是第二次世界大战后许多东亚国家和地区现代化的范本和动力。大陆的国际关系研究既有模仿美国、参考美国的一面,又有马克思主义与中国学派的蕴涵。台湾的美国化则更为深刻一些。由于冷战体系,台湾长期在安全领域依附于美国,因此,美国文化的影响对台湾形成了一种强大的说服力。随着台湾民主化进程,中国台湾与美国在价值与认同上更为接近。台湾的美国化在国际关系理论领域的表现一是向美国师习研究方法的严谨、先进及选题的角度,另外一点则表现为在价值判断的选择上倾向于支持美式的价值观念,这些似乎成为台湾经意或不经意间的偏好。

台湾的国际关系研究也曾有"中华文化"的视野,但正在逐渐缩小。台湾的国际关系研究曾长期受到历史因素的影响,在某种程度上有站在大中国历史舞台的角度看待国际政治的高度,特别是表现在国际关系史研究中,以及老一辈的国际关系研究学者身上。比如,台湾政治学界的泰斗胡佛教授,他是用中国思维看待世界的典型。

晚近逐渐出现了"小的政治实体"的心理偏向。一是受到"去中国化"的影响,二是渐渐发现美国常常牺牲盟友的权益。因此,在台湾内部萌生出了一种对"小的政治实体"与自处之道的理论探索与追求。有时候这也是对于现实国际政治失望并保持距离的一种知识选择。这个新的底色有时尤其强调人类安全与普适价值的追求,这一方面冲淡了中国价值观,另一方面也对美国价值观进行反叛,或许可以说是另一种用"小确幸"面对全球化的姿态。

黄：您曾撰写东亚的再理论化的文章，这个过程中，台湾学界的角色是什么？

张：既有的理论也许不能回答东亚与世界的关系及东亚自身内部的发展，但东亚的崛起与物质条件的变迁，将是东亚再理论化的机遇与挑战。

台湾作为体系中一个较小的行为体，其生存法则和独特政策有可能变成国际关系及国际法研究的特殊案例。如果与未来国际关系研究有某种结合，就可能有特殊的理论/问题意识。因为全球化，主权的内涵在不断被改写。肯尼思·华尔兹曾说，"小国根本不重要"(minor country doesn't matter)，以往较小的行为体被认为不能发挥什么作用。但国际法研究现在就出现了一些处理的新方法，在全球化时代，毕竟很多新生问题很难用传统理论来回答。

台北"中研院"的吴玉山以"抗衡与扈从"关系视角分析大小政治实体的互动规律。他把转型中的原苏东国家与俄罗斯的关系作为分析切入点，发现国家大小、人口构成、文化差异、历史经验等都是影响小国与大国关系的因子。但是，一个国家的经济发展程度及从域外大国所获得的支持，却是决定小国采取抗衡或扈从策略的关键。一个国家的经济越发达，得到西方国家的重视支持度越高，它越可能选择抗衡，反之则会采取扈从的策略。吴玉山把大小政治实体关系的研究应用到台海关系上，他发现，当台湾经济繁荣并且得到美国较多帮助与支持时，会倾向于对大陆采取抗衡政策，反之则会选择扈从。现在，吴教授的学生唐欣伟等人还接着在做这个题目，我觉得很有潜力形成一个方法科学化，但强调历史系络和素材(history informed)的群体或学派。他们的研究甚至追溯了台湾郑氏政权与清康熙政权的关系。大小政治实体关系的研究,也是台湾国际政治研究的一项特色。

与"权力平衡"相对,石之瑜提出了"关系平衡"理论。他认为,在很多时候,东亚国家在外交政策制定上不是遵照"权力平衡"法则。主流研究认为,如果国家不这样做就是不理性的,但可能它们遵循的是另一个原则就是"关系平衡"。"关系平衡"是指国家对外关系的目的,是要保证生存的确定性,为此,它会建立一个以多重双边关系为基础的体系。在这一层层的双边关系中,当彼此间出现冲突时,国家不会采取同一化的制衡方式来应对,而是根据实际情况来采取妥协、针锋相对或无作为的行为方式。国家的三种非制衡的反应方式与西方国家以"权力均衡"的逻辑相悖,被主流理论认为是不理性的。但这样的行为不仅出现在受儒家文化影响的中国,西方国家自身也有,只是其也许不自知而已。[2]石教授的理论是对经典的"权力平衡"的新挑战,也是台湾学界与主流国际关系学派对话的一抹亮色。

从全球治理的角度来看,台湾可能的贡献还体现在非传统安全领域,包括人类安全、粮食安全、食品安全、环境安全、经济安全等,所有的这些问题都有跨疆界性。这些需要跨国界进行治理的领域变成了台湾在特殊处境之下规划战略和进行研究的潜力区。台湾在这些领域享有比较超脱的空间,而且在这些领域,非国家行为体的影响有时不亚于国家行为体。台湾有一批相当专业的青年学者在研究这些问题,并对非传统安全概念的兴起抱有强烈期待。这个领域的另一个特点就是比较强调"规范性""普世性",对前述历史性研究持比较质疑的态度。

黄:是否可以说,身份认同问题是台湾国际关系学界知识体系发展的重要脉络?

张:20 世纪 80 年代及以前,受到学科研究方法的限制和与美国互动的限制,台湾当时的研究比较多的从意识形态和历史角度切入。之后就越来越多元化了,开始用西方的多元理论来回应一些问题,也有一些用科学化来回避身份问题的因素存在,这符合台湾社会发展的面向。这也许不大容易理解。民主化、自由化应当是一个氛围宽松的时代,80 年代的国际关系皆为现实政治服务,90 年代后,人们希望从身份和意识形态的对抗中解脱出来,所以会设法少触碰台湾的内部政治,也尽可能地西化。这也是很巧妙的一种动力,人们躲进主流理论下,与现实做区隔。根据现实形势发展,考虑贡献的方式。

所以,如果说有一个潜在脉络,它是受到现实的牵动和影响。当两岸关系相对和缓时,自由制度主义的观点会得到某种动力,蓬勃发展;当两岸关系比较紧张时,结构现实主义的角度会更活跃。因此,我认为,台湾的国际关系研究有两个特点:一是与国际局势的现实捆绑,二是与台湾的命运捆绑。在美国或其他大国,国际关系除了与国际局势有关,还会有自己积淀下来的思路和问题意识。

黄:现在台湾国际关系本土化研究的进展如何?是否存在国际关系研究的“台北(或台湾)学派”?

张:任何理论都有其历史情境和预设。如果有所创新,一定是对这种情境和预设提出了独到的问题意识。拿这个普遍标准来看台湾国际关系研究的本土化,我觉得到目前为止,即便有这样的呼吁,但很少真正落实在研究上。十多年前,台湾曾强调社会科学的本土化,比如,台大心理学系的杨国枢教授与黄光国教授提倡过心理学与社会科学中国化。那时候,本土化意味着中国化。石之瑜也参与过本土化的推动,把它放到国际关系或外交的情境中,但参与的人始终有限,大多数人还是认为要先学习和引进西方理论。台湾淡江大学的战略研究所曾提出要建立战略研究的"淡江学派",它起源于淡江大学已故的战略研究先驱者钮先钟教授,该校魏萼与翁明贤都持续有所倡议,但具体的进展应该说还需要寻求学界的共识。

从某个角度讲,要说国际关系的"台北学派",目前比较突出且国际化的可能还是以石之瑜的研究方法与问题意识为核心所形成的一支研究队伍,即中国学知识社群(即知识共同体)。这个项目他做了十年以上,讲求比较独特的研究方法与问题意识,研究成果能够用于民族研究、国际关系研究、文明和文化研究。由于队伍的研究基地在台北,可以叫"台北学派"。这个"中国学知识社群"涉及一个本体论上非常宏大的叙事,研究上更多注重知识的条件、脉络与策略选择。它研究的是知识的本质:实际上,人们现在所习以为常的对于某一个事物的印象或自以为符合规律的模式和现象,并不是与生俱来或理所当然的,它们都是历史情境的产物。知识建构的整个过程,充满了机缘性或偶然性。比如,胡志明眼中的中国本身就是一个变动性的存在,取决于他与中国的互动与联系,而他的追随者一方面受到胡志明的中国观的影响,另一方面受到他们自己与中国的实际互动的影响。这是一种思想上的系谱。这种研究也是在回应美国学界所形成的知识霸权。西方理论的特质是强调规律性和决定性,但"知识社群"的研究指出这与时代、思想的互动有关系,每一个案例都有精彩性和特别性。"中国学知识社群"的研究方法也有着较为浓厚的解构色彩。

在台湾,还有关注"亚洲学派"的历史学者,"亚洲学派"关注中日韩与古代东亚世界基于共同的历史处境所形成的"共享知识”，它可能不限于国际关系，更多是一种思想与历史的对话。历史学途径中存在这样的说法：要理解中国，就要掌握中国式的思维方式，而不是“普世化”的思维方式。某一个地区的地区性就是一种方法。比如，日本学者竹内好60年代曾提到“亚洲作为一种方法”，沟口雄山在80年代也提议“中国作为一种方法”。这与国际关系研究有一点相切。台大历史系目前也有甘怀真等学者作过有关研究。

四、台湾的国际关系研究展望

黄：学术刊物在台湾国际关系学的发展中发挥了什么样的作用？

张：台湾的学术期刊比较讲求规范性，美国化特点明显。台湾自己发展的刊物评定指标叫台湾社会科学引用索引（Taiwan Social Science Citation Index，TSSCI）。每年有公信力的期刊都会经过台湾科技部门的定期评鉴和审查，比如，它会细致检查杂志的规范性、引用来源的真实可靠度。但凡一个期刊被扣到一定分数以下，就会被从台湾社会科学引用索引名单上撤下来。因此，在规范程度上，台湾的学术期刊很严格。

但最近这些年来，台湾的学术期刊似乎比较少强调主题的规划，较少特刊。编辑群或委员会为严格执行形式规范，较少规划特定的主题研究。来稿比较自由，再按照标准作业程序进行审查。这样可能在刊物的刊出流程上把关会比较严，刊物的退稿率越来越高，但规划主题的能力就比较弱了。十年前专刊的形式还比较多,现在是编辑部收到稿子后,把主题相近的文章放到同一期。未来编者或许应该发挥更多能动性,把重要、热门、前沿议题的文章聚集起来,特别做专题。

黄:请您谈谈台湾国际关系研究中定量与定性方法使用的情况。

张:如果是作比较政治或选举研究,会偏向于定量。在政治学和国际关系领域,还没有像美国一样偏向于定量文章。这可能与受相关训练的学者数目有关,也有可并没有这样强烈的需要,认为只有这样的方法才是最科学的。除比较政治或选举研究外,在政治学的其他领域,定量研究并不是主流。在美国也有这样的差别。自由主义、现实主义、建构主义的掌门人也没有高度使用模型化的研究,最多使用一些回归的分析。受限于资料及学科传统,国际关系研究没有那么偏向定量。台湾国际关系与外交领域的学者,还是倾向于认为人文社会科学的学科性质与心理学、经济学不一样,盲目定量化并不一定有意义,我记得石之瑜就曾经用定量的方法来推翻定量研究期待的结果。因此,目前说来,台湾的国际关系与外交的研究依然执著于人文社科的传统,不会盲目追逐定量。

当然,也有学者作这方面的研究。例如,台湾政治大学陈至洁所属的一个团队用数字人文(digital humanity)的方法,这与大陆现在流行的大数据(big data)是非常接近的。他们使用程式把中国古代的典籍全部数字化,运用数理研究的方式去统计某一些词语在历史上出现的频率、起伏的程度,来推论说这一类的概念为什么在某一两百年特别盛行,被哪一类人使用,为什么在后两百年使用的频率大幅下降。这样的方法是让概念上的转变通过数字人文来操作,找出概念在历史长时期的变迁和流动的意义，它是国际关系学者与统计学学者的合作，是跨学科的。这通常是由社会科学学界提出需求，与软件学者沟通进行试算及程序设计。以今论古，分析其中的变化，数字人文可以更科学地来做。但我个人认为这不能滥用，过度操作或精巧化会迷失在技巧中。如果变成一套公式，会扭曲研究工具的价值。

在台湾的国际关系研究中，定性研究方法使用最多，偶尔也会使用访谈研究。但访谈研究法比较多在比较政治领域，以及有关大陆政治、经济发展的领域。访谈法要依赖访谈者间彼此的信任，访问者对相关领域的熟悉程度，在国际关系领域不大容易取得深入的成果。

黄：台湾国际关系发展是否存在一些障碍或瓶颈，您如何看待台湾国际关系研究的发展？

张：这是沉重的问题，本不应由像我这样资浅的人来谈。不过，我想主导台湾国际关系研究发展的一个重大动力还是身份问题。处理得好可能是一种机遇，能产生有独特问题意识的理论和反省。但也可能太拘泥于台湾的身份问题，以偏概全地看待特定议题，对更大的潮流和趋势可能会视而不见，见树而不见林。毕竟，国际政治本身不是每一件事都与台湾有关。如果对于台湾的特殊处境过于着迷，可能会剑走偏锋，变成一厢情愿。大陆在这方面情况会好一点，研究群体比较大。还有就是台湾国际关系学界更接近西方，习惯于追随。但西方优势太明显，这较不利于追随者自主创新。

台湾国际关系学界还是应当持续关注和学习发达国家国际关系的进展，它们根底深厚，研究方法先进，同时，东亚的再理论化也应该更多地受到关注。学者应当去反省主流的国际关系理论预设的历史条件与社会条件，以免不加考虑地直接套用，这样会永远停留在与别人有若干年左右时差的距离。

另外,台湾国际关系研究社群的人数有限,多年来教育与研究界薪资没有调整,激励性不足。其实两岸国际关系研究的同行应该共同面对新兴国家兴起与东亚重新理论化所带来的契机和挑战。我在作研究的时候,常常发现两岸不少同行也在关心相似的主题。如果这方面能够多交流,甚至进行共同研究,不仅对国际关系理论建设有帮助,而且对于两岸关系的发展与互信也会有帮助。我也相信,国际关系理论的创新,很可能同时推进着两岸关系思考的创新。

注　释

1. 张登及:《国家的现实与天下的想像:唐代与清代案例的国际关系理论意涵》,2013 年(台湾地区)国际关系学会年会论文。

2. 石之瑜的"关系平衡"理论指出,当两国双边关系出现的威胁只是潜在的、并对长期稳定的关系没有影响时,国家会采取妥协的方式;当双边关系的威胁有直接危险性,国家会采取针锋相对、断裂并重建关系的方式;当双边关系的威胁只是间接性危险时,国家会使用惩罚、修补关系等一系列组合的手法。

图书在版编目(CIP)数据

国关十人谈.第1辑/王逸舟等主编.—上海:上海人民出版社,2019
ISBN 978-7-208-15694-4

Ⅰ.①国… Ⅱ.①王… Ⅲ.①国际关系-文集 Ⅳ.①D81-53

中国版本图书馆CIP数据核字(2019)第031858号

责任编辑 王 冲
封面设计 陈 酌

国关十人谈(第一辑)
王逸舟 张小明 赵 梅 庄俊举 主编

出　版 上海人民出版社
(200001 上海福建中路193号)
发　行 上海人民出版社发行中心
印　刷 上海商务联西印刷有限公司
开　本 635×965 1/16
印　张 17.5
插　页 2
字　数 191,000
版　次 2019年3月第1版
印　次 2019年3月第1次印刷
ISBN 978-7-208-15694-4/D·3369
定　价 62.00元